# तीन महारथियों के पत्र

वाणी प्रकाशन

नयी दिल्ली-110002

# तीन महारथियों के पत्र

संपादक

**रामविलास शर्मा**

ISBN : 978-81-7055-532-2

वाणी प्रकाशन
21-ए, दरियागंज, नयी दिल्ली-110 002
द्वारा प्रकाशित

प्रथम संस्करण : 1997


मूल्य : 195.00

शुभम ऑफसेट, दिल्ली-32
द्वारा मुद्रित

TEEN MAHARATHIYON KE PATRA
Ed. by Dr. Ramvilas Sharma

# अनुक्रम

# भूमिका

इस पुस्तक में हिंदी के तीन महारथियों के पत्र संकलित हैं जो उन्होंने समय समय पर मुझे लिखे थे—कथाकार वृंदावनलाल वर्मा, पत्रकार बनारसीदास चतुर्वेदी और भाषाविज्ञानी किशोरी दास वाजपेयी। प्रेमचंद के बाद जिन लेखकों का संबंध ग्राम जीवन से था और जिनके उपन्यास खूब पढ़े गए, उनमें वृंदावनलाल वर्मा का स्थान सबसे ऊपर है। हिंदी के वह सर्वश्रेष्ठ ऐतिहासिक उपन्यासकार हैं। अक्सर देखा जाता है कि अतीत का चित्रण करते हुए कथाकार पुनरुत्थानवादी दृष्टिकोण अपनाते हैं। भारत में ही नहीं, यूरोप में भी यह प्रवृत्ति देखी जाती है। वर्मा जी का दृष्टिकोण मूलतः सामंतविरोधी है। इस दृष्टिकोण के साथ सामान्य जनजीवन के चित्रण के कारण वर्मा जी का स्थान विश्व के ऐतिहासिक उपन्यासकारों में बहुत ऊँचा है। महावीर प्रसाद द्विवेदी ने 'सम्पत्ति शास्त्र' ग्रंथ लिखा, और बहुत से काम किए। उनकी ख्याति का मुख्य आधार 'सरस्वती' का संपादन था। बनारसीदास चतुर्वेदी ने 'प्रवासी भारतवासी' पुस्तक लिखी थी। जीवन के उत्तरार्ध में उन्होंने क्रांतिकारियों और शहीदों पर बहुत से साहित्य के प्रकाशन का आयोजन किया था। फिर भी उनकी ख्याति का मूल कारण उनके द्वारा 'विशाल भारत' का संपादित किया जाना था। द्विवेदी जी के बाद शायद वह सबसे प्रभावशाली संपादक थे। और किशोरीदास वाजपेयी हिंदी के अन्यतम भाषाशास्त्री थे। देशी-विदेशी विद्वानों की लीक से हट कर उन्होंने भाषा के विवेचन का नया रूढ़िमुक्त मार्ग प्रशस्त किया। संयोग की बात है कि मुझ पर इन तीनों विद्वानों की कृपा थी। उसी के फलस्वरूप इनसे अनेक पत्र प्राप्त हुए। इन पत्रों से इन महानुभावों के जीवन और साहित्य के बारे में बहुत सी बातें जानी जा सकती हैं। इसके सिवा हिंदी भाषा और साहित्य के इतिहास की भी बहुत सी बातें उनके पत्रों में मिलेंगी। अपने-अपने ढंग के ये लेखक अच्छे शैलीकार भी हैं। ऐतिहासिक महत्व के अलावा अपनी शैली के कारण ये पत्र पढ़ने वालों को रुचिकर लगेंगे, ऐसा मेरा विश्वास है।

हिंदी प्रदेश के इन लेखकों का विशेष संबंध बुंदेलखंड, व्रज और अवध से था। इन जनपदों से मेरा संबंध भी था। स्कूली पढ़ाई बुंदेलखंड में हुई। उससे पहले की

प्राथमिक और बाद की पढ़ाई अवध में हुई। फिर ३० वर्ष से अधिक समय तक मैंने ब्रज जनपद के मुख्य नगर आगरा में काम किया। चतुर्वेदी जी का नगर फीरोजाबाद आगरा जिले में ही है। उनके दामाद सुरेंद्र चतुर्वेदी राजपूत कालेज के वनस्पति विभाग में अध्यापक थे। लाजपत कुंज में उन्होंने अपना घर बनवा लिया था। चतुर्वेदी जी अक्सर वहाँ आते थे और तब कभी उनके साथ घूमना होता था और कभी चाय पीते हुए बैठ कर देर तक बातें होती थीं। वर्मा जी झाँसी के 'शहर' मोहल्ले में रहते थे और मैं सदर में रहता था। झाँसी में रहते हुए मैंने उन्हें देखा था किंतु परिचय न हुआ था। लखनऊ में जब पढ़ने आया, उसके बाद उनके मित्र बदरीनाथ भट्ट के कहने से मैंने उनके अनेक उपन्यास पढ़े। फिर झाँसी गया। उनसे परिचय भी हुआ। आगरा आने पर उनके उपन्यासों पर मैंने लेख लिखे। तब यह परिचय बढ़ता गया। झाँसी जाने पर मैं अवश्य उनके दर्शन करता था। वह कभी-कभी आगरा भी आते थे और हरिशंकर शर्मा जी के यहाँ ठहरते थे।

वृंदावनलाल वर्मा के व्यक्तित्व में कई बातें मेरे लिए बहुत आकर्षक थीं। लड़कपन में वह कबड्डी कप्तान रह चुके थे। क्रिकेट और हाकी भी खेले थे। शिकार के सिलसिले में बुंदेलखंड के गाँवों में वह बहुत घूमे थे। वहाँ की नदियों, झीलों और पहाड़ियों का जिक्र उनके पत्रों में रहता है। और यही प्राकृतिक पृष्ठभूमि अक्सर उनके उपन्यासों में दिखाई देती है। लड़कपन में उनका सम्पर्क क्रांतिकारी (अध्यापक) राम रत्न से हुआ था। जीवन के उत्तरार्ध में वह भगवानदास माहौर के घनिष्ठ संपर्क में थे। माहौर उनके मित्र थे और शिष्य भी थे। हिंदी साहित्य पर १८५७ के स्वाधीनता संग्राम का प्रभाव—इस विषय पर अपना शोध प्रबंध उन्होंने वर्मा जी के निर्देशन में ही लिखा था।

मैंने अध्यापक राम रत्न के क्रांतिकारी विचारों के बारे में सुना था। वर्मा जी से मैंने कहा था, आप इन पर कुछ लिखिए। उन पर अपना संस्मरण लिखकर वर्मा जी ने उसे मेरे पास भेज दिया था। 'समालोचक' बहुत पहले बंद हो गया था। उनके पत्रों के साथ वह संस्मरण भी मेरे पास पड़ा रहा। इस पुस्तक में वह पहली बार प्रकाशित हो रहा है। देश का राजनीतिक इतिहास जानने के लिए वह महत्वपूर्ण दस्तावेज है। भारतीय राजनीति में गाँधी जी के आविर्भाव से पहले यहाँ किस तरह की राजनीतिक चेतना फैल रही थी, इसका अनुमान उस लेख से होगा। अधिकांश नौजवान सशस्त्र क्रांति की ओर झुक रहे थे। देश के बाहर उन्होंने कुछ संगठन भी बनाए थे। इस तरह के संगठन देश में भी बन रहे थे। ऐसे एक संगठनकर्ता अध्यापक राम रत्न भी थे। प्रथम विश्व युद्ध छिड़ने से पहले जिस समय प्रेमचंद

का पहला कहानी संग्रह 'सोज़ेवतन' अंग्रेज़ मजिस्ट्रेट की आज्ञा से जलाया गया था, लगभग उसी समय वर्मा जी के नाटक 'ऊदल' पर प्रतिबंध लगाया गया था। उससे संबंधित विवरण उन्होंने उक्त संस्मरण में दिया है। इसके सिवा ट्यूशन करने, पढ़ने, कसरत करने, खेलने आदि उनके जीवन से संबंधित बहुत सी बातों की जानकारी उस लेख से होती है।

पाठक देखेंगे, बनारसीदास चतुर्वेदी अराजकवाद, साम्यवाद आदि राजनीतिक विषयों की चर्चा अपने पत्रों में बराबर करते हैं। वर्मा जी के पत्रों में इस तरह की चर्चा नहीं है। मिलने पर साहित्य के अलावा चतुर्वेदी जी से राजनीति पर भी चर्चा होती थी। वर्मा जी से सीधे राजनीति पर मैंने शायद ही कभी बात की हो। इसमें बहुत बड़ा कारण यह था, मेरी समझ में ऐतिहासिक उपन्यास लिखकर वृंदावनलाल वर्मा बहुत बड़ा राजनीतिक कार्य कर रहे थे। अंग्रेजी राज के जितने समर्थक थे, वे १८५७ के युद्ध को सामंतों के स्वार्थ की लड़ाई कह कर उसकी निंदा करते थे। वर्मा जी इस दृष्टिकोण के घोर विरोधी थे। उन्होंने 'झाँसी की रानी लक्ष्मी बाई' लिख कर अपने प्रदेश की जनता की राजनीतिक चेतना को साम्राज्यविरोधी दिशा में और आगे बढ़ाया, इसमें मुझे कोई संदेह नहीं है। इस उपन्यास के पहले और उसके बाद उन्होंने जो युग कथा के लिए चुने थे, वे संघर्ष के युग थे। सामंतों के वैभव का चित्रण करने के बदले उनकी निगाह जनता की वीरता पर होती थी। भारत में ऐतिहासिक उपन्यास लिखकर साम्प्रदायिक भावनाएँ भड़काना काफी आसान है। वर्माजी का साहित्य इस दोष से मुक्त है। अपने उपन्यासों में हिंदू सैनिकों के साथ वह मुसलमान सैनिकों के शौर्य का चित्रण भी करते हैं। अनेक उपन्यासों में वह अपने पात्र निम्न वर्णों से चुनते हैं। पुरुषों के साथ वह स्त्रियों की वीरता के चित्रण पर विशेष ध्यान देते हैं। झाँसी के युद्ध में रानी लक्ष्मीबाई के साथ उन्होंने झलकारी कोरिन को अमर कर दिया है।

उनके पत्र पढ़ने से मालूम होगा, वह कैसे अपने उपन्यासों के पात्र अपने आसपास के जीवन से चुनते थे। मिथिला और अवध की अपेक्षा बुंदेलखंड जनपद में सामंती जकड़बंदी अपेक्षाकृत कम थी। स्त्रियाँ अधिक स्वाधीन थीं। 'विराटा की पद्मिनी' जैसे अनेक उपन्यास हैं जिनमें केंद्रीय पात्र पुरुष नहीं, वीर नारियाँ हैं। अति मानवीय वीरों से अलग ये साधारण जनता से ऊपर उठती हुई दिखाई देती हैं। वर्मा जी ने 'कुंडली चक्र' जैसे सामाजिक उपन्यास लिखे हैं जिनमें ऐतिहासिक उपन्यासों की सी कविता है। और उन्होंने 'गढ़कुंडार' जैसे ऐतिहासिक उपन्यास लिखे जिनमें किसानों के जीवन को चित्रित करने वाला ऐतिहासिक यथार्थवाद दिखाई देता है। बनारसीदास चतुर्वेदी बहुत दिन टीकमगढ़ में रहे थे। पर वे एक ही स्थान के होकर रह गए थे। वर्मा जी घुमंतू व्यक्ति थे; आज झाँसी तो कल गाँव। अपने गाँव से उनका संपर्क बराबर बना हुआ था। पत्रों में गाँव जाने का उल्लेख बार-बार करते

हैं। जिस स्थान की भी घटनाओं पर वह उपन्यास लिखते थे, पहले वहाँ जा कर कुछ समय जरूर बिताते थे। वहाँ के प्राकृतिक दृश्य देख कर, लोगों से बातचीत कर के वह मन में एक तरह का वातावरण बना लेते थे जिससे उपन्यास लिखने में बड़ी सुविधा होती थी। उनके पत्रों में इस तरह के उल्लेख बराबर मिलेंगे : इस तरह की कथा लिखना है, अब वहाँ जाना है, कल वहाँ गए थे, अब यह लिखेंगे, इत्यादि। कई बार उन्होंने कार्यक्रम बनाया कि मैं उनके साथ बुंदेलखंड के विभिन्न स्थानों का भ्रमण करूँ। झाँसी मैं बहुत बार गया, उनसे मिला। परंतु उनके साथ इधर-उधर घूमने का अवसर नहीं मिला। पर मेरी बड़ी इच्छा थी कि मैं उनके साथ झाँसी का किला देखूँ। उन्होंने मेरी यह इच्छा पूरी की। लक्ष्मीबाई उपन्यास की अधिकांश घटनाएँ इसी किले से जुड़ी हुई हैं। वर्मा जी के साथ झाँसी का किला घूम कर देखना ऐसा लगा मानो लक्ष्मीबाई का युग उन्होंने मेरे लिए प्रत्यक्ष कर दिया हो।

वर्मा जी को ऐतिहासिक भाषाविज्ञान से गहरी दिलचस्पी थी। १८५७ और उससे पहले के भारतीय इतिहास से उनकी जो दिलचस्पी थी, उसका प्रसार मानो ऋग्वेद तक पहुँच गया था। जैसे वह १८५७ के बारे में देशी-विदेशी विद्वानों की मान्यता अस्वीकार करते थे, वैसे ही वह ऋग्वेद के प्रसंग में आर्यों के आक्रमण का सिद्धांत अस्वीकार करते थे। कभी आगरे में और कभी झाँसी में घंटों उनसे इस विषय पर चर्चा होती थी। बैठकबाज़ आदमी थे। कहते हैं : 'उस दिन तो केवल ढाई-तीन घंटे की ही बैठक हो पाई थी। अब की बार अधिक समय लूँगा।' (१७-६-५५) उनके इस 'केवल' पर ध्यान दीजिए।

कोई ऐतिहासिक उपन्यासकार यदि यथार्थवादी हो सकता है तो अवश्य वृंदावन लाल वर्मा ऐसे उपन्यासकार थे। इसके लिए वह सचेत रूप से प्रयत्न भी करते थे। कहते हैं : 'कोशिश तो यही करता रहता हूँ कि यथार्थ यथार्थ बना रहे और उसके सहारे अपनी बात कह लूँ।' (७-५-५५) इतिहास के विवेचन में वह तटस्थ नहीं हैं, संघर्ष करते हुए पात्रों के साथ घुल मिल जाते हैं, फिर भी यथार्थ की रक्षा करते हैं। उनके उपन्यासों की भूमिकाएँ बहुत महत्वपूर्ण हैं। प्रसाद जी के नाटकों की भूमिकाओं की तरह इन से भी पुराने इतिहास को देखने के लिए एक नया दृष्टिकोण मिलता है। हमारे देश में बहुत से ऐतिहासिक उपन्यासकार ऐसे हैं जो अंग्रेजी राज के पहले के इतिहास पर तो उपन्यास लिखते हैं, अंग्रेजों के विरुद्ध जो संघर्ष हुए, उन्हें छोड़ देते हैं। इतिहासकारों ने किसी की वीरता के कितने भव्य चित्र बनाए हैं, इसकी परवाह न करके वर्मा जी अपने आप अनुसंधान करके किसी नतीजे पर पहुँचते थे। कहते हैं : 'मुगलों और अंग्रेजों के खिलाफ जाटों ने जो कुछ किया, उससे मैं बहुत प्रभावित हूँ। स्थान पर ही जा कर जो सामग्री हाथ लगेगी वह बहुत ही बढ़िया रहेगी। उस पर लिखूँगा।' (७-५-५५) अधिकांश

इतिहासकार तुर्कों, पठानों आदि में भेद नहीं करते। सबको मुसलमान कह कर धर्म विशेष के प्रति घृणा का भाव उत्पन्न करते हैं। वर्मा जी का मत था : 'तुर्क और पठान आक्रमणकारियों से अरब, ईरानी और मुगल (तुर्कों का एक भेद जो सुसंस्कृत था, ईरानी सभ्यता में पला हुआ था) भिन्न रहे हैं। भारतीय संस्कृति पर लिखने के समय इसका विवेचन सोदाहरण करूँगा।' (२२-१-५६) सामंती भारत तुर्क आक्रमणकारियों का मुकाबला क्यों नहीं कर पाया, इस प्रश्न पर अन्य इतिहासकारों से भिन्न वह भारतीय समाज की कमजोरियाँ भी देखते थे। वह इस बात से सहमत थे कि 'तुर्कों की विजय का कारण सामंतों की स्वार्थी नीति+उनकी अय्याशी+आपस की सिरफोड़ी और इनमें से कई का तुर्कों से मिल जाना है।' (उपर्युक्त)

हमारे देश के मार्क्सवादी विचारकों ने यहाँ की सामंत-विरोधी परंपराओं पर कम ध्यान दिया है। इसका परिणाम यह हुआ है, जिन लोगों ने इन परंपराओं को उभारते हुए साहित्य रचा है, इन विचारकों ने अधिकतर उनकी उपेक्षा की है। हिंदी में प्रगतिशीत साहित्य के सूत्रधारों की जितनी दिलचस्पी नई कहानी, नई कविता, नई समीक्षा से थी, उतनी वृंदावनलाल वर्मा जैसे कथाकारों के साहित्य से नहीं। प्रेमचंद का वह नाम लेते थे, इसलिए कि प्रेमचंद प्रगतिशील लेखक संघ के संस्थापक थे। परंतु जिस साहित्य का ये सूत्रधार समर्थन करते थे, वह प्रेमचंद से ठीक विपरीत दिशा में विकसित हो रहा था। पश्चिमी देशों में जो पतनशील साहित्य रचा जा रहा था, उससे ये प्रभावित थे। उसे आधुनिकतावाद का प्रतिनिधि मान कर उसी के अनुरूप हिंदी के कथा साहित्य का विकास करना चाहते थे। वर्मा जी इस तरह के बुद्धिजीवियों की मानसिकता से अच्छी तरह परिचित थे। पत्रों में जहाँ-तहाँ उन्होंने इनकी तीखी आलोचना की है। जनता से, विशेष रूप से गाँवों के किसानों से, उनका संपर्क बना हुआ था। इसलिए वह आश्वस्त थे कि उनके साहित्य की धारा कोई नहीं रोक सकता। अपने पाठकों से उनका संपर्क बराबर बना हुआ था और पुस्तकों की बिक्री से भी उन्हें अनुमान होता था कि उनकी लोकप्रियता घटने के बदले बराबर बढ़ रही है।

यहाँ सक्कन का जिक्र करना उचित होगा। कई पत्रों में सक्कन का नाम आता है। यह उनके पुत्र सत्यदेव वर्मा का घर का नाम है। वर्मा जी विपुल साहित्य की रचना कर सके, उसका बहुत कुछ श्रेय सत्यदेव को है। आरंभिक पुस्तकें इधर-उधर से छपी थीं। 'गढ़कुंडार' गंगा पुस्तक माला से छपी थी। सत्यदेव ने होश संभालने के बाद प्रेस का काम देखना शुरू किया। अपना मयूर प्रकाशन आरंभ किया। 'गढ़कुंडार' के बाद वर्मा जी की अधिकांश कृतियाँ वहीं से प्रकाशित हुईं। उनके रहने और पढ़ने-लिखने के लिए उन्होंने शहर से अलग सदर बाजार में एकांत स्थान पर व्यवस्था कर दी थी। इस तरह की सुविधाओं के बिना वर्मा जी वह सब न लिख पाते जो

उन्होंने लिखा।

मैंने उनसे एक बार कहा था : आपने जीवन में जिन लोगों को ध्यान में रखकर अपने उपन्यासों के पात्र रचे हैं, उन पर कुछ लिखिए। उन्होंने लिखने का वादा किया था पर अब याद नहीं कि उन्होंने कुछ ऐसा लिखा था या नहीं। यह काम भगवानदास सेठ ने किया है। वर्मा जी के जीवन और साहित्य के बारे में जितनी जानकारी उन्हें है, उतनी शायद ही और किसी को हो। वर्मा जी के पत्रों में भगवानदास नाम के दो व्यक्तियों का उल्लेख है। एक भगवानदास माहौर, क्रांतिकारी, हिंदी लेखक, पत्रकार और बुंदेलखंड डिग्री कालेज में अध्यापक। दूसरे भगवान दास सेठ, उनके मित्र और हिंदी लेखक। वर्मा जी के उपन्यासों की सजीवता का बहुत बड़ा कारण यही है कि वह पात्र मन से गढ़ते कम हैं, जीवंत लोगों से चुनते अधिक हैं। स्वभावतः कथा लिखते समय मूल सामग्री में वह परिवर्तन भी करते हैं। बनारसी दास चतुर्वेदी अपने पत्रों में जिस तरह लेखकों का जिक्र करते हैं, उसी तरह वर्मा जी अपने पत्रों में आम लोगों का जिक्र करते हैं।

बुंदेलखंडी स्त्री के पैंजनों की आवाज कितने फर्लांग पर सुनाई देती थी, यह बताने के बाद उसने कैसे गुंडे को गिरा कर उस की छाती पर अपना पैर रखा, इसका वर्णन भी वह एक पत्र में करते हैं। (१६.७.५५)

मेरे लिए यह व्यक्तिगत प्रसन्नता की बात है कि भारत के मार्क्सवादी लेखकों की अपेक्षा उनका मूल्य सोवियत संघ के सजग हिंदी विशेषज्ञों ने पहचाना। हिंदी में जब उनके प्रति प्रगतिशील आलोचकों का उपेक्षा भाव था, तब सोवियत संघ के हिंदी विद्वानों ने उनकी रचनाओं का अनुवाद अपनी भाषा में किया, उपन्यासों की भूमिकाएँ लिखीं, उन पर अनुसंधान करके एक पुस्तक प्रकाशित करने की योजना भी बनायी थी। मैंने वह पुस्तक नहीं देखी परंतु ऐसी योजना अवश्य थी, इसका उल्लेख वर्मा जी ने अपने पत्र में किया है। वह सोवियत संघ की समाज व्यवस्था से आकर्षित थे, वहाँ की यात्रा करना चाहते थे। कई वर्षों से वह रूसी भाषा सीखने का प्रयत्न भी कर रहे थे। काफी वृद्ध हो गए थे, तब उन्हें सोवियत संघ की यात्रा का अवसर मिला। इस यात्रा से उन्होंने पूरा लाभ उठाया। काठी अभी मजबूत थी और हर तरह के मौसम में उन्होंने विभिन्न प्रदेशों की यात्रा की। यात्रा का विवरण वह एक डायरी में लिखते जाते थे और उसके कुछ अंश 'आलोचना' में प्रकाशित भी हुए थे।

एक पत्र में उन्होंने मोहल्ले-मोहल्ले के प्रांत बनाने की बात कही है। उस समय कुछ लोग बुंदेलखंड और ब्रज जनपदों को अलग प्रांत बनाने की बात कही है। उस समय कुछ लोग बुंदेलखंड और ब्रज जनपदों को अलग प्रांत बनाने की बात कह रहे थे। उसी का मजाक उड़ाते हुए उन्होंने मोहल्लों के प्रांत बनाने की बात कही थी। एक पत्र में उन्होने मेरी पुस्तक 'मानव सभ्यता का इतिहास' का नाम

लिया है। पुस्तक का नाम वास्तव में 'मानव सभ्यता का विकास' था। जाटों के प्रसंग में उन्होंने सोलंकी को याद किया है। ये भरतपुर के हिंदी अध्यापक, लेखक और साम्यवादी कार्यकर्ता गुरुदत्त सोलंकी थे। शिव वर्मा द्वारा संपादित 'नया पथ' में मैंने उन पर लंबा लेख लिखा था। उसे पढ़ कर वह बहुत प्रसन्न हुए थे। 'समालोचक' में ही मैंने कुछ सामग्री उन पर प्रकाशित की थी। ऐसा ही कुछ पढ़ कर उन्होंने लिखा था : 'मुझे तो यह आश्वासन देना चाहिए कि मरते-मरते तक—यानी जब तक दम में दम रहे और उंगलियों में कलम पकड़ने का बल—काम करता रहूँ, वह काम जो देश और समाज के ऊपर उठने में कुछ थोड़ी सी भी स्फूर्ति दे सके और आप सदृश मनीषी विद्वान् का स्नेह उपलब्ध कर सके।' (१४-१-५६)

वर्मा जी के पत्रों से हिंदी भाषा और साहित्य के इतिहास के बारे में बहुत सी बातों की जानकारी होती है। वह उन थोड़े से लेखकों में थे जिन्होंने प्रारंभिक दौर के प्रेमचंद की हिंदी देखी थी। इस प्रसंग में उन्होंने लिखा था : 'प्रेमचंद जी के पहले-पहले—बिल्कुल प्राथमिक से—लेख गणेश जी ने मुझे कार्यालय में दिखलाए थे [अर्थात् गणेशशंकर विद्यार्थी ने उनके लेख प्रताप कार्यालय में दिखलाए थे]। वैसी हिंदी लिखते-लिखते फिर वह कैसी लिखने लगे और लिखते रहे, अवगत करके आश्चर्य होता है।' (१६-३-५६) प्रेमचंद, निराला, वृंदावनलाल वर्मा, ये सब लेखक किसी न किसी समय गणेशशंकर विद्यार्थी और प्रताप कार्यालय से जुड़े हुए थे। कानपुर के रमाशंकर अवस्थी वर्मा जी को वहीं मिले थे। इलाहाबाद में गंगा पार ले जा कर उन्होंने समुद्र गुप्त का बनवाया हुआ समुद्रकूप उन्हें दिखलाया था। वर्मा जी अपने पत्रों में कभी-कभी वंदे या वंदे मातरम् अभिवादन के रूप में लिखते हैं। १६२०-३० के दशक में बहुत से देशभक्त जब एक दूसरे से मिलते थे, तब वंदे या वंदे मातरम् कहते थे। वर्मा जी के पत्रों में उन्हीं क्रांतिकारी दिनों की स्मृतिस्वरूप वह वंदे या वंदे मातरम् दिखाई देता है।

हास्य-विनोद हमारे यहाँ की जनपदीप संस्कृति का एक अंग है। हँसना, हँसाना, दूसरों के हँसने पर प्रसन्न होना वर्मा जी के चरित्र की विशेषता थी। छोटे-छोटे पत्रों में भी कभी वह एक-आध बात ऐसी कह देते थे जिससे उनकी विनोद-प्रियता पढ़ने वाले को प्रसन्न कर देती है। कुश्ती के मुहावरे वह अक्सर अपने पत्रों में इस्तेमाल करते हैं। उन्हें जुकाम हो जाए या बुखार आ जाए तो वह उसे धक्का दे कर शरीर से बाहर निकाले को तैयार हो जाते हैं। वह बुंदेलखंडी थे पर १८५७ के स्वाधीनता संग्राम के कारण वह अवध के प्रति भी आकर्षित थे। बुंदेलखंड जनपद को छोटा भाई और अवध को उसका बड़ा भाई मानते थे। अस्वस्थ होने की सूचना देते हुए लिखते हैं: 'फ्लू ने ८-६ के दोपहर परिचय पत्र भेजा। मैंने मिलने से इन्कार कर दिया तो वह घुस आया। मैंने धक्के देकर बाहर किया। फिर भी इस धक्का-मुश्ती में मुझे थोड़ी सी कसक लग ही गई ।' (२३-६-५६) एक हफ्ते बाद—'फ्लू के मल्ल

युद्ध में मैंने उसे धक्के देकर पछाड़ा तो उसने भी कुछ कोंच-काँच कर ही दी। अब तो स्मृति भर बाकी है—बाकी हरा भरा घुमक्कड़ी में और भी खरा हो जाएगा।' (२९-९-५९)

वर्मा जी के गद्य पर बुंदेलखंडीपन की छाप है और यह बुंदेलखंडीपन अन्य जनपदीय भाषाओं की विशेषताओं से मिल जाता है। मुंशी अजमेरी के प्रसंग में कहते हैं : 'बात चालीसक बरस पुरानी होगी। मुंशी अजमेरी गाते थे और हारमोनियम भी बजाते थे।' (६-५-५९) बीसक, तीसक, चालीसक, ऐसे प्रयोग बुंदेलखंड में होते हैं और अवध में भी। अपनी एक चोट याद करते हुए कहते हैं : 'एक बार गहरे खड्ड में—शिकार यात्रा थी वह—गिरा था। कान का पर्दा फट गया। सात महीने भोगमान भुगती।' (४-४-६३) शहरी मध्य वर्ग के लेखक 'भोगमान भुगती' जैसे मुहावरों का प्रयोग कम कर पाते हैं। सोवियत संघ की यात्रा के प्रसंग में कहते हैं : 'बरसती बरफ में भी घुमाई हुई। परंतु आंसी नहीं।' (२४-११-५७) इस तरह के जनपदीय प्रभाव से हिंदी की व्यंजना शक्ति बढ़ती है, घटती नहीं।

वर्मा जी की वर्तनी की कुछ ऐसी विशेषताएँ हैं जो बनारसीदास चतुर्वेदी के गद्य में भी मिलती हैं। मानक हिंदी में जहाँ एकार का प्रयोग होता है, वहाँ ब्रज और बुंदेलखंड के लोग अक्सर ऐकार का प्रयोग करते हैं। वर्मा जी के पत्रों में आँखैं, पुस्तकैं, किस्तैं, बैंच, पढ़ैंगे जैसे रूप देखने को मिल जाएँगे। सुपरिचित नाम लेनिन को भी वह ऐकार के साथ 'लैनिन' लिखते हैं। इसी तरह अंग्रेजी शब्दों का बुंदेलखंडीकरण करते हैं—मैम्बरी, सिलैक्शन, इन्जैक्शन। ज के साथ आधा ञ् जोड़ना चाहिए। यह नियम न मान कर वह इन्जैक्शन लिखते हैं, आधा न् ज के साथ जोडते हैं। ऐसे ही कालन्जर में ल के पहले इ हटा देते हैं और ज में आधा न् जोड़ते हैं। मंजूर में वह ज के नीचे नुक्ता लगाना नहीं भूलते पर उसके साथ आधा न् जोडते हैं। फ़ाक़ा क़ागज़ जैसे शब्दों में वह बराबर नुक्ते का प्रयोग करते हैं। मानक हिंदी में 'हुए' एकार से लिखा जाएगा। वर्मा जी अक्सर य का व्यवहार करते हैं, ऊपर मात्रा लगा देते हैं—'हुये'। 'आयगा', वह नियमित रूप से य पर एक मात्रा लगाए बिना लिखते हैं। परंतु एक अपवाद है—ऋतु परिवर्तन के सिलसिले में 'बरसात लग गई अक्टूबर भी आयेगा ही।' (२५-७-६०)

हिंदी की मानक वर्तनी का विकास कैसे हो रहा है, इसके संबंध में भी रोचक सामग्री वर्मा जी के पत्रों में है। यद्यपि महावीर प्रसाद द्विवेदी झाँसी में रहे थे और उन की 'सरस्वती' वर्मा जी अवश्य पढ़ते रहे होंगे परंतु द्विवेदी जी के गद्य लेखन की नियमबद्धता वर्मा जी के पत्रों में नहीं दिखाई देती। पुस्तकों में उनके छपे हुए गद्य का रूप दूसरा है और इसका कारण यही हो सकता है कि प्रूफ रीडर उनकी भाषा शुद्ध करते रहे हैं।

इस संकलन में बनारसीदास चतुर्वेदी के पत्र छप रहे हैं, इससे मुझे विशेष प्रसन्नता है। हिंदी लेखकों में पत्रों के संग्रह करने का आग्रह उनमें सबसे ज्यादा था। साहित्य के बाहर जो बड़े आदमी थे, उनके पत्र यथासंभव उन्होंने एकत्र किए थे। इसके अलावा जो साहित्य के बड़े आदमी थे, उनके पत्र भी वह कीमती धरोहर की तरह सँजोकर रखते थे। अवश्य ही बड़ों के साथ उनके पास छोटों के पत्रों का संग्रह भी रहा होगा, इसलिए कि कभी-कभी वह शिकायत करते थे कि पत्रों के अम्बार से कोई महत्वपूर्ण चीज ढूँढ निकालना बहुत ही मुश्किल होता है। संग्रहकर्ता अक्सर अपने से भिन्न दो व्यक्तियों के परस्पर पत्र व्यवहार का संकलन करते हैं। चतुर्वेदी जी स्वयं लोगों से पत्र व्यवहार करते थे और जिन पत्रों का एक विशाल संग्रह उन्होंने बना लिया था, उसमें अधिकतर पत्र भिन्न-भिन्न व्यक्तियों द्वारा उन्हीं को लिखे हुए थे। पत्रों अर्थात्—चिट्ठियों के अलावा, पत्रों अर्थात्, दैनिक, साप्ताहिक या मासिक पत्रों में, उन्हें कोई मूल्यवान सामग्री मिल जाए तो उसे भी वह संचित कर लेते थे। तब छपी हुई सामग्री की फोटोकॉपी कराने का चलन न था। इसलिए अधिकतर ऐसा काम वह हाथ से ही करते थे। उदाहरण के लिए १६०५ में गांधी जी ने रूसी लेखक मैक्सिम गोर्की पर एक टिप्पणी लिखी थी। चतुर्वेदी जी ने कृपा कर के अपने हाथ से उसकी प्रतिलिपि करके मुझे भेजी थी।

उनकी हिंदी-अंग्रेजी की लिखावट साफ-सुथरी होती थी। किंतु जीवन के अंतिम चरण में उनके अक्षर अधिकाधिक अस्पष्ट होने लगे और उन्हें पढना आसान नहीं होता। नीली या काली स्याही के साथ वह लाल रोशनाई का भी उपयोग काफी उदारता से करते थे। पुराने लेखक अधिकतर दवात में कलम डुबो कर लिखते थे। एक पतली नोक वाला निब आता था जिसे 'रेड इंक' कहते थे। निराला और बनारसी दास चुतर्वेदी में यह समानता थी कि दोनों ही इस निब का उपयोग करते थे। निराला के पास वह घिस कर बहुत जल्द मोटा हो जाता था। चतुर्वेदी जी शायद हल्के हाथ से लिखते थे, उनके अक्षर महीन सूत जैसे सुडौल होते थे और थोड़ी जगह में बहुत से इकट्ठे हो जाते थे। ज्यादातर वह पोस्टकार्डों से काम लेते थे पर बहुत से लेखक जितना बड़े कागज पर लिखते थे, उतना चतुर्वेदी जी एक छोटे पोस्ट कार्ड में लिख लेते थे। एक इबारत से पोस्ट कार्ड भर गया तो भी दाएँ-बाएँ, ऊपर-नीचे कुछ न कुछ जगह खाली रहती थी। चतुर्वेदी जी इस खाली जगह का उपयोग भी करते थे। कभी जो कुछ जोड़ा उसके पहले पुनश्च लिख देते थे पर अधिकतर पुनश्च के बिना ही जो जो याद आता गया, उसे वह जोड़ते जाते थे। शब्दों पर जोर देने के लिए वह कभी-कभी उनके नीचे रेखा खींच देते थे। यदि उन्होंने देखा, एक रेखा से काफी जोर न पड़ेगा तो शब्द के नीचे दो और तीन रेखाएँ तक भी खींच देते थे।

चतुर्वेदी जी बहुत ही विनोदी स्वभाव के व्यक्ति थे। बात-बात में उन्हें विनोद

सूझता था। इसका एक परिणाम यह हुआ कि वह हर दूसरे-तीसरे वाक्य के आगे आश्चर्य-चिह्न लगा देते थे। संभव है, एकाध पत्र उनका ऐसा हो जिसमें विराम चिह्नों की अपेक्षा आश्चर्य चिह्नों का प्रयोग ही अधिक किया गया हो। मेरी जानकारी में आश्चर्य चिह्नों का इतना प्रयोग अपने पत्रों में किसी दूसरे हिंदी लेखक ने नहीं किया। प्रश्न सूचक चिह्नों का उपयोग वह कम करते थे किंतु कभी-कभी उनका उपयोग भी वह आश्चर्य चिन्हों की तरह करते थे। एक पत्र समाप्त करते हुए 'विनीत' के नीचे अपना नाम लिखने के बदले उन्होंने एक प्रश्न चिह्न लगा दिया। एक पत्र में तो उन्होंने 'विनीत' के नीचे एक नहीं तीन प्रश्न चिह्न लगा दिए। प्रूफ रीडर के लिए यह स्वाभाविक है कि वह प्रश्नचिह्न हटा कर उनका नाम लिख दे। इसके लिए मैंने विशेष नोट लिखा कि जहाँ लेखक के नाम की जगह प्रश्नचिह्न हो, उसे वहाँ वैसे ही रहने दें। और आशा है, पुस्तक छपने पर पाठक को कम से कम दो पत्रों के अंत में लेखक के नाम की जगह प्रश्न चिह्न दिखाई देंगे।

चतुर्वेदी जी बहुत सहज भाव से लिखते और बोलते थे। बोलने में तो अंग्रेजी का व्यवहार कम करते थे पर लिखने में उसका व्यवहार ज्यादा करते थे। कभी-कभी पूरा पत्र ही अंग्रेजी में लिखते थे। इससे अधिक वह अंग्रेजी-हिंदी मिला कर वाक्य रचना करते थे। संस्कृत और देशी भाषा मिला कर केरल में जैसे मणिप्रवालम् शैली का चलन हुआ था, वैसे ही चतुर्वेदी जी ने अपने गद्य में हिंदी-अंग्रेजी को मिला दिया था। एक पत्र में उन्होंने अंग्रेजी को अंतरराष्ट्रीय भाषा कहा है। उसे राष्ट्र भाषा से मिला देना उनके लिए कोई आश्चर्यजनक बात नहीं थी। कभी-कभी वह हिंदी शब्दों के व्याकरण-रूप अंग्रेजी के अनुसार बना लेते थे। जैसे संस्मरण का बहुवचन बनाना है तो संस्मरण देवनागरी में लिखा, ऊपर उलटा कॉमा लगाया और आगे अंग्रेजी का 'एस' अक्षर लिख दिया। संस्मरण का बहुवचन बन गया। ऊपर उल्टा कॉमा लगा कर आगे 'एस' लिखा जाए तो इसका अर्थ संबंध सूचक होता है, इसकी उन्हें चिंता नहीं थी। उन्हें संस्मरण का बहुवचन रूप देना है, एस लगाने से बहुवचन बनता है। मूल हिंदी शब्द से अंग्रेजी का 'एस' अलग दिखाई दे, इसलिए ऊपर उल्टा कौमा लगा देते थे।

चतुर्वेदी जी उर्दू साहित्य से काफी परिचित थे। एक पत्र में उन्होंने लिखा था, बुढ़ापे में उन्होंने उर्दू पढ़ना शुरू किया है। बिना पढ़े ही बहुत से उर्दू शेर उन्हें याद थे। उन्हें कभी-कभी वह अपने पत्रों में उद्धृत कर देते थे। शायद यह कला उन्होंने पद्म सिंह शर्मा से सीखी थी। शर्मा जी को वह अपना गुरु मानते थे। आगरे के हरिशंकर शर्मा जी को वह आपना भाई मानते थे। ये दोनों ही हिंदी लेखक उर्दू के विद्वान् थे। बनारसीदास चतुर्वेदी उन्हीं की परम्परा से जुड़े हुए थे। उर्दू शब्दों का व्यवहार करते हुए वह आम तौर पर नुक्ते का ध्यान रखते थे। अपने सदर मुकाम फीरोज़ाबाद में 'ज' के नीचे वह नुक्ता लगाना कभी न भूलते थे। दो-एक

कार्ड ऐसे हैं जिन पर पता छपा हुआ था। वहाँ 'ज' के नीचे नुक्ता नहीं है। जब वह स्वयं पता लिखते थे, तब 'ज' के नीचे नुक्ता लगाते थे, साथ ही फीरोजाबाद के 'फ' के नीचे नुक्ता न लगाते थे। खयाल लिखते समय वह कभी 'ख' को 'य' से मिलाते न थे। दोनों वर्ण अलग-अलग लिखते थे और 'ख' के नीचे बिंदी लगा देते थे। मानक हिंदी में जहाँ 'ए' होता है वहाँ कुछ ब्रजवासी 'ऐ' का प्रयोग करते हैं। चतुर्वेदी जी इसी रीति से बहुधा 'उन्हैं', 'किताबैं', 'करैं' जैसे शब्दों में एक की जगह ऊपर दो मात्राएँ लगा देते थे। 'विशाल भारत' के प्रूफ रीड़र जरूर अच्छे रहे होंगे क्योंकि याद नहीं आता कि इस तरह की वर्तनी मैंने उसमें देखी हो। पर उनके पत्रों में इस तरह की वर्तनी के नमूने बहुत जगह मिल जाते हैं।

प्रूफ रीडर शुद्ध भाषा के बड़े पक्षपाती होते हैं। उन्हें यह समझाना कठिन होता है कि पत्रों में यदि लेखक ने अशुद्ध प्रयोग किए हैं तो उन्हें वैसे ही जाने दो। आशा है, चतुर्वेदी जी के 'उन्हैं', 'करैं', 'किताबैं' जैसे प्रयोग आपको इस संकलन में देखने को मिल जाएँगे। साथ ही प्रूफ रीडर कुछ अशुद्धियाँ अपनी ओर से जोड़ देते हैं। उनके लिए पत्र लेखक या पत्रों के संकलनकर्ता को आप दोषी न मानें। चतुर्वेदी जी हिंदी ही की तरह अंग्रेजी की मानक वर्तनी का ध्यान नहीं रखते। उनके प्रयोग मानक व्याकरण के अनुसार हों, इसकी भी चिंता वह नहीं करते। मैंने प्रयत्न किया है, जैसा उन्होंने लिखा है, वैसा ही छपे। आशय तो पाठक समझ ही लेंगे। चतुर्वेदी जी का उद्देश्य था, साधारण लोग उनकी बात समझ लें। गद्य पढ़ने और समझने में मेहनत करना पड़े तो उनकी समझ में वह लेखक की असफलता थी। हिंदी के बहुत से काव्य-साहित्य और गद्य-लेखन से वह दूर इसीलिए थे कि उसे समझने में कुछ परिश्रम करना पड़ता था। बात आसानी से समझ में आए, इसके लिए उन्होंने लेखक की रुचियों का दायरा बहुत सीमित कर दिया था। दर्शन, अर्थशास्त्र, साहित्य और राजनीति की किसी गंभीर समस्या पर लिखा जाए और बात तुरंत समझ में न आए तो वह मान लेते थे कि यह लेखक अपना समय बर्बाद कर रहा है। यह बात वह मुझसे कई बार कह चुके थे। आगरे से कुछ दिन तक 'समालोचक' पत्र प्रकाशित हुआ था। उसकी भाषा और शैली की शिकायत उन्होंने कई बार की थी पर धीरे-धीरे वह इस तरह की भाषा और शैली से अपना स्नेह-संबंध कायम करने लगे थे। 'समालोचक' के सारे अंकों का सेट उनके पास हो, यह इच्छा उन्होंने प्रकट की थी और जब वह पत्र बंद हो गया तो इस पर उन्होंने दुख भी प्रकट किया था।

चतुर्वेदी जी में एक बहुत बड़ा गुण यह था कि वह दूसरों की बात भी धैर्य से सुनते थे। इस गुण का विकास उनमें धीरे-धीरे ही हुआ था। जब वह कलकत्ते में थे और 'विशाल भारत' का संपादन करते थे, तब दूसरों की कम सुनते थे, अपनी ही ज्यादा कहते थे। 'विशाल भारत' से अलग होने के बाद वह लेखक रूप में

उतने प्रभावशाली न रह गए थे जितने पहले थे। संभव है, इसलिए भी उन्होंने दूसरों की बात सुनने की आदत डाली हो। पर यह मुख्य कारण नहीं था। मेरा अनुमान है कि जैसे-जैसे दिन बीतते गए, उन्हें अपनी सीमाओं का एहसास हुआ। वह बहुत सी बातें वास्तव में जानना चाहते थे, इसलिए धैर्य के साथ दूसरों की बातें सुनते थे।

आगरे में उनके दामाद सुरेंद्र चतुर्वेदी थे। चतुर्वेदी जी जब दिल्ली में थे, तब कभी-कभी उनके यहाँ आते थे। जब दिल्ली से वह फीरोजाबाद आ गए, तब वहाँ अक्सर आने लगे। वहाँ उनसे भेंट होती थी, देर तक बातें होती थीं। शुरू में अधिकतर वह ही बोलते थे और मैं सुनता रहता था। धीर-धीरे अनेक विषयों पर मैं कुछ देर, फिर अधिक देर, तक बोलने लगा। खास तौर से मार्क्सवाद, भारत में मार्क्सवाद की स्थिति, प्रगतिशील लेखकों के संगठन आदि की समस्याओं पर मैंने विस्तार से उनसे बातें कीं। मेरा अनुमान है, इससे उनके अनेक भ्रम दूर हुए। वह अपने को अराजकवादी कहते थे। सिद्धांत यह था : राज्यसत्ता अनावश्यक है, इसके अस्तित्व को मिटाए बिना मनुष्य समाज में स्वाधीनतापूर्वक जीवन नहीं बिता सकता। साम्यवादियों से उन्हें शिकायत थी कि वे समाजवादी क्रांति के बाद भी राज्यसत्ता बनाए रखना चाहते हैं। एक बार मैं बंबई से लौट रहा था। ललितपुर से झाँसी तक साथ रहा। उन्होंने कहा : 'तुम लोग टूंडला जाकर रुक जाओगे। मुझे शिमले की यात्रा करनी है।' टूंडला प्रतीक हुआ साम्यवादियों की राज्यसत्ता का और शिमला प्रतीक हुआ अराजकवादियों के स्वच्छंद समाज का। मैंने कहा, 'शिमला जाने के लिए आपको टूंडला से गुजरना होगा। कोई ऐसा तरीका नहीं है कि आप छलांग मार कर, टूंडला से गुजरे बिना, शिमला पहुँच जाएँ।' इस बात का जिक्र उन्होंने कई पत्रों में किया है। मार्क्स और लेनिन के समय में अराजकवादियों ने साम्यवादी आंदोलन का बहुत विरोध किया था। रूस में उन्होंने क्रांतिविरोधी कार्रवाइयों में भाग लिया था। इसके लिए बहुतों को जेल में डाल दिया गया था। यद्यपि अराजकवादियों की राजनीतिक कार्रवाई से चतुर्वेदी जी बहुत दूर रहते थे, फिर भी वह मजाक में कहते थे : 'तुम साम्यवादियों का शासन हो जाएगा तब तुम मुझे जेल में डाल दोगे।' मैं उनसे कहता था, 'आपको जेल भेजना बहुत जरूरी है। बाहर आप कुछ काम नहीं करते। वहाँ रहेंगे तो फिर भी कुछ लिखें-पढ़ेंगे।' यह मजाक उन्हें इतना पसंद था कि उन्होंने पत्रों में इसे बार-बार दोहराया है।

मुझे क्या लिखना चाहिए, लेखकों का संगठन कैसे करना चाहिए, इसके बारे में वे मुझे बराबर सुझाव देते रहते थे। इस मामले में वह पक्के अराजकवादी थे; उन्हें किसी तरह के संगठन का कोई अनुभव नहीं था। प्रगतिशील लेखकों को संगठित करने में किस तरह की समस्याओं का सामना करना पड़ता है, इसकी जानकारी भी उन्हें नहीं थी। जैसे वह मुझे लिखने के लिए सुझाव देते थे, वैसे ही मैं उन्हें

भी देता था। कहता था : 'आप इतने लेखकों से मिले हैं । संपादक के रूप में आपका उतना विशाल अनुभव है। आप अपने संस्मरण लिख डालिए।' मैंने यहाँ तक कहा कि आप आगरे में रहें तो मैं प्रतिदिन दो घंटे आप जो कुछ बोलें, लिखने को तैयार हूँ। यह काम वह हमेशा टालते रहे। उनका बहुत सा समय लोगों को पत्र लिखने में खर्च होता था। शायद ही कोई हिंदी लेखक उतने पत्र लिखता हो जितने वह लिखते थे। कौन लेखक कहाँ क्या कर रहा है, इसकी खोज खबर रखते थे। संपादक न रहने पर वे उस तरह का काम पत्रों के माध्यम से संपन्न करते थे। उनकी बड़ी इच्छा थी, जिस तरह के आंदोलन उन्होंने साहित्य में चलाए थे, उस तरह के आंदोलन भिन्न विषयों को लेकर फिर चलाए जाएँ। संप्रदायवाद और प्रतिक्रियावाद के वह कट्टर विरोधी थे। दूसरों को बराबर प्रोत्साहित करते थे कि इनके विरोध में लिखें। अराजकवादी होते हुए भी वह बहुत दिनों तक टीकमगढ़ में राजा की सहायता से रहे। वहाँ 'मधुकर' नाम का पत्र भी निकाला। फिर वह राज्य सभा के सदस्य हो गए। यह विडंबना उनसे छिपी न थी कि एक अराजकवादी राज्य सभा का सदस्य हो गया है। इसका उल्लेख उन्होंने अनेक पत्रों में किया है।

गैर-मार्क्सवादी क्रांतिकारियों से उन्हें गहरी सहानुभूति थी। उनसे संबंधित बहुत सा साहित्य उन्होंने प्रकाशित कराया। वह समझते थे कि ये लोग पक्के अराजकवादी हैं। पर इनमें अधिकांश पुराना रास्ता छोड़ कर साम्यवाद की ओर बढ़े थे और कम्युनिस्ट पार्टी के सदस्य भी हो गए थे। इनमें शिव वर्मा और भगवानदास माहौर भी थे। अराजकवादियों की नीति अक्सर जन-विरोधी होती है, जिसके फलस्वरूप समाज में अनेक विकृतियाँ पैदा होती हैं। इस तरह की आलोचना चतुर्वेदी जी के लेखन में नहीं है। वह सबको मिला कर चलने पर जोर देते थे। पर सबको मिलाने में राजनीतिक मतभेद बाधक होता है। साहित्य में राजनीतिक प्रश्नों को हटा कर केवल साहित्य-प्रेम के आधार पर लोगों को संगठित नहीं किया जा सकता। चतुर्वेदी जी स्वयं प्रतिक्रियावादी और प्रगतिशील लेखकों में भेद करते थे। साहित्यिक या राजनीतिक स्तर पर इन दोनों में क्या भेद है, यह स्पष्ट उन्होंने नहीं बताया। एक पत्र में उन्होंने शासक दल से अपने तादात्म्य का उल्लेख किया है। इस तादात्म्य के बिना केवल साहित्य सेवा के बल पर वह राज्य सभा के सदस्य न हो सकते थे। वह क्रांतिकारियों के समर्थन में जिस प्रकार का साहित्य प्रकाशित करा रहे थे, वह बहुत से पूंजीवादी लेखकों और नेताओं को पसंद नहीं था। इससे आगे बढ़ कर उन्होंने सोवियत संघ की यात्रा की। वहाँ के जीवन के बारे में लिखा। पुराने रूसी लेखकों, जैसे तोल्स्तोय या चेखव, इन पर वह ज्यादा ध्यान देते थे। परंतु वर्तमान समाज व्यवस्था रूस में बहुत अच्छी है, यह बात वह बहुत खुल कर कहते थे। जीवन के अंतिम चरण में वह अराजकवाद की भूमि से काफी हट कर साम्यवादियों से अपना सुदृढ़ संबंध स्थापित कर रहे थे। पत्रों में अपने जीवन

के बारे में वह कम ही लिखते हैं। पर इतिहास के अध्यापक उनके भाई को कम्युनिस्ट होने के अपराध में आगरा कालेज से निकाला गया था, इस बात का जिक्र उन्होंने एक पत्र में किया है। और यह बात वह भूले नहीं। इस समाज-व्यवस्था में ईमानदार लोगों के साथ अन्याय होता है, यह व्यवस्था बदलना चाहिए, यह विचार उनके मन में मजबूती से जमा हुआ था।

३०-४० साल पहले मार्क्सवादियों और सोवियत संघ का समर्थन करना आसान बात नहीं थी। अपने मतभेद का जिक्र बराबर करते हुए भी चतुर्वेदी जी ने इनका समर्थन किया, यह बहुत बड़ी बात थी। क्रांतिकारी आंदोलन को आगे बढ़ाने में जितना वह कर सकते थे, नहीं कर पाए। यह एहसास शायद उन्हें था और इसलिए कभी-कभी उन्हें पछतावा भी होता था कि उन्होंने बहुत से व्यर्थ के कामों में अपनी शक्ति नष्ट की। ऊपर से वह जितने सीधे-सादे मालूम होते हैं, उतने थे नहीं। उनके व्यक्तित्व में काफी पेचीदगी थी और उसकी गहराइयों की झलक कभी-कभी वह अपने पत्रों में दिखा देते हैं। अपने साहित्यिक जीवन के प्रारंभिक दौर में उन्होंने 'प्रवासी भारतवासी' नाम की पुस्तक लिखी थी। गोरे पूँजीपति भारत के भोले-भाले मजदूरों को फुसला कर बाहर ले जाते, उनसे कुलीगीरी कराते, उनसे गुलामों जैसा व्यवहार करते थे। इसकी तीव्र निंदा उस पुस्तक में उन्होंने की है। वह साम्राज्यविरोध की भावना सतह पर न दिखाई देती थी पर वह भीतर-भीतर अंतिम समय तक मौजूद अवश्य थी। उन्होंने उग्र और निराला का विरोध किया था, अपनी समझ में सही उद्देश्य के लिए। पर जहाँ साहित्यिक सीमाएँ आड़े न आती थीं, वह बहुत ही सहृदय व्यक्ति थे। राजनीतिक कार्यकर्ताओं के परिवारों को रोटी मिलती है कि नहीं, इसकी उन्हें बराबर चिंता रहती थी। लंबे समय तक उनसे मेरा पत्र व्यवहार हुआ। कभी-कभी वह दूसरों को जो पत्र लिखते, उनकी प्रतिलिपि मुझे भेज देते थे। कभी संपादक को पत्र लिखा, उसकी प्रतिलिपि भेज दी। कोई अपनी समझ में महत्वपूर्ण निबंध निकला तो उसकी प्रति भी भेज दी। इस संकलन में इस तरह की सामग्री भी है। अधिकांश पत्र वही हैं जो उन्होंने मुझे लिखे थे। जब वह ९० पार कर गए थे और स्वयं बहुत कमजोर हो गए थे, लिखते थे तो अक्षर साफ न बनते थे, फिर भी कहीं से उन्होंने मेरी पत्नी के निधन का समाचार सुनकर मुझे सहानुभूतिपूर्ण कार्ड लिखा था। अस्पष्ट अक्षरों वाला वह कार्ड कठिनाई से ही पढ़ा जा सकता है। ऐसी बहुत सी बातों के लिए मैं उन्हें आदर से याद करता हूँ। ३० वर्ष से अधिक समय में फैले हुए उनके पत्र उनके व्यक्तित्व के विभिन्न पक्षों के दर्शन तो कराते ही हैं, उनमें एक लंबे युग का इतिहास भी है।

इस पुस्तक में जिन तीन महारथियों के पत्र संकलित हैं, उनमें किशोरीदास वाजपेयी

से मेरा व्यक्तिगत संपर्क सबसे कम था। अनुसंधान और चिंतन के क्षेत्र में मेरा घनिष्ठ संबंध उन्हीं से था। सन ५८-५९ में आगरे से 'समालोचक' प्रकाशित हो रहा था। उसमें मैं भी था। उसमें समीक्षा के लिए वाजपेयी जी का प्रशिद्ध ग्रंथ 'हिंदी शब्दानुशासन' आया था। समीक्षा निकलने में बिलंब हो रहा था। वाजपेयी जी चाहते थे, समीक्षा जल्दी प्रकाशित हो। उन्होंने एक-दो पत्र विश्वम्भरनाथ उपाध्याय को लिखे। अधिकतर संपादकीय काम वही देखते थे। उन्होंने वाजपेयी जी को समझाकर लिख दिया—आपके ग्रंथ का अध्ययन किया जा रहा है। कुछ समय बाद समीक्षा अवश्य प्रकाशित होगी। समीक्षा प्रकाशित हुई । तब वाजपेयी जी बनारस में थे। किसी ने उन्हें 'समालोचक' का वह अंक दिखाया। समीक्षा पढ़ कर वह प्रसन्न हुए। ९ मार्च सन ५९ को उन्होंने पहला पत्र मुझे लिखा। उसके बाद घनिष्ठता क्रमशः बढ़ती गई।

वाजपेयी जी की चेतना दो स्तरों पर काम करती थी। एक स्तर वह था जहाँ वह रूढ़ियों से बंधे हुए थे और दूसरा स्तर वह जहाँ वह रूढ़ियाँ बराबर तोड़ रहे थे। उनके भीतर पुनरुत्थानवादी प्रतिक्रियावादी रुझान है, यह बात वह जानते थे। कहते हैं : 'जैसा कि सभी बंधु जानते हैं, मैं बहुत कुछ पोंगापंथी भी हूँ। सो तारीख ७ को दिल्ली में होने वाले गोरक्षार्थ प्रदर्शन में भाग लेने का इरादा है।' (३१-१०-६६) बेटी का ब्याह वह नारियल और एक रुपए में करना चाहते थे। 'परंतु तीन वर्ष तक सिर मारने के बाद अनुभव हुआ कि मेरी लड़की इस धर्मप्रधान और संस्कृति प्रधान देश में अनब्याही ही रहेगी।' (१९-२-६५) यहाँ 'धर्म प्रधान' और 'संस्कृति प्रधान' इन दो शब्दबंधों पर ध्यान दीजिए। कन्या के विवाह में दहेज देना आवश्यक है। इसके बिना धर्म और संस्कृति की रक्षा नहीं हो सकती। बेटी को ब्याहने के लिए भले ही उन्हें इन रूढ़ियों से समझौता करना पड़ा हो पर उनसे उन्हें कष्ट पहुँचा था। और वह हृदय से उनके विरोधी थे, इसमें तो कोई संदेह नहीं हो सकता। ये रूढ़ियाँ मनुष्य का जीना कैसे दूभर कर देती हैं, इसका उदाहरण इसी पत्र में है। लिखा था : 'मैंने इस इतनी उम्र में कभी १०० रुपए भी न जोड़े थे, न जोड़ पाया। लोहे के चने चबाने पड़े बच्चों को रोटी-दाल देने में। तब हजारों कहाँ से लाता ? अनेक बार आत्महत्या कर लेने को मन हुआ।' जिन रूढ़ियों के दबाव से मनुष्य आत्महत्या की बात सोचने लगे, उनका वह समर्थक तो नहीं हो सकता। सामाजिक रूढ़ियों के प्रसंग में जैसे उन्होंने यहाँ 'धर्म प्रधान' 'संस्कृति प्रधान' देश की बात कही है, वैसे ही भाषा संबंधी प्रयोगों के बारे में उन्होंने इस 'सनातनी देश' की बात कही है। वर्तनी और व्याकरण के विचार से हिंदी में प्रयोग संबंधी बड़ी विविधता है। मैंने लिखा था : इस विषय पर एक पुस्तक तैयार करना ठीक होगा। उन्होंने सुझाया : 'दोनों के संयोग से यह काम हो—विचारक किशोरीदास वाजपेयी और संपादक रामविलास शर्मा।' आगे लिखा, 'काम करना हो तो यही

अवसर है। नींव लग रही है। जैसे भी लग जाएगी लग जाएगी। गलत नींव लग गई तो यह 'सनातनी' देश उसी पर चल पड़ेगा। (२०-६-६८) सनातनी शब्द उन्होंने उद्धरण चिन्हों के बीच लिखा है। आशय यह—कुछ पुरानी बातें अच्छी हैं, उन्हें मानना चाहिए, अनेक पुरानी बातें गलत हैं, उन्हें छोड़ देना चाहिए। लोग विवेक से काम कम लेते हैं। इसलिए दो-चार आदमियों ने गलत प्रयोग किए तो और बहुत से लेखक भी उनका अनुसरण करने लगेंगे।

भाषाविज्ञान के क्षेत्र में वह बहुत सी रूढ़ियाँ तोड़ कर आगे बढ़े थे। 'हिंदी शब्दानुशासन' के प्रकाशन से पहले ही वह अपने भाषासंबंधी चिंतन के लिए इतना विख्यात हो गए थे कि नागरी प्रचारिणी सभा ने उनसे यह ग्रंथ लिखने को कहा। वाजपेयी जी जानते थे, उनका मत बहुत लोगों के विचारों से अलग है। उन्होंने यह शर्त कर ली थी कि जो कुछ वह लिखेंगे, वह वैसे ही छापा जाएगा। सभा के अधिकारी शास्त्रीयता के पक्षधर थे। वाजपेयी जी कोई भी शास्त्र हो, विशेष रूप से भाषा शास्त्र, उसे लोक संस्कृति से मिला कर आगे बढ़ते थे। परिणाम यह कि वाजपेयी जी ने जब अपना ग्रंथ तैयार किया, तब उसकी शैली सभा के अधिकारियों को पसंद न आई। परंतु अधिकारियों को ग्रंथ उसी रूप में छापना पड़ा। उस युगांतरकारी ग्रंथ से संबंधित वह ऐतिहासिक घटना इस प्रकार है : 'मेरी हिंदी शब्दानुशासन की भाषा सभा वालों को पसंद नहीं आई। और उनकी आज्ञा मुझे मिली, हिंदी शब्दानुशासन की भाषा शास्त्रोचित गंभीर होनी चाहिए। आपकी हँसती-खेलती भाषा शास्त्रोपयुक्त नहीं है। मैंने सभा का कागज फाड़ कर फेंक दिया और कह दिया कि भाषा मेरी जैसी है, वैसी ही रहेगी। सभा वालों को झुकना पड़ा क्योंकि ३६०० रुपए पेशगी मैं ले चुका था। और सभा से शर्तनामा लिखा लिया था जिसमें एक शर्त यह भी थी कि लेखक जो कुछ भी जिस रूप में भी लिखेगा, सभा उसे ज्यों का त्यों रखकर प्रकाशित करेगी, उसमें कुछ भी परिवर्तन न किया जाएगा।' (५-५-६६) शर्तनामा लिखते समय शैली पर न तो वाजपेयी जी का ध्यान था और न सभा के अधिकारियों का। जो कुछ भी, जिस रूप में भी लिखा जाएगा वह छपेगा, यहाँ आशय विषय के विवेचन से था। वाजपेयी जी ने चतुराई से काम लिया। भाषा को शास्त्रीय बनाने से इन्कार किया। उन्हीं के शब्दों में : 'शर्त तो यह विषय के विवेचन को लेकर थी पर मैंने भाषा पर भी मढ़ दी और यों मेरे शब्दानुशासन की भाषा बच गई।' (५-५-६६) शायद इतने सरल और सुपाठ्य ढंग से भाषा विज्ञान पर कोई दूसरी पुस्तक हिंदी में नहीं लिखी गई। पश्चिम के भाषाविज्ञानी, विशेष कर जर्मन और अमरीकी, अपनी दुरूह पारिभाषिक शब्दावली के लिए बदनाम हैं। फ्रांस के भाषाविज्ञानी अपवाद हैं। जैसे उनका गद्य सरल और सरस होता है, वैसे ही 'हिंदी शब्दानुशासन' में वाजपेयी जी का गद्य सुगम और रोचक है।

वह समझते थे कि उनका अपना विषय काव्य-तत्व अथवा काव्य-शास्त्र है। (१५-७-६२) पर उनकी आंतरिक प्रेरणाएँ उन्हें भाषा विज्ञान की ओर ठेल रही थीं। हिंदी भाषा के विवेचक के रूप में उन्हें केवल इस देश में नहीं, वरन् विदेश में भी ख्याति प्राप्त हुई। सोवियत संघ के हिंदी विशेषज्ञ बरखूदारोव ने उन्हें 'सर्वमान्य आचार्य' कह कर संबोधित किया था। (५-१०-६७) संयोग की बात है कि इस पत्र संग्रह के तीनों महारथी कहीं न कहीं सोवियत संघ से जुड़े हुए थे। दो तो वहाँ की यात्रा ही कर आए थे। सोवियत संघ के अनेक विद्वानों से वाजपेयी जी का पत्र व्यवहार हुआ था। उन्हीं में बरखूदारोव थे। उनका एक पत्र वाजपेयी जी ने मेरे पास भेज दिया था जिससे मालूम हुआ कि इनका आपसी पत्र व्यवहार बहुत पहले से चल रहा था।

वाजपेयी जी को अपने काम के लिए सारी सुविधाएँ मिल गई हों, ऐसा नहीं था। आर्थिक कठिनाइयों के अलावा परिवार में अनेक लोगों के निधन से उन्हें भारी दुख हुआ था। उनका पहला लड़का तीन बरस का हो कर चला गया था। 'तब मेरा दिमाग ही खराब हो गया था। बच गया गीता के कारण। फिर तीसरा पुत्र गया। उसके बाद प्यारी एक पुत्री गई। एक दौहित्र गया। एक दौहित्री गई।' (९-११-६२) ४२-४३ के दिनों में उनके हाथ में चोट आई थी। तीन-चार महीने उन्हें कष्ट सहना पड़ा। स्वयं कष्ट सह कर शरीरविज्ञान की बहुत सी बातें उनकी समझ में आ गईं। जैसे 'कंधे के पास दो हड्डियों का मिलान होता है। आंकड़े की तरह फंसाव रहता है।' हड्डियाँ एक दूसरे से अलग हो जाएँ तो 'वह हड्डी फिर धीरे-धीरे जहाँ की तहाँ जा मिलती हैं। परंतु अधिक बोझ पड़े तो फिर अलग हो जाती है। फिर वही कष्ट।' उनका एक बायाँ हाथ सदा के लिए कमजोर हो गया था। 'बाएँ हाथ में दो सेर बोझ भी लटका कर नहीं चलता आज २० वर्षों से।' (१४-३-६३)

दुखों से आदमी बहुत कुछ सीखता है। पारिवारिक कष्ट याद करते हुए वाजपेयी जी ने कई ज्ञान की बातें कही थीं। उनमें एक यह है : 'छोटा सा राष्ट्र ही है घर। कुटुंबी और कुटुंबिनी का जीवन ही तो योग है।' (१३-१२-६२) परिवार के बाहर जो सामाजिक संबंध दिखाई देते हैं, वे परिवार के भीतर प्रतिबिंबित होते हैं। इस तरह परिवार एक छोटा सा राष्ट्र है। पति और पत्नी का गृहस्थ जीवन योग है। दोनों साथ रहते हैं, इसलिए एक से अधिक अर्थों में योग है। साथ रहते हुए उन्हें संयम से रहना चाहिए, इस अर्थ में भी उनका जीवन योग है। दुख सहने का एक तरीका यह है कि आदमी कोई न कोई काम करता रहे। कहते हैं : 'जब मन पर कोई बड़ा आघात हो तो उसे किसी काम में उलझा देना चाहिए—कोई ऐसा काम करने लगना चाहिए जिसमें मन उलझ जाए।' (१२-११-६२) एक विकल्प अध्यात्म चिंतन का भी था। बताया था : 'आपको तो विश्वास नहीं पर मैं अनुभव करता

हूँ कि कुछ अध्यात्मचिंतन मदद करता है। किसी काम में लग जाना भी मदद करेगा।' (३-१०-७५) साधनों के अभाव और समाज के सूत्रधारों की उपेक्षा सहते सहते कभी वह उदास हो जाते थे। 'आपने कहा लड़ते रहिए। पर अब वह जोश नहीं। पहले आपने लिखा था—बहुत कर लिया अब अपने स्वास्थ्य का ध्यान रखिए। पहली बात ही ठीक है........याददाश्त जा ही रही है, सिर भी दुखता रहता है, कभी दिन में कभी रात में........मानस संपादन में एक वर्ष लग सकता है—२ घंटे काम प्रतिदिन करने का आदी रहा हूँ। सहायक और सामग्री भी चाहिए। कौन देगा? मन भी मर गया है।' (१९-२-६३)

जीवन में ऐसी स्थिति पैदा हो जाती है कि कोई ज्ञान काम नहीं देता। मनुष्य का मन किसी काम में नहीं लगता। सन ७४ में लंबी बीमारी के बाद उनकी पत्नी का देहांत हुआ। उन्होंने लिखा : 'मैं तो लुंज-पुंज हो गया हूँ। कुछ भी अच्छा नहीं लग रहा है। सहधर्मिणी पिछली जुलाई की ६ तारीख को कानपुर में मुझे छोड़ कर चली गईं। ७२ वर्ष की थीं। मैं ७८ पार कर चुका हूँ। तो भी बहुत अखर रहा है। ज्ञान सब बेकार हो गया है। १८ महीने तक कष्ट उन्हें मिले थे।' (१८-७-७४) वाजपेयी जी अपने परिवार से घनिष्ठ रूप में जुड़े हुए थे। दूसरे के परिवार में कहाँ क्या हो रहा है, कौन स्वस्थ है, कौन अस्वस्थ है, इसका भी बराबर ध्यान रखते थे। जिन दिनों उनकी पत्नी का देहांत हुआ, उन्हीं दिनों उन्हें नेत्र-कष्ट भी हुआ। उनकी लिखावट बदलने लगी। कभी बड़े-बड़े अक्षर बना कर लिखते और कभी छोटे अक्षरों मैं इतना गिचपिच लिखते थे कि उसे पढ़ना कठिन हो जाता था। १९७५ के बाद उन्होंने कई पत्र ऐसे लिखे जिन में अनेक वाक्य अस्पष्ट हैं। पत्र लिखने के बाद शायद वह उसे दोहराते नहीं थे। जब उन्हें अपने लिखे हुए अक्षर स्पष्ट दिखाई न देते थे, तब शायद वह अंदाज से पत्र लिखते थे। झाँसी से उन्होंने एक-दो पत्र दूसरों से लिखा कर भेजे थे।

यह सब होते हुए भी वह बराबर मन में भाषा विज्ञान की समस्याएँ सुलझाया करते थे। अनेक पत्रों में उन्होंने भाषा-संबंधी अनुसंधान के लिए बहुत से सुझाव दिए हैं। वह अनेक अनुष्ठान करना चाहते थे। किये भी। चाहते थे कि मैं उन में आऊँ। पर मेरे लिए यह संभव नहीं था। अपनी पुस्तकों पर, अनेक विषयों पर, वह लेख लिखने को कहते थे। परंतु ऐसा करना सदा मेरे लिए संभव नहीं था।

बहुत सी बातों में उनसे मतभेद था। वह जानते थे मतभेद है। अपनी बात खुल कर कहते थे। दूसरे की बात सुनते थे और उस पर विचार भी करते थे। भाषाविज्ञान पर पुस्तकों और लेखों में उन्होंने जो कुछ कहा है, उससे अलग कुछ नए सुझाव शायद विद्वानों को इन पत्रों में मिल जाएँगे। देश विदेश के अधिकांश विद्वान मानते हैं कि भारत में प्राचीन आर्य भाषा एक थी। वह ऋग्वेद में दिखाई देती है। उसी से आगे संस्कृत का विकास हुआ। वाजपेयी जी का विचार था कि

वैदिक काल में जनपदीय उच्चारण भेद विद्यमान था। अग्नि मीने के प्रसंग में उन्होंने कहा था, 'किसी किसी शाखा में अग्नि मीले भी चलता था। बहुत संभव है वेदों का शाखाभेद जनपदों के भेद से हुआ हो और उनके उच्चारणभेद का यही कारण हो।' (१२-११-६२) बोलचाल की आधुनिक भाषाओं का अध्ययन करने से वैदिक भाषा के विश्लेषण में सहायता मिल सकती है—बहुतों के लिए यह कल्पनातीत है परंतु वाजपेयी जी ने इसी प्रसंग में लिखा था : 'पंजाब में रेल खड़ती है अर्थात् खड़ी होती है और पश्चिमी पंजाब रावलपिंडी में खलौती है। कुलू जनपद में काला साँप को कहेंगे काड़ा साँप और साला निकल गया को कहेंगे साड़ा निकड़ गया।' (१२-११-६२) ये सब वैदिक अग्नि मीने को समझने के लिए।

भाषा और समाज को अचल इकाई मानने के बदले वाजपेयी जी विकासवादी दृष्टिकोण अपना रहे थे। वैदिक आर्य पहले कभी घुमंतू जीवन बिताते थे। आगे चल कर उन्होंने बस्तियों, गाँवों और नगरों में रहना सीखा। यह स्थापना उन्होंने इस तरह प्रस्तुत की है : 'वैदिक युग में नागरिक जीवन चल रहा था। उससे बहुत पहले किसी समय यायावरी जीवन ही चलता होगा।' (११-११-७६) ऋग्वेद के **बेकनाट** शब्द पर विचार करते हुए उन्होंने दो पत्र लिखे थे जो बहुत ही महत्वपूर्ण हैं। वह इस संभावना पर विचार करते हैं कि यह **बेकनाट** शब्द किसी अन्य भाषा से आ कर वैदिक भाषा में मिला होगा। लिखा था : 'जिस भाषा में वेद रचना हैं, उससे भिन्न किसी भाषा से यह **बेकनाट** शब्द ले लिया गया जान पड़ता है।' (५-१२-७६)। इसी पत्र में वह बोलचाल की सिंधी भाषा का स्मरण करते हैं। उसमें दो के लिए बे शब्द चलता है। संस्कृत में दो स्वर एक साथ नहीं आते इसका उल्लेख करते हुए उन्होंने अपवाद रूप में तितउ (चलनी) की चर्चा की है। निष्कर्ष : 'सो विचारणीय बेकनाट, तितउ आदि भी हैं। इससे भी वैदिक युग में अनेक आर्य भाषाओं की स्थिति समझ में आती है'। (५-१२-७६) यहाँ वैदिक युग में अनेक आर्य भाषाओं के चलन की बात बहुत स्पष्ट रूप में स्वीकार की गई है। इस दृष्टि से वैदिक भाषा का अध्ययन किया जाए तो जनपदीय भाषाओं की अनेक विशेषताएँ उसी में प्रतिबिंबित होती दिखाई देंगी। दो का अर्थ देने वाले बे के प्रसंग में उन्होंने फिर लिखा : 'बे के बारे में यह ध्यान देने की बात है कि दिल्ली से सिंध तक की उन सभी भाषाओं में दो की जगह बे शब्द चलता है।' इसके साथ व्याकरण की कुछ अन्य सामान्य विशेषताएँ दिखाते हुए उन्होंने निष्कर्ष निकाला : 'आर्य भाषाओं की इस पश्चिमी धारा में बे के साथ अन्य बातें भी समान हैं।' (२७-१२-७६) वैदिक काल में अनेक जनपदीय भाषाओं का अस्तित्व स्वीकार करने से ऐसा ही परिणाम निकलेगा। इसीलिए यह आवश्यक है कि आज की सभी जनपदीय भाषाओं को समान रूप से संस्कृत की पुत्रियाँ मानने के बदले उनकी विशेषताएँ समझी जाएँ और उनके सहारे वैदिक काल की भाषाई स्थिति का अनुसंधान किया जाए।

'साहित्य संदेश में मेरी पुस्तक 'भाषा और समाज' पर एक लेख विश्वंभरनाथ उपाध्याय का निकला था। उसी अंक में पुस्तक पर हेमचंद्र जोशी का लेख भी था। दोनों लेख पढ़ कर वाजपेयी जी ने एक पत्र मुझे लिखा और उससे बड़ा दूसरा पत्र उन्होंने उपाध्याय को लिखा। उपाध्याय ने वह पत्र मुझे भेज दिया था। प्राकृतें जिस रूप में मिलती हैं, वह बनावटी है, यह जानकारी वाजपेयी जी को कैसे प्राप्त हुई, इसका रोचक विवरण उपाध्याय को लिखे उस पत्र में है। हेमचंद्र जोशी के साथ वाजपेयी जी नागरी प्रचारिणी सभा में काम कर रहे थे। नैहर शब्द की व्युत्पति पर विचार हो रहा था। वाजपयी जी ने उसका स्रोत शब्द ज्ञाति माना। ज्ञाति से नाति, नाति से नाइ। घर का हर, फिर नइहर। प्राकृत शब्द कोश देखा गया तो उसमें नाइ नहीं था, णाइ था। वाजपेयी जी ने लिखा है : 'मैंने कहा यह नाइ मिल गया। बोले, नाइ कहाँ यह तो णाइ है। इस पर मैंने कहा कि नाइ असली प्राकृत, णाइ बनावटी प्राकृत है। अन्यथा नइहर की जगह लोग णइहर बोलते। इस पर फिर वह हँसे। यहीं मेरा निश्चय हुआ कि शब्दों के आदि में ण करने वाली प्राकृत कृत्रिम है।' (१८-४-६४) यह बहुत ही महत्वपूर्ण सूझ थी। क्योंकि तमाम पाश्चात्य विचारकों और भारत में सुनीत कुमार चटर्जी आदि और उनके अनुयाइयों का सारा ढाँचा प्राकृत को वास्तविक बोलचाल की भाषा मानकर रचा गया है। वाजपेयी जी की निगाह लोक भाषाओं पर थी। इसलिए उन्होंने तुरंत कहा, लोग नइहर बोलते हैं; णइहर क्यों नहीं बोलते? इस नए दृष्टिकोण से जब उन्होंने 'हिंदी शब्दानुशासन' लिखा तब उससे तमाम पुराने भाषा विज्ञानियों का असहमत होना स्वाभाविक था। ग्रीक भाषा में ज्ञ ध्वनि का प्रतिरूप ग्र है। अंग्रेजी में नेटिव, नेटिविटी, नेटल आदि शब्दों का विकास संस्कृत की ज्ञाति से वैसे ही हुआ है जैसे यहाँ नाति, नाइ आदि का हुआ है।

वाजपेयी जी कोई बात मन में छिपा कर न रखते थे। जो मन में आता था तुरत कह देते थे। कभी-कभी ऐसी बातें पत्र में लिख देते थे और सोचते थे कि इनका छपना उचित न होगा। एक पत्र में उन्होंने कुछ बातें श्रीमती कमला सांकृत्यायन के बारे में कही थीं। पत्र के अंत में लिख दिया था, 'यह अंतिम वाक्य छपाना नहीं है।' (१६-२-६२) उनका आदेश न मान कर वह पत्र यहाँ मैं प्रकाशित कर रहा हूँ। ये सब इतिहास की बातें हैं। उसके प्रकाशित होने से किसी को बुरा न मानना चाहिए। उस समय तो पत्र छपाने की कोई बात ही नहीं थी। परंतु संभवत: वाजपेयी जी को इस बात का आभास था कि कभी आगे चल कर उनके पत्र छपाये जा सकते हैं। इसलिए उन्होंने सावधान कर दिया था।

वाजपेयी जी की एकांत निष्ठा हिंदी के प्रति थी। उसके वर्चस्व के आगे वह किसी भी अन्य भाषा का वर्चस्व स्वीकार करने को तैयार नहीं थे। संस्कृत का भी नहीं। कभी-कभी वह पुराने हिंदी साहित्यकारों के बारे में नई जानकारी देते हैं।

जैसे भारतेंदुकालीन तदीय सामज के बारे में। इस समाज की बैठकें कहाँ-कहाँ होती थीं, कौन-कौन लोग आते थे, किस तरह की कविताएँ पढ़ते थे, आदि बातों का विवरण उन्होंने दिया है। (१२-११-६२) वह चाहते थे, हिंदी लेखक संगठित हों, हिंदी की अपनी एक आवाज हो। साहित्य सम्मेलन के लिए उन्होंने कहा था, 'एक तरह से वह समाप्त ही हो गया था। अब पुनर्जन्म उसका हुआ है। पर उसमें वह बात आने की नहीं। हिंदी का कोई मंच ही नहीं रहा।' (२३-८-७२) उन्होंने यह भी सोचा था—उत्तर प्रदेश के 'सम्मेलन का स्थायी कार्यालय आगरा बनाया जाए तो काम बन सकता है। विश्वविद्यालय तथा विद्यापीठ के कारण आगरा गढ़ बन गया है। मध्य प्रदेश, राजस्थान तथा हरियाणा जैसे हिंदी प्रदेश उसके समीप हैं। जहाँ तक हिंदी का संबंध है, उत्तर प्रदेश का अर्थ सम्पूर्ण भारत है। यदि यह सम्मेलन सफल हो जाए तो बड़ा काम हो।' (२३-८-७२) हिंदी लेखक एक मंच पर संगठित हों, उनके मन में यह उत्कट अभिलाषा थी। साहित्यकारों को संगठित करना आसान नहीं होता। ७०-८० के दशक में यह कार्य मेरे लिए और भी कठिन हो गया था। पर हिंदी साहित्यकारों को एक मंच पर संगठित करने की आवश्यकता अभी तक बनी हुई है। वाजपेयी जी ने अपने पत्र में विश्वविद्यालय और विद्यापीठ का जिक्र किया है। उन दिनों मैं विद्यापीठ में था। राजपूत कालेज में मेरे सहयोगी डॉ. कांता प्रसाद पांडे मेरठ में थे। वह वाजपेयी जी से मिले थे। उनका उल्लेख करते हुए वाजपेयी जी ने लिखा था : 'उनसे मालूम हुआ कि आप डिप्टी डायरेक्टर हो गए हैं।' पत्र में एक वाक्य है—'बैसवारी और सरयूपारी मिल कर रहेंगे तो बड़ा काम होगा।' (५-४-७१) यहाँ सरयूपारी हजारी प्रसाद द्विवेदी हैं और बैसवारी मैं हूँ। पहले विद्यापीठ में द्विवेदी जी के निदेशक बन कर आने की बात थी। पर वह आए नहीं। उनसे झगड़ा न हो, इसके लिए वाजपेयी जी ने मुझे सचेत कर दिया था और ध्यान दिलाया था, मिल कर रहेंगे तो बड़ा काम होगा। पर उसकी नौबत नहीं आई।

वाजपेयी जी वर्तनी आदि पर बहुत ध्यान देते थे। इसलिए उनके लेखन की कुछ विशेषताओं का जिक्र कर देना यहाँ उचित होगा। वह 'गया', 'दिया' आदि में तो 'य' का प्रयोग करते थे परंतु 'गये' 'दिये' आदि शब्दों में 'य' छोड़ कर सीधे 'ए' स्वर का प्रयोग करते थे। इसी तरह 'गयी' में 'य' का प्रयोग न करके 'ई' स्वर का प्रयोग करते थे। दीर्घ 'आ' स्वर हो तो ऊपर चंद्रबिंदु लगाते थे। किंतु ए ओ ई स्वर हों तो बिंदी से काम लेते थे। मां (माता) पर चंद्रबिंदु न लगाते थे। नीव शब्द में उन्होंने नी पर बिंदी नहीं लगाई। नीवँ के व के ऊपर चंद्रबिंदु है। एक पत्र में दो बार उन्होंने यह शब्द इसी प्रकार लिखा है। (१२-६-६८) दो शब्दों को जोड़ने के लिए वह अन्य लेखकों की अपेक्षा हाइफन का प्रयोग अधिक करते हैं संभवतः महावीर प्रसाद द्विवेदी की तरह। किंतु अन्य लेखक जहाँ अक्सर कॉमा

से काम लेते हैं, वहाँ कभी-कभी वाजपेयी जी सेमीकोलन लगाते हैं। एक वाक्य है : 'यहाँ वर्ण व्यत्यय की जरूरत इसलिए नहीं पड़ी; क्योंकि यह कोई विभक्ति नहीं है कि संधियों की झंझट पड़े।' (११-३-८०) आमतौर से सेमीकोलन वहाँ लगाते हैं जहाँ वाक्यांश पूरा हो जाता है। यहाँ कॉमा की जगह सेमीकोलन लगाया है। इस चिह्न का उपयोग इसी तरह उन्होंने और बहुत जगह किया है।

उनकी वाक्य रचना सहज और स्वच्छंद होती है। अक्सर वह क्रियाएँ छोड़ देते हैं। जैसे : 'इतने बड़े अध्यवसाय में ढील ठीक नहीं।' (१३-१०-६८) अथवा 'काम से काम ठीक।' (५-४-७१) वाजपेयी जी अपने गद्य में बोलचाल के उर्दू शब्दों का प्रयोग खूब करते हैं। ज और ज़ में भेद करने के लिए वह बिंदी का प्रयोग नहीं करते। संभव है, वह यह समझते हों कि हिंदी में इन दो ध्वनियों के बीच भेद न करना चाहिए। परंतु भारत की अनेक आर्य भाषाओं में ऐसा भेद है। जैसे मराठी में, भले ही वह अलग वर्णों द्वारा व्यक्त न किया जाता हो। कभी-कभी वह उर्दू शेर भी उद्धृत करते हैं :

दुख बोझ नहीं कि बाँट लीजै
ग़म राह नहीं कि साथ दीजै। (९-११-६२)

यहाँ ग़म के ग के नीचे उन्होंने बिंदी लगाई है।

वाजपेयी जी से कहाँ मेरा मतभेद है, यह उनके पत्रों से जगह जगह जाहिर हो जाता है। मैंने जहाँ तहाँ उन पर जो थोड़ा बहुत लिखा, उससे उन्हें कितनी प्रसन्नता हुई, यह भी उनके अनेक पत्रों से प्रकट है। अंतिम दिनों में जब वह बीमार थे, तब 'दिनमान' की ओर से रघुवीर सहाय ने मुझे पत्र लिखा था कि मैं उन पर कुछ लिखूँ। आधुनिक भाषाविज्ञान पर अमरीकी प्रभाव की आलोचना करते हुए वाजपेयी जी के समर्थन में लेख 'दिनमान' को भेज दिया था। वह उसमें छप गया था। मुझे इस जानकारी से संतोष हुआ कि संसार से बिदा होने से पहले उन्होंने वह लेख किसी से पढ़वा कर सुन लिया था।

वैयाकरण होने के अलावा वह बहुत अच्छे शैलीकार भी थे। उनके क्रियाविहीन जोरदार वाक्यों का एक नमूना यह है : 'पंडित बनारसी दास चतुर्वेदी तो बस, टीकमगढ़ के राजा साहब और बस।' (२६-१०-६५) एक उदाहरण और—'एक ही चोट लुहार की। ठीक।' (२७-४-६५)

आम तौर से उद्धरण देते हुए वाजपेयी जी ने उलटे एक कॉमा का प्रयोग किया है पर छपे हैं दो। प्रूफ में इन्हें सुधारते हुए बहुत समय लगता। पाठक समझ लें—जहाँ दो उलटे कॉमा हैं, वहाँ वाजपेयी जी ने एक ही लगाया था। हलंत न् के लिए बिंदी का प्रयोग न करके वह अक्सर व्यंजन ही लिखते थे जैसे 'हिन्दी', द में आधा न् मिलाया। 'धीरेन्द्र' 'पसन्द', यहाँ भी आधा न् मिलाया। 'खण्डन' यहाँ ड के पहले आधा ण् लिखा। एक पत्र में 'रंजन' उन्होंने ज के साथ आधा

ञ् मिला कर लिखा है। परंतु उसी पत्र में 'आतिरंजना' लिखते समय र के ऊपर बिंदी लगाई है। इसी पत्र में 'रंगीन' भी र के ऊपर बिंदी लिए हुए है। (४-५-६५)। 'गंगा प्रसाद पाठक' (१८-३-६६) 'प्रसंग' (२६-१०-६७) आदि में उन्होंने ग और स के ऊपर बिंदी से काम लिया है। तैयार, तैयारी की जगह वह बिना ऐ की मात्रा लगाए तयार तयारी से काम लेते थे। अवधी में इन्हीं रूपों का प्रयोग होता है। संभव है, उनकी वर्तनी पर अवधी का प्रभाव हो। एक पत्र में अपना समाचार देते हुए उनहोंने लिखा था : 'मैं तो बदस्तूर वैसा ही हूँ—सावन हरा न, न जेठै झूर।' (२१-८-७८) एक न से काम चल सकता था। उन्होंने पत्र में बहुत स्पष्ट दो न लिखे हैं। सावन हरा न जेठै झूर, अवधी की यह कहावत एक अन्य रूप में मानक हिंदी में भी प्रचलित हैं। यहाँ कहावत में गद्य की लय बनी हुई है। एक तरफ उर्दू का बदस्तूर, दूसरी तरफ अवधी का झूर। दोनों के बीच उनके गद्य की लय का सप्तक है जहाँ वह अपनी गद्य शैली सँवारते हैं।

वह वैयाकरण हैं, शब्द के व्यापक अर्थ में। महाभारत के उद्योग पर्व में सनत् सुजात ने धृतराष्ट्र से कहा :

सर्वार्थानां व्याकरणाद् वैयाकरण उच्यते।
तन्मूलतो व्याकरणं व्याकरोति तत् तथा।।

'संपूर्ण अर्थों को व्याकृत (प्रकट) करने के कारण ज्ञानी पुरुष वैयाकरण कहलाता है। यह समस्त अर्थों का प्रकटीकरण मूलभूत ब्रह्म से ही होता है, अतः वही मुख्य वैयाकरण है। विद्वान् पुरुष भी इसी प्रकार अर्थों को व्याकृत (व्यक्त) करता है, इसलिए वह भी वैयाकरण हैं।' (४३.६१) इस व्यापक अर्थ में आचार्य किशोरीदास वाजपेयी हिंदी के महान् वैयाकरण थे।

नयी दिल्ली,
२० फर्वरी १९९७

**रामविलास शर्मा**

# वृंदावनलाल वर्मा के पत्र

झाँसी

२७-१२-४६

प्रिय डॉक्टर साहब,

बहुत दिनों से मिले ही नहीं। आप झाँसी कब आयेंगे ? 'लक्ष्मी बाई' उपन्यास की प्रति भेजता हूँ। अवकाश मिलने पर पढ़ लीजिए। आशा है आप स्वस्थ हैं।

आपका

वृंदावनलाल वर्मा

झाँसी

२२-५-५२

प्रिय भाई रामविलासजी,

सक्कन को जो पत्र आपने (१५-५) भेजा था, मैंने भी पढ़ा। मुझे बड़ी प्रसन्नता हुई कि आपको 'सोना' उपन्यास पसंद आया।

अबकी बार कर्मठों के संसार पर ही लिखूँगा।

आशा है आप सदावत् प्रसन्न हैं।

स्नेही

वृंदावनलाल वर्मा

झाँसी

२६-१०-५४

प्रिय भाई रामविलासजी,

पहली नवम्बर को आगरा आ रहा हूँ। घर पर पहुँचूँगा। आशा है कि आप उस समय तक घूम-घामकर घर लौट आयेंगे !

स्नेही

वृंदावनलाल वर्मा

झाँसी
२५-१२-५४

प्रिय भाई रामविलासजी,

कालन्जर के लिए अनोय (योजना+प्रयत्न से भी बढ़कर सार्थक बुंदेलखंडी शब्द) किया, परंतु गड़बड़ हो गई। इसलिए 'फिर कभी' के लिए स्थगित। आपको यह पत्र शायद बंबई से लौटने पर मिलेगा। 'मौसिम अच्छा है' के लिए एक बहुत बढ़िया पात्र मिल गया है। कभी मिलने पर सुनाऊँगा।

आशा है आप सानन्द हैं।

स्नेही
वृंदावनलाल वर्मा

झाँसी
२४-१-५५

प्रिय भाई रामविलासजी,

२१-१ का पत्र मिला। 'मन्ज़ूर है' भाई मन्ज़ूर। उस पार्लिमैंट की मैम्बरी न मिली तो इसकी प्रधानता—उससे बढ़िया रही। आऊँगा। जहाँ आप लोग हों वहाँ मैं क्यों न पहुँचूँ ? आपके पत्र को पढ़ते ही हँसी आनी शुरू हो गई थी, फिर बिल का शीर्षक पढ़कर तो हँसते-हँसते पेट फूलने लगा। गोंड बाबा को सवा पैसे के चने (भुने हुए) चढ़ाऊँगा, यदि 'उपन्यास विनाशक बिल' पास न हुआ तो।

१९-२-५५ की शाम का समय नोट कर लिया है। विषय सचमुच बहुत मज़े का है। विषय-निर्वाचन का श्रेय किसको दिया जाय ?

स्नेही
वृंदावनलाल वर्मा

झाँसी
११-२-५५

प्रिय भाई रामविलासजी,

शिवरात्रि के दिन फ़ाक़ा करनेवालों के लिए अच्छा रहा। १९ से २७ इसलिए भी अच्छी कि १९ को मुझे वृंदावन गुरुकुल की स्वर्णजयंती के अवसर पर होनेवाली हिंदी परिषद की सेवा ६ बजे सवेरे से ११ बजे तक करनी है। उसके बाद थोड़ी देर के लिए आगरे में गपशप, फिर जहाँ के तहाँ— यानी झाँसी में। वह भी बिना हज़रत की पकड़ा-धकड़ी किये ही ! ! तो २७-२ की डाक से पहुँचने की सोच रहा हूँ। ठीक रहेगा।

१६-२ को आगरा आऊँगा। ग़लती से नहीं, जान-बूझकर!

सक्कन की तबियत पहले से अच्छी है। कुसुम कुमारी (मेरी पौत्री) का ब्याह आ गया है (२३-२४ फ़रवरी को) इसलिए बहुत व्यस्त रहता है।

स्नेही
वृंदावनलाल वर्मा

झाँसी
२५-२-५५

प्रिय भाई रामविलासजी,
मैं सत्ताईस तारीख़ की डाकगाड़ी से आऊँगा।
कुसुम (पौत्री) का विवाह है। कल बरात चली जायगी।
अस्वस्थ अब भी कुछ हूँ, पर हूँ स्वास्थ्य की ओर।

आपका
वृंदावनलाल वर्मा

झाँसी
४-३-१९५५

प्रिय भाई रामविलासजी,

जब आगरे गया सचमुच कुछ अस्वस्थ था। फिर २७ की शाम को जो 'इलाज' प्राप्त हुआ उसने पूरी मात्रा में स्वास्थ्य प्रदान किया। कुछ लिखने की धुन में हूँ। छिपा बैठा हूँ। एक पत्र आया था जिसमें लिखा था कि आगरा तार भेज दो कि स्वस्थ हो गये होंगे, हमारे यहाँ अविलम्ब आवें। तो सत्यदेव ने लिख दिया कि वहाँ से दस-पाँच दिन बाद लौटेंगे! अब उसी को निभा रहा हूँ!! क्या करता।

'नया पथ' आ गया। लेख पढ़ लिया। कृतज्ञता भेंट करना उस लेख की बिलकुल कमक़द्री होगी। 'क्रमशः' देखकर समझ गया कि अभी बहुत कुछ बाकी है। जो कुछ भी सामने आयगा—क्या लिखूँ—बहुत आनन्द प्राप्त करूँगा।

स्नेही—
वृंदावनलाल वर्मा

झाँसी
१४-३-५५

प्रिय भाई रामविलासजी,

ज़ेकोस्लोवेकिया के हिंदी प्रौफेसर के पास 'मृगनयनी', 'लक्ष्मीबाई', 'टूटे काँटे' उपन्यास और 'राखी की लाज' नाटक (अपनी तरफ से) भिजवा दिये।

सक्कन बाहर थे। आज सवेरे ही लौटे हैं।

अब तक 'सदन' के संरक्षण में था। बला टल गई तो आज दिल्ली जा रहा हूँ। लौटते समय आगरा न ठहर सकूँगा। गाँव जाना है। वहाँ से २५/३ तक लौटूँगा। मज़े में हूँ।

आपका
वृंदावनलाल वर्मा

झाँसी
२-४-५५

प्रिय भाई रामविलासजी,

आगे 'को' का बहुल प्रयोग न होने पायगा।

आपने जो कुछ लिखा है उसके लिए कृतज्ञता-ज्ञापन अपनेपन का खोना होगा और साथ ही आपकी बेक़दरी।

संकल्प दृढ़तर हो गया है कि जनता की सेवा अधिकाधिक करूँ, जब तक जीवित हूँ निरंतर करता रहूँ।

आशा है आप स्वस्थ हैं।

आपका
वृंदावनलाल वर्मा

झाँसी
७-५-५५

प्रिय भाई रामविलासजी,

मुझे यह जानकर सचमुच ख़ुशी हुई कि भरतपुर के ही एक जानकार से, 'टूटे काँटे' में प्रस्तुत की गई अनेक बातों की, तसदीक़ हो गई। कोशिश तो यही करता रहता हूँ कि यथार्थ यथार्थ बना रहे और उसके सहारे अपनी बात कह लूँ।

मुग़लों, और अंग्रेज़ों के ख़िलाफ़ जाटों ने जो कुछ किया उससे मैं बहुत प्रभावित हूँ। स्थान पर ही जाकर जो सामग्री हाथ लगेगी वह बहुत ही बढ़िया रहेगी। उस

पर लिखूँगा। जाट भारत की रीढ़ का एक बड़ा और प्रबल गुरिया है। भरतपुर अवश्य जाऊँगा। वह मित्र मिलें तो उनसे कह दीजियेगा। समय अगस्त के बाद का अच्छा रहेगा।

आपका वह लेख संग्रह जब छप जावेगा पढ़ने को मिलेगा ही। प्रतीक्षा करूँगा।

क्या पाटलिपुत्र से भी आगे कहीं जाने का विचार है ? मैं बहुत समय से सोच रहा हूँ, परंतु अभी तक इलाहाबाद से आगे न निकल पाया।

सन् १९२१ में पटना गया था। फिर तब से ...

स्नेही
वृंदावनलाल वर्मा

झाँसी
११-५-५५

प्रिय भाई रामविलासजी,

कलकत्ता ज़रूर देखूँगा—ज़रूर-ज़रूर। परंतु मदरास उससे पहले। याद है न ?

आप जून में वहाँ के लिए कुछ समय निकाल सकें तो मैं भी कमर कसने की कोशिश करूँ।

कलकत्ते से कब लौटेंगे ? आपने मेरे एक फोटो पर (जो आपने ही खिंचवाकर मुझे दिया था) लिखा था 'एक लक्ष्मीबाई और'। मैं दो की सोच रहा हूँ : लक्ष्मीबाई से उधर-इधर, फिर भी निकट। एक की तलाश में इन्दौर, महेश्वर इत्यादि जाना है। ५,६ दिन के लिए गाँव जाऊँगा, फिर उस ओर। इसलिए कलकत्ते का 'मालदा' 'हाफिज़पसंद' इत्यादि बहुत पसंद होते हुए भी इन दिनों न आ सकूँगा। कभी कभी उधर से आप कुछ लिखते रहना। ख़ास तौर से सामग्री संग्रह की प्रगति पर।

आपका
वृंदावनलाल वर्मा

झाँसी
१-७-१९५५

प्रिय भाई रामविलासजी,

पत्रवाहक निरंजन सिंह को छुटपन से जानता हूँ। यह मेरे मित्र बेनी प्रसाद निवासी बिजोली ग्राम के पुत्र हैं। बेनी प्रसाद किसान हैं। इन्होंने अपने पुत्र को बड़ी कठिनाइयों में पढ़ा पाया है। खेती अब निरंजन सिंह कर नहीं सकते। इनके पिता करते ही हैं। शिक्षण-कार्य इन्हें पसंद है। झाँसी ज़िले के महरोनी कस्बे में

एक हाईस्कूल है। वहाँ यह जुलाई, १९५४ से शिक्षक हैं। इसके पहले दो वर्ष तक एक प्राइमरी स्कूल में शिक्षक रहे। अब ट्रेनिंग कॉलेज में एल. टी. करने के लिए भर्ती होना चाहते हैं। निरंजन सिंह उत्साही और अध्यवसायी युवक हैं।

आपको यह पत्र इस युवक की यथाशक्ति सहायता के लिए लिख रहा हूँ। ट्रेनिंग कॉलेज में भर्ती हो जायगा तो अपना भविष्य सँभाल लेगा। मेरे मित्र बेनी प्रसाद का बुढ़ापा है। खेती के सहारे के अलावा इन्हें अब कुछ और भी चाहिए। महरोनी के स्कूल में जगह स्थायी नहीं है। एल. टी. हो जाने पर भविष्य की आशा अधिक सफलता गर्भित हो जायगी।

मैं गाँव चला गया था। हाल में ही लौटा हूँ। आशा है आप स्वस्थ हैं।

स्नेही

वृंदावनलाल वर्मा

झाँसी

१६-७-१९५५

प्रिय भाई रामविलासजी,

८/७ का पत्र बाहर से लौटने पर मिला।

आपकी वह लेखमाला बहुत जगह पढ़ी गई है। प्रतिक्रियायें तो विदित न हो सकीं, परंतु अनुमान लगाया जा सकता है। मुझे सबसे अधिक हर्ष तब होता है जब अपने को चुपचाप गाँवों में पहुँचा पाता हूँ। जिन्होंने अपने अंग्रेज़ी पत्र में आपको 'एकांगी' बतलाया है वह बिचारे अख़ीर में कहते हैं—'"" I can not say anything about them as I read these authors only when I was a student.....' (!!!) विस्मयसूचक चिह्न मेरे हैं। वह कुछ नहीं कह सकते हैं, फिर भी लिख गये—'... I shall not be surprised if even your recent studies of Shuklaji, Jai Shanker Prasad and Vrindavan Lal Varma are **over simplified to some extent**.' 'over simplified और to some extent की जोड़ी मुलाहिज़ा हो। और पढ़ा इन ग़रीब लेखकों को तब था जब यह विद्यार्थी ही थे ! तब से चेतन और उपचेतन मन में कितने आघात-प्रतिघात न हुये होंगे। अब की बार एक सामाजिक उपन्यास लिखने का विचार है जिसमें ऐसे एकाध Type का X-Ray करने की सोच रहा हूँ। मुझे तो एक संतोष है— मैं ऐसे लोगों के लिए लिखता ही नहीं हूँ। उस भोजपुरी किसान स्त्री का वर्णन पढ़कर मेरी आँखों में बहुत सी बातें घूम गईं। हमीरपुर ज़िले की एक स्त्री की बात याद आ गई। झाँसी स्टेशन से मऊ की ओर जा रही थी। बड़े बड़े पैजने पहिने थी, जिनके कंकड़ों की आवाज दो-चार फलांग तक जाती होगी। एक गुंडे का मन फिका। स्त्री डिब्बे में बैठनें को हुई। वह दरवाज़े पर बराबरी से आ गया। 'माया' 'मनोहर

कहानियाँ' की कहानियों का कोई पात्र बनना ही चाहता था कि स्त्री लौट पड़ी। स्त्री ने गुंडे को बेभाव पीटा। गुंडा गिर पड़ा। स्त्री ने उसकी छाती पर भारी पैजनेवाला अपना पैर रोप दिया। वह हा-हा खाने लगा। मुश्किल से प्राण बचा पाये गुंडे ने अपने। अब इस स्त्री को अपने ढंग से कहीं पेश कर दूँ तो रैस्त्राँ में भोजन करनेवाले नाज़ुक मिजाज़ आलोचक जिनके उपचेतन मन पर एमेरिका और फ्रांस के कुछ उपन्यास लेखक छाये हों तो बस आई मुसीबत मेरी।

आपको बुराइयाँ जो सुननी पड़ती हैं वह आपकी अदम्यता का उपहार ही तो हैं। मैंने आगरे की उस बैठक में—पार साल—कहा ही था कि "गालियाँ खाने की इनकी तो आदत पड़ गई है !" मतलब यह कि गालीबाज़ों की परवाह आप करते कब हैं ? इन गालीबाज़ों की प्रिय पुस्तकों को कभी टटोलिये—एक नमूना हाज़िर है—Dophin (या Dauphin) De Maurier के उपन्यास अकेले में चुपचाप पढ़ते हैं। जैसे Rebeca। एक साहब ने एक दिन इसकी तारीफ़ करते हुए कहा कि तीन बार पढ़ चुका हूँ। दे गये अपनी पढ़ी हुई प्रति। ४, ५ महीने बाद पढ़ने की नौबत आई। मुश्किल से पढ़ पाया। पढ़कर ग्लानि हुई। कभी यदि इन्होंने किसी हिंदी उपन्यास की आलोचना की तो Rebeca इनसे कुछ न कुछ कहलवायेगी।

देश की जिस चीज़ को इनका उपचेतन मन छोटा समझता आया है उसे बड़ा दिखलाने पर यह आँखें मूँदकर त्राहि त्राहि ही करेंगे!

आपसे मिलने पर कलकत्ते की National Library के संबंध में और भी बातें मालूम होंगी। रूसी भाषा के वैदिक भाषा संबंधी सान्निध्य के विषय में और भी अधिक जानना चाहता हूँ। उस दिन तो केवल २$^{१}/_{२}$, ३ घंटे की ही बैठक हो पाई थी। अबकी बार अधिक समय लूँगा।

हिंदी का उत्कर्ष नारों से नहीं होना है। यह संक्रमणकाल हमारे लिए अत्यंत महत्वपूर्ण है। गंदगी को हटाकर स्वच्छ जन-धारा बहानी है। आप ठीक कहते हैं—बिना गहरी साधना के यह नहीं होगा। पर है अनिवार्य कर्तव्य।

साल के भीतर कलकत्ता जाने की मेरी भी कामना है। वहाँ के सांस्कृतिक और साहित्यिक केंद्रों के सम्पर्क में आना हम लोगों के लिए बहुत ज़रूरी है। चाहता हूँ पहले मद्रास चलूँ, पर आपके साथ। देखूँ कब मुहूर्त आता है। अब तो बात कई महीने के लिए गई। इन दिनों उस ओर ऋतु भी प्रतिकूल होगी।

हिंदी का रंगमंच बंगालियों से बहुत कुछ प्राप्त कर सकता है। जब कलकत्ते जाऊँगा अवश्य इसे देखूँगा।

आशा है आप स्वस्थ हैं और कलकत्ते की सड़ी गर्मी ने आपकी हँसी को न दबा पाया होगा।

स्नेही

वृंदावनलाल वर्मा

झाँसी

२६-७-५५

प्रिय भाई रामविलासजी,

हो आइये साहब, अकेले हो आइये हैदराबाद ! अगले वर्ष साथ चलने की बात पक्की रही ?

अब तो आगरा सितंबर में आने की सोच रहा हूँ। ज़रा विस्तार के साथ बातें होंगी। कलकत्ते की यात्रा का विस्तृत वर्णन तो बैठक में ही प्राप्त हो सकता है।

स्नेही

वृंदावनलाल वर्मा

झाँसी

८-८-१९५५

प्रिय भाई रामविलासजी,

हरियाने के उन दो व्यक्तियों की बातचीत और चप्पलों की रखवाली का वर्णन पढ़कर बड़ा आनन्द आया। विरोधाभास में हवाई अड्डे पर उन श्रीमती का पाउडर लिपस्टिक श्रृंगार और जहाज़ी सेविका-रमणी की भौंहों का भैरवी रंग उन दोनों के प्राकृतपन से जा टकराये। हमारा साधारणजन भोला नहीं है, सादा है और ये लिपस्टिक, टाई-कॉलर सजीव नहीं हैं, पोले हैं। साधारण जन में सादगी के साथ सजीवता है, कठिनाइयों से भिड़ जाने का बल है—नर नारी, दोनों में। और दूसरी तरफ़ दमित आकांक्षायें, वासनायें, दम्भ और सोख डालने की वृत्तियाँ उस पोलेपन के वैकुम में भरती जा रही हैं। साधारणजन का भोलापन उसी प्रकार उसका कवच है जैसे लिपस्टिक और टाई कॉलर इन लोगों के पोलेपन का। ये ऊपर-ऊपर देखते हैं, वह भीतर-भीतर देखता है। वर्गीकरण बक्सबंद तो नहीं किया जा सकता, परंतु साधारण तौर पर इस तरह कह देना ज़्यादा ग़लत भी न होगा। साधारण जन जिस भाषा और मुहाविरे में बोलता है वह सीधे वार वाली होती है और इनकी भाषा की जितनी स्तुति की जाय थोड़ी है ! इनसे ज़रा देर अंग्रेज़ी बोलिये तो, अधिकांश पर, तर्स के साथ ग्लानि का मन पर दौरा हो जाता है। हिंदी बिचारे ठिकाने से बोल ही नहीं पाते।

इनके अनुभव आपको भी बहुत से हैं। क़िस्साकोता करूँ। देहातियों के अनेक अनुभव हुए हैं। एकाध सुनाये बिना चैन नहीं।

मैं श्यामसी गाँव से झाँसी आना चाहता था। एक मोटरवाले मित्र ने कह दिया था कि पक्की सड़क पर अमुक समय आ जाना, मैं झाँसी की दिशा में जा रहा हूँगा, तुम्हें ले लूँगा। मैं बैलगाड़ी से सात मील उस सड़क के लिए आया। मोटरवाले मित्र न आए। प्रतीक्षा करते करते देर हो गई। सोचा लौट पड़ूँ। इतने में झाँसी

की तरफ आनेवाली लारी दिखलाई पड़ी। मैंने गाड़ीवान से कहा, 'सामान उतार लो, लारी से चला जाऊँगा।'

'नहीं, पहले देख लो इसमें जगह भी है या नहीं', गाड़ीवान ने चेताया।

लारी नज़दीक आई। मेरा हाथ जेब में पड़े बटुए पर गया। उसमें केवल दो पैसे थे ! मेरा विश्वास था कि गाड़ीवान ने बटुए की देख परख नहीं कर पाई।

सोचा लारीवाला पहिचान का न निकला तो टिकट के नक़द दाम लेने की बात करेगा, सामान गिरवी धर लेगा और झाँसी घर पहुँचकर पैसे भिजवाऊँगा तब सामान का उद्धार हो पायगा ! यह तो फ़ज़ीते की बात होगी। जैसे ही लारी बराबरी पर आई मैंने गाड़ीवान से कहा,—'लारी से नहीं जाऊँगा। गाँव लौट चलो।'

गाड़ीवान बोला,—'ठीक !' और वह एक तरफ़ मुहँ करके अपनी मुस्कान दबाने लगा।

लारी चली गई।

मैंने ज़रा दम्भ प्रकट किया,—'लारी की सवारी में आराम नहीं मिलता, इसलिए मैं नहीं गया।'

गाड़ीवान की मुस्कान उभर आई। बोला कुछ नहीं।

उसने गाड़ी लौटा ली। मैं उसकी मुस्कान का विश्लेषण करने लगा। चूँकि मैं इन लोगों के कुछ अधिक निकट हो गया हूँ इसलिए उसने पूछने पर अपनी उस मुस्कान का कारण स्पष्ट कर दिया—

'बाबू, तुम्हारे पास उतने पैसे ही नहीं थे, जाते कैसे लारी से ?' मैं हँस पड़ा, वह भी खिलखिला पड़ा।

मैंने उसकी पीठ थपथपाई—'खूब भाँपा तुमने !' साधारण जन में अब चेतना आ चली है। वह बुद्धू नहीं है। उसे बुद्धू समझनेवाले ही बिलकुल बुद्धू।

एक गाँव के ज़िमींदार मेरे मित्र थे। गर्मियों के दिन थे। आम फ़सल पर था। शिकार के लिए उनके यहाँ गया। एक भ्काली आमों की ले गया। उन्होंने खूब खाये। फिर भी बहुत से बचे। उनका एक चमार नौकर था। देखने में बहुत भोला। उससे उन्होंने गुठलियाँ झड़वाई और बचे आम एक कोने में रख आने के लिए कह दिया। उसने आज्ञा का पालन किया। दूसरे दिन देखें तो भ्काली साफ़! वह चमार खा गया था, क्योंकि मित्र ने उसे एक आम तक खाने के लिए नहीं दिया था। मित्र ने उसे बहुत गालियाँ दीं। चमार चुप रहा। उस दिन रविवार था। गाँव के चबूतरे पर कारसदेव की बैठक होनी थी। रात के समय बैठक हुई। मैं कुछ दूर अदृष्ट सा बैठा था। मेरे मित्र कहीं और। बैठक में उस चमार के सिर देवता आ गया ! फिर उसने मेरे मित्र को इतनी गालियाँ सुनाईं कि मैं दंग रह गया और हँसी के मारे मेरे पेट में बल पड़ गये। जैसे ही मैं चबूतरे के समीप उसके सामने पहुँचा, देवता चले गये और वह धड़ाम से लेट गया ! मेरे मित्र को कई नारियल चढ़ाने

पड़े क्योंकि देवता ने नौकर के मुँह से कहलवाया था कि सात दिन के भीतर तुम्हारी एक न एक भैंस मर जायगी!

एक और, क्योंकि आज कुछ अवकाश है—

सन् १६४८ में डिस्ट्रिक्ट बोर्ड की चेयरमैनी का चुनाव था। मैं गाँव के घर पर था। एक ग्रामीण मेरे पास बैठा बात कर रहा था। झाँसी के एक वकील चुनाव लड़ रहे थे। मेरे पास सहायता के लिए आये। मैं तटस्थ था इसलिए मैंने नाहीं कर दी। बोले—'मैं एक हवाई जहाज़ किराये से करूँगा और ज़िले भर का दौरा करूँगा। जीत मेरी होगी।' चले जाने पर उस ग्रामीण ने कहा—(उसी की बोली में) 'जे का पागल हो गये हैं ?' मैंने कहा—'नहीं तो। तुमने कैसे अनुमान लगाया ?' वह कहता गया—'पागल तो हैं ई। चील गाड़ी हर जगा कैसें उतर परहै ? और फिर चेयरमैनी दारी में धरो का है। हाँ, ठेकेदारन से लाँच घूँस खावें तो और बात है, जैसो बहुत से नेता कर रये हैं !'

अब मैंने मध्य भारत का दौरा करने की ठानी है। 'अहिल्याबाई' उपन्यास पूरा करना है। पहले दो बार हो आया हूँ। मन नहीं भरा। अब की बार काम पूरा करना है।

स्नेही

वृंदावनलाल वर्मा

झाँसी

२८-१०-५५

प्रिय भाई रामविलासजी,

चेकोस्लोवेकिया के प्राहा स्थान से श्री व्लदीमीर मिल्तिनेर (VLADIMIR MILTENER) नाम के सज्जन का पत्र आया है। वह Caroline University में अध्ययन कर रहे हैं। उन्हें 'लक्ष्मीबाई' उपन्यांस बहुत पसंद आया है। चेक भाषा में अनुवाद करना चाहते हैं। कुछ महीने हुए जब प्राग (Prague) के एक प्रौफ़ेसर के पास आपके अनुरोधानुसार मैंने चार पुस्तकें भेजी थीं। उनमें एक 'लक्ष्मीबाई' थी। शायद उन प्रौफ़ेसर का नाम डॉक्टर स्टोइकिल है—ठीक याद नहीं। मेरे पास पता नहीं है। आपके पास होगा। वह प्रौफ़ेसर संभवतः 'लक्ष्मीबाई' का अनुवाद कर रहे हों। डॉक्टर स्टोइकल का (या उनका जो कुछ भी नाम हो) आप पता लिख भेजें। फिर मैं श्री व्लदीमीर मिल्तनेर को लिख भेजूँगा कि उक्त प्रौफ़ेसर से बात कर लें। यदि वह अनुमति दे दें तो मुझे क्या। अक्टूबर में न आ पाया, दिसंबर में आने की सोच रहा हूँ। आशा है आप स्वस्थ हैं।

स्नेही

वृंदावनलाल वर्मा

झाँसी
२६-२-१९५६

प्रिय भाई रामविलासजी,

'रूप तरंग' कविता संग्रह मिला। कुछ कवितायें तुरंत पढ़ीं। मुझे बहुत अच्छी लगीं। पढ़ रहा था तब एक मित्र आ गये और हठपूर्वक पुस्तक ले गये!

इसमें शक नहीं है कि पुस्तक वापिस आ जायगी—होगा शायद परम्परा के कुछ विपरीत ! जैसे ही पुस्तक लौटी पढ़ूँगा।

भाषा तीरों की तरह सीधी है। शब्द जहाँ लगने चाहिए वहीं जा लगते हैं। अर्थ के लिए कोश नहीं टटोलना पड़ता। 'पाषाण' और 'एहरनबुर्ग' कवितायें बहुत मर्मस्पर्शी हैं। अच्छा भई बधाई !

और उस पुस्तक के लिए क्या कहूँ जिसमें मेरे लिए आपने उतना लिखा है ? बहुत कृतज्ञ हूँ।

'अहिल्याबाई' के संबंध में मिलने पर कुछ बात होगी ही।

आशा है आप स्वस्थ हैं।

स्नेही
वृंदावनलाल वर्मा

झाँसी
४-४-१९५६

प्रिय भाई रामविलासजी,

सात को न आ सकूँगा। एक काम लग गया है। आठ अप्रैल को आऊँगा। पहुँचूँगा घर पर जब आप टहलकर आये होंगे।

स्नेही
वृंदावनलाल वर्मा

झाँसी
१०-४-५६

प्रिय भाई रामविलासजी,

यहाँ आते ही मुझे फ़िक्र पड़ी उस 'कोर्वी' शब्द की।

डॉक्टर राधाकुमुद मुकर्जी की पुस्तक 'Hindu Civilization' १९५० के संस्करण के पृष्ठ २९९ पर मिल गया। फिर इधर-उधर नहीं ढूँढ़ा। पृष्ठ २९९ पर डॉक्टर

मुकर्जी ने दो जातकों का हवाला इस शब्द के लिए दिया है। हिंदी का एक छोटा-सा कोश मेरे पास है, उसमें नहीं मिला।

स्नेही

वृंदावनलाल वर्मा

झाँसी

११-४-५६

प्रिय भाई रामविलासजी,

आपको पत्र भेजने के बाद 'नवजीवन' लखनऊ का ता. ८/४ का अंक हाथ पड़ा। 'स्तूपों की नगरी—साँची की कहानी' भदंत आनन्द कौसल्यायन का लेख उसमें और अन्य पत्रों में भी छपा है। उन्होंने 'एकड़' शब्द की उत्पत्ति संस्कृत के 'अजिर' से बतलायी है। पुरानी रूसी और अवेस्ता मे इसका कोई रूप है या नहीं यह विचारणीय है।

एक मेरा सुझाव—पल्ली (गाँव) द्रविड शब्द है (Constantinople, Metropolis) में पोल (पल्ली ?) यह क्या है? Metropolis ग्रीक शब्द है। कोश मे अर्थ है Mother City द्रविड भाषा (?) का पल्ली वहाँ कैसे पहुँचा ? ज़रा सोचने की बात है। अवेस्ता या रूसी में इस ध्वनि का कोई शब्द हो तो कुछ विचार करना होगा। हंगेरियन या लिथुयानियन में है या नहीं ?

आपका

वृंदावनलाल वर्मा

झाँसी

१६-५-१९५६

प्रिय भाई रामविलासजी,

इस बीच में आपके उस अध्ययन की प्रगति परीक्षाओं के कारण कुछ रुद्ध हो गई होगी, परन्तु अब अनिरुद्ध होगी।

कभी कभी मैं भी कुछ खिचड़ी पका डालता हूँ, परंतु वह किसी सिलसिले की कड़ी नहीं है। कुछ शब्दों पर ध्यान देने की शायद ज़रूरत पड़े—

रेवा = नदी = River

रीति = Rite = Ritual

जनी = Gynol = (Gr.) Gune

तरु = Tree

विधवा = Widow = O.F. Widve
वाहन = (बुंदेलखड़ी 'बहली') = Vehicle
कुटी = Cottage
पेल = Pull

क्या ऐसा हुआ होगा कि जब ये सब साथ थे तब विवाह की प्रथा जारी हो चुकी थी क्योंकि पतिहीना नारी के लिए विधवा और Widow विचारणीय हैं ? कुटी—घर—बनाने लगे थे। जनी का शब्द भी कुछ प्रेरणा देता है। रूसी में इन शब्दों के लिए क्या है ?

आज बैठे बैठे सोचा कि आपको कुछ लिख भेजूँ।

मेरे मित्र बेनी प्रसाद के पुत्र निरंजन सिंह की आपने बहुत सहायता की। कृतज्ञ हैं। आपने चिट्ठी न लिखी होती तो यह इंटरव्यू में नहीं जा सकते थे। अब ट्रेनिंग में और पहुँच जायँ तो बड़ा अच्छा होगा।

सक्कन का स्वास्थ्य एक महीने पहले अच्छा नहीं था। अब सुधर रहा है। इतनी भागदौड़ करते हैं कि मुझे कुछ चिंता हो जाती है।

आशा है आप स्वस्थ हैं।

स्नेही
वृंदावनलाल वर्मा

झाँसी
२६-५-१९५६

प्रिय भाई रामविलासजी,

मैं दो दिन के लिए बाहर चला गया था। सक्कन एक महीने बाद मुझे कल मिले ! बाहर रहे हैं। इसके पहले अस्वस्थ थे। उन्होंने भगवानदास माहोर से 'झाँसी की लटी तके ...' कविता की प्रतिलिपि के लिए कह दिया था। अब ताकीद कर दी है। आशा है जल्दी मिल जायगी। सक्कन जैसे ही लौटे उन्होंने अपने एक मित्र को बहुत बीमार पाया। उनकी सेवा-सुश्रूषा में लगे हैं।

बुद्ध के संबंध में आपने ठीक लिखा है। १९०८ में— ठीक अड़तालीस साल हो गये—मैंने 'महात्मा बुद्ध का जीवन चरित' लिखा था। अधकचरा अध्ययन था, कच्चे विचार थे परंतु लिखना था इसलिए लिख डाला। उसी साल प्रकाशित भी हो गया था। अब तो बुद्ध पर बहुत अच्छा लिखा जाना चाहिए। आपका लेख बहुत चाव से पढ़ूँगा। सामाजिक विकासवाली पुस्तक की प्रतीक्षा में हूँ। मेरा भी विश्वास है कि आर्य और स्लैव बहुत अधिक समय तक साथ रहे। पितृसत्तात्मक कुटुम्ब की अवस्था तक एक ही क्षेत्र में थे। 'Nordic Race'—'Indo German Race'

इत्यादि की अपेक्षा 'Indo-Slavic' अधिक वैज्ञानिक है।

'वाराह' (Boar = O.E. Bara) मूषक (Mouse = O.E. Mus) उस क्षेत्र की याद दिलाते हैं जो ईरान, उत्तर पंजाब और उसके उत्तर के आसपास रहा होगा। एक दिन कुछ ऐसा ही सोचा था। मशक = Mosquito (Spanish)—यह मच्छर स्पेन के जरिये कैसे पहुँचा ? रूसी में मशक के लिए शायद कोई मिलता-जुलता शब्द हो। तो क्या ये सब, बहुत समय पहले, किसी तरीवाले क्षेत्र में रहते थे ? सर्प (Serpent) तो हर जगह होता है, इसलिए यह शब्द सहस्रों वर्ष तक आर्य-स्लैव के बिखर जाने के बाद भी लगभग ज्यों का त्यों बना रहा। बर्फ़ीली जगहों में शायद मच्छर नहीं होता। वैदिक संस्कृत में यदि यह शब्द है तो संभवतः विचार में कुछ सहायता करे।

इस वर्ष यहाँ मई में जितनी गरमी पड़ी पहले कभी अनुभव नहीं की। पंजाब और उत्तरप्रदेश भर में यही हाल रहा।

परसों फिर गाँव जा रहा हूँ। आशा है आप सानन्द हैं।

स्नेही

वृंदावनलाल वर्मा

झाँसी

२९-६-५६

प्रिय भाई रामविलासजी,

'मानव सभ्यता का इतिहास' काफी दिन हो गये जब मिल गया था। पढ़ अब पाया।

बहुत मनोरंजक और युक्तिपूर्ण है। मैंने सबसे पहले इस विषय को १९१२-१३ में पढ़ा था। तब से अब तक महत्वपूर्ण विवेचन और शोधकार्य हुआ है। आपकी पुस्तक में लगभग सब आ गया है। और १९५६ तक के प्रसंगों का विवेचन है। ... द्वीप के आदिम निवासी सौ-डेढ़ सौ वर्ष हुए, पाँच से आगे की गिनती नहीं जानते थे। अब तो बात ही कुछ और है !!

अगले संस्करण में विषयानुक्रमणिका आ जानी चाहिए। विद्यार्थियों के लिए बहुत उपयोगी होगी। मुझे कई बार ज़रूरत पड़ी। मेरी रुचि इस विषय में आज भी वैसी ही बनी हुई है, जैसी १९१२-१९१३ में थी। आशा है आप स्वस्थ हैं।

आपका

वृंदावनलाल वर्मा

झाँसी

९-१०-५६

प्रिय भाई शर्माजी,

झाँसी के डिग्री कॉलेज के उस स्थान के लिए शुरू से ही मैं भगवानदास माहोर के लिए प्रयत्नशील था। मैंने ही उनसे आवेदनपत्र दिलवाया था। सिलैक्शन कमीटी की बैठक सितंबर के अंत में हुई। १/१० से भगवानदास ने चार्ज ले लिया।

आगे कहीं यदि मैं श्री महेंद्र प्रताप की कुछ सहायता कर सकूँ तो मुझे हर्ष होगा। आशा है आप स्वस्थ हैं। लखनऊ में एक जगह लेखकों की व्यायाम संबंधी रुचि की चर्चा छिड़ने पर आपका भी नाम आया। मैंने कहा, कुश्ती भी लड़ी होगी उन्होंने, तो एक बोले—डॉ. शर्मा ने कुश्ती-कसरत सब छोड़ दी है। केवल टहलना ही अपनाये हैं। टहलना भी बढ़िया है, पर डंड-बैठक तो डंड-बैठक ही है। क्यों छोड़ दिया मिलने पर जवाब तलब करूँगा!

स्नेही

वृंदावनलाल वर्मा

झाँसी

२३-१०-५६

प्रिय भाई शर्माजी,

बेशक ग़लत ख़बर देनेवाले उन सज्जन से लखनऊ जाने पर पंजा लड़ाने की बात करूँगा। आशा नहीं वह इस प्रायश्चित को स्वीकार करेंगे। डंड बैठक सचमुच नहीं छूट सकती। अपने अनुभव से आप का समर्थन करता हूँ।

आपने कुछ महीने हुए लिखा था कि दिल्ली में कहीं सुन आये हैं कि 'लक्ष्मीबाई' उपन्यास का अनुवाद रूसी में हो रहा है। १८/१० को श्री वरान्निकोव का पत्र आया है जिसमें उन्होंने आपकी बात की पुष्टि की है। उन्होंने यह भी लिखा है कि बहुत करके अनुवाद १९५७ में प्रकाशित हो जायेगा। आगरे में जब आपको सक्कन मिले तब उन्हें इस पत्र का हाल नहीं मालूम था।

भाषाविज्ञान वाली पोथी 'धीमे तिताले' चल रही है ! खैर किसी दिन द्रुत लय पर भी चलेगी। १९५७ में प्रकाशित हो जाय तब बात है।

आपका

वृंदावनलाल वर्मा

झाँसी
२-२-१९५७

प्रिय भाई शर्माजी,

आपका ३१/१ का पत्र मिला। सचमुच मजूमदार का भाषण अनैतिहासिक था। मैंने उसका खंडन अंग्रेज़ी पत्रों के एक संवाददाता को दिया था। उसका थोड़ा सा अंश Hindustan Times ता. ४-१-५७ के अंक में छपा था और कुछ अधिक Hindusthan Standard के ५/१ के अंक में। मैं आपके पास अपना पूरा लेख भेजता हूँ। मनोवैज्ञानिक आधारों और विश्लेषण के लिए मैंने यह सब सामग्री, अंग्रेज़ों की ही पुस्तकों से जिनके सामने ही मजूमदार सरीखे लोग सिर झुकाते हैं, संग्रह की है। बहुत-सी तो पहले से ही मेरे पास थी। शेष का संग्रह बाद में किया है। लेख का टाईप अच्छा नहीं हुआ। आशा है कि थोड़े से परिश्रम से पढ़ने में आ जायगा।

अब तो मैंने निश्चय किया है कि इस सामग्री का उपयोग एक उपन्यास में करूँ जिसमें सन् १८५६-५९ की घटनायें और चरित्र पिरो डालूँ। आजकल इसी धुन में हूँ। आपका अनुरोध था—'एक लक्ष्मीबाई और चाहिए'। इस अनुरोध के पालन का संकल्प कर लिया है।

मैं मज़े में हूँ। आशा है आप प्रसन्न हैं।

स्नेही
वृंदावनलाल वर्मा

झाँसी
११-२-५७

प्रिय भाई शर्माजी,

९/२ का पत्र मिला।

मैंने वह सामग्री आप ही के लिए भेजी है। भेंट है। रखिये और उसका उपयोग कीजिये। मेरे पास दो कॉपियाँ और हैं। चार और टाइप करवा रहा हूँ।

अवध ने १८५७-५८ में जो कुछ किया उसके लिए मन में बेहद श्रद्धा उत्पन्न हुई है। अगले उपन्यास में उसे साकार करूँगा। अवध बड़ा भाई, बुंदेलखंड छोटा भाई। हैं दोनों निज भाई। अवध के एक स्थान पर ३४ (चौंतीस) किसानों ने (और ये 'Mutineers' नहीं थे) बीस हज़ार का मुक़ाबला किया था! तारीख़ और विवरण मिल गये हैं। चौंतीसों अपनें ठौर पर बंदूकें जकड़े मरे पाये गये थे! इनको हमारा सौ सौ बार प्रणाम। क्या कभी कोई इनका स्मारक बनायेगा ? न बनाये, मैं अपनी पुस्तक में इन्हें कमलों का हार चढ़ाऊँगा। कमल उस क्रांति का प्रतीक था न।

मैंने जो लेख आपके पास भेजा है उसके तेरहवें पृष्ठ पर Forest's Introduction

से कुछ लिया गया है। इस पुस्तक का Vol. ii और पृष्ठ 150 है। यह उस पृष्ठ के सिरे पर बढ़ा लीजियेगा और आठवीं सतर के आगे जहाँ 'doings' पर वाक्य समाप्त होता है इतना और लिख लीजियेगा—

A shock to Hindu prejudice at Calcutta is felt at the Sacred Shrine of Somnath on the coast of Cambay ...

उस उपन्यास को जल्दी-से-जल्दी शुरू करना चाहता हूँ।

स्नेही

वृंदावनलाल वर्मा

(इस पुस्तक का पूरा नाम है—Selections from State Papers Preserved by the Military Deptt. 1857-1858)

झाँसी

४-३-५७

प्रिय भाई शर्माजी,

२८/२ का पत्र मिला।

उस उपन्यास का ढाँचा तैयार कर लिया है। आशा है कि अप्रैल के अंत तक पूरा कर लूँगा। सत्यदेव ने कहा है कि मई के अंत तक अवश्य ही छाप डालेंगे। अम्बरपूर फ़ैजाबाद जिले में है।

उसका पूरा पता यह है—

अम्बरपूर की उस अत्यंत पूजनीय और अमर गाथा का आधार एक अंग्रेज़ की लिखी पुस्तक है।

अंग्रेज़ी सेना में २० हज़ार सिपाही थे। ९००० गुर्खे—नायक राणा जंग बहादुर; २००० सिख इत्यादि, ९००० अंग्रेज़। इन सबका कमांडर जनरल फ्रैंक्स था। दो जनरल और, जो उसके सहायक थे। उन दोनों के नाम मेरे पास हैं। क़िला जिसमें चौंतीस वीर थे, अम्बरपूर के निकट जंगल में था। मैं जल्दी ही किसी दिन उस क्षेत्र में जाऊँगा। उन चौंतीस में से एक का भी नाम और पता पा गया तो अपने को धन्य समझूँगा। उपन्यास में जहाँ तक संभव होगा सच्चे नाम रक्खूँगा।

मेरा आधार—

Malleson's Indian Mutiny Vol-iv p 227 '... It (fort) was defended with so much vigour and resolution that the assaitlants lost 7 men killed and forty three wounded before they gained possession of it (fort). The defenders died all at their posts... thirty four in number.'

कुछ पशुओं की ध्वनियों की भाषा का मैंने अनुभव किया है। उनकी आदतों को भी परखा है। अवश्य कभी एक लेख इस विषय पर लिखूँगा। पशुओं की ध्वनि-भाषा पर कोई भी पुस्तक मेरे देखने सुनने में नहीं आई है। विषय ऐसा है कि किसी न किसी ने इस पर लिखा ज़रूर होगा।

सिद्धेश्वरजी की पुस्तक मैंने नहीं देखी है। कभी मिल गयी तो पढ़ूँगा।

आपका

वृंदावनलाल

**पुनश्च–**

भाई अमृतलाल नागर १८५७ की लखनऊ पर कुछ लिख रहे हैं मैंने भी सुना था। मैं अपने उपन्यास में अन्य क्षेत्रों के संबंध में भी लिखूँगा। किसान और मध्यम श्रेणी के लोग तो उसकी रीढ़ होंगे ही।

वृन्दा

**झाँसी**

१४-३-५७

प्रिय भाई शर्माजी,

बहुत जल्दी तो अम्बरपूर की ओर न जा सकूँगा। २०/३ की संध्या के उपरांत मुझे लखनऊ रेडियो पर 'कभी हमने भी शिकार खेला था' प्रसंग पर बोलना है। २१ को डाकगाड़ी से लौट आऊँगा। उसी दिन संध्या समय आपसे भेंट करूँगा। आप मास्टर रुद्रनारायण या भगवानदास माहोर के यहाँ मिल जायँगे। २२/३ को आप सवेरे की गाड़ी (पठान कोट Express) से जायँगे न ?

'वसुधा' में लेख भगवानदास सेठ ने लिखा था। आपसे मिलेंगे। आपके सुझाव अभी उन्हें नहीं मिले हैं। आज प्रेस में मिले थे। कुछ ज़िकर नहीं आया। मैंने कई मित्रों के तक़ाज़ों पर 'अपनी कहानी' लिखनी आरंभ कर दी थी। भगवानदास सेठ ने उसे पढ़ा और उससे कुछ लेकर और उसमें अपना मिलाकर 'वसुधा' में भेज दिया। आप के कहे सुझावों को यह या वह, संभवतः दोनों, भगवानदास काम में ले आयँगे।

'अपनी कहानी' आपको दिखलाऊँगा।

आपकी 'बनी बनाई पुस्तक' भला कहीं बिगड़ सकती है ?

आपका

वृंदावनलाल

झाँसी
६-५-१९५७

प्रिय भाई शर्माजी,

'भुवन विक्रम' पर आपकी सम्मति पढ़कर मन बहुत फूला। मिलने पर बातें होंगी। ५७ वाले प्रसंग पर जो उपन्यास लिखना चाहता हूँ उसकी प्रगति पर झाँसी और इधर उधर के बखेड़ों-झंझटों की चोटें पड़ती रही हैं। गाँव के एकान्तवास के लिए कभी कभी तबियत बेचैन हो जाती है। यहाँ के वातावरण में भी कुछ मिला है। कभी न कभी इसे भी पेश करूँगा—शायद ५७ वाले में ही रख दूँ। त्याग तपस्याओं की इतनी दूकानें खुल गई हैं कि ग्राहक मुश्किल में पड़ गये हैं! माँग और पूर्ति (Demand & Supply) की बात है न !

जबलपूर नहीं जा सकूँगा, यानी १० मई से १९ मई के बीच में किसी दिन भी नहीं। अनेक प्रकार के कार्यक्रमों में बेतरह जकड़ लिया गया हूँ। असमर्थ हूँ। १२/५ के लिए मेरठ का निमंत्रण आया है। वहाँ भी न जा सकूँगा। मई या जून में अम्बरपूर की रज माथे लगाने के लिए ज़रूर ललक रहा हूँ। आपको बहुत पहले सूचित करने का संकल्प है। 'अम्बरपूर के अमर वीर' एक छोटी सी कहानी लिखी है। छपने पर भेजूँगा।

स्नेही
वृंदावनलाल वर्मा

झाँसी
५-१-१९५८

प्रिय शर्माजी,

समय से भूखा अधभूखा था। करवटैं बदलते बदलते नींद आती जाती रही। उस दिन सवेरे उठा तो सामने एक बड़ा थाल ! भोजन व्यंजन ऐसे कि आश्चर्यचकित हो गया। विश्वास ही नहीं होता था। आँखें मलीं। देखूँ तो—

'सन् सत्तावन की राज्य क्रांति'!

यहाँ गत महीनों में पता ही नहीं लगा कि **उस** पाकशाला में ये **व्यंजन** तैयार किये जा रहे हैं!

मैंने सन् ५७ संबंधी 'लाल कमल' उपन्यास पूरा नहीं कर पया है। 'सन् ५७ की राज्य क्रांति' में सारी सामग्री प्राप्य है, लिख ले कोई जैसी भी कहानी चाहे।

उस थाल के व्यंजनों से दो दिन पेट भरा ! अघाया ही नहीं। और अघाऊँगा भी नहीं। एक ही थाल में इतने व्यंजन ! और ऐसे ! !

सन् ५७ के संबंध (में) जैसा कि आप कहते हैं बहुत से लोगों ने लिखा है।

ज़रूर लिखा है, परंतु मैं निश्चयपूर्वक कहता हूँ कि इतना इकट्ठा किसी और ने नहीं लिखा है।

हिंदी साहित्य के लिए आपकी यह देन परले सिरे की है।

इतिहास लेखक की तटस्थता, साहित्यकार की ऊँची प्रेरणा-प्रेरकता, कवि की ओजस्विता, समालोचक की चुनौती, व्यंग की कचौटियाँ, वर्तमान और भविष्य के लिए संकेत, सभी तो हैं उसमें। आपने जोशीजी को भी नहीं छोड़ा! बिलकुल ठीक किया। मैं तो भाई अपने इन व्यंजनों पर मुग्ध हूँ। उस पाकशाला के कुशल रसोइये को 'हार्दिक बधाई' बहुत थोड़ा मूल्यांकन कर पाती है! मिलने पर देखूँ क्या कह पाता हूँ!

स्नेही

वृंदावनलाल वर्मा

झाँसी

२-२-१९५८

प्रिय शर्माजी,

आगरा से लौटने पर २५/१ के दिन आपका पत्र मिल गया था। तभी से प्रयास कर रहा था कि 'समालोचक' के लिए कुछ लिख भेजूँ। आज भेज रहा हूँ।

आप इस लेख का उपयोग चाहे जितना काट छाँटकर कर सकते हैं क्योंकि लेख कुछ लंबा हो गया है।

भविष्य में भी 'समालोचक' के लिए लिखूँगा।

आशा है आप सानन्द हैं।

आपका

वृंदावनलाल वर्मा

झाँसी

२३-२-५८

प्रिय शर्माजी,

बड़ोदा बम्बई के कुछ लम्बे प्रवास के बाद अब लौटा हूँ। आपके ६/२ के पत्र का उत्तर इसी कारण देर से दे रहा हूँ।

'लगन' और 'संगम' की प्रतियाँ भिजवा रहा हूँ। 'कुंडली चक्र' खटाई में है (नहीं है, भेज दिया है)। 'प्रत्यागत' फिर से छप रहा है : जब बड़ोदा के लिए गया छप रहा था। जल्दी पूरा हो जायगा। पूरा होते ही भिजवा दूँगा।

मुझे हर्ष है कि मेरे उस लम्बे लेख ने 'समालोचक' के सम्पादक मंडल में अरुचि उत्पन्न नहीं की।

'रूसी-हिंदी शब्दकोश' की प्रतीक्षा में हूँ। आकांक्षा है कि रूसी भाषा बोल न सकूँ तो समझ तो लूँ। संभव है कभी रूस-यात्रा का सौभाग्य प्राप्त हो जाय।

आपका
वृंदावनलाल वर्मा

झाँसी
१-३-५८

प्रिय शर्माजी,

आपका २७/२ का पत्र मिला। अच्छा हुआ वे सब पुस्तकें आपके पास समय पर पहुँच गईं।

कोश अभी नहीं आया है। आ जायगा, कोई जल्दी नहीं।

Patapova की पुस्तक जहाँ मिलती हो वी. पी. द्वारा मेरे पास भिजवा दीजिये।

'समालोचक' की प्रतीक्षा करूँगा। सक्कन बाहर गये हैं।

आपका
वृंदावनलाल वर्मा

झाँसी
१०-४-५८

प्रिय शर्माजी,

८/४ का पत्र मिला।

बारान्निकोवजी का पत्र आया था, परंतु पुस्तक अभी नहीं आई। जैसे ही हाथ लगी पढ़ूँगा और उसके संबंध में उन्हें लिख भेजूँगा। 'समालोचक' मिल रहा है। हिंदी में ऐसा पत्र पहले कभी नहीं निकला मैं यह बात दृढ़ता के साथ कह सकता हूँ।

अपने लेख की अगली 'किस्तें' अप्रैल में ही भेज दूँगा।

मुझे फ़्लू ने थोड़ा ही सता पाया, परंतू सक्कन को कुछ कड़ा धक्का लग गया—फ़्लू और टाइफ़ायड एक साथ! कल से हालत बहुत अच्छी है। परंतु सशक्त होने में कुछ देर तो लगेगी ही।

आशा है आप सानन्द हैं।

आपका
वृंदावनलाल वर्मा

झाँसी
२१-५-१९५८

प्रिय शर्माजी,

लेख बहुत देर से आ रहा है। कारण उधर सक्कन की बीमारी, इधर स्वाधीन प्रेस के टाइपिस्ट ब्याह शादियों में निमग्न रहे।

मसाला दो तीन अंकों के लिए काफी होगा न ? आगे के अंकों के लिए जून में टाइप करवा के रख लूँगा।

आशा है आप सानन्द हैं।

आपका
वृंदावनलाल वर्मा

झाँसी
३-६-५८

प्रिय शर्माजी,

आपका २७/५ वाला पत्र तो ३,४ दिन हुए तभी मिल गया था, परतु उत्तर आज दे रहा हूँ। बहुत देर तो हुई नहीं ?

'अपनी कहानी' में आप को भी पकड़ रहा हूँ—पहले पहल जब मिले, उस कमरे में कुछ अँधेरा था। फिर मिले दूसरे घर में जहाँ उजाला ही उजाला था। न पहिचान पाया तो हज़रत बोले, 'मैं हूँ रामविलास शर्मा, अब न भूल जाइयेगा !'

और उस हँसी के साथ जो सादगी, शरारत, मधुरता और निर्भीकता में अपनी सानी नहीं रखती, उन हज़रत को अपने किसी ऐतिहासिक उपन्यास में न पकड़ा तो मेरा नाम नहीं। मेरी बला से फिर वह 'समालोचक' में छप पावे या नहीं। मेरा काम है भेजते रहना, आपका काम है मनमानी काट छाँट करना—उसी हँसी के साथ ! आप चाहे जिस ढंग से उन लेखों को छापिये, कोई उज्र नहीं। 'लगन' के संबंध में प्रेमचंदजी ने एक कार्ड अंग्रेजी में मुझे लिखा था। उन्हें पसंद आई थी। लिख गये—'It is not a novel, but a pastoral poetry'. सक्कन की प्रेसवाली अलमारी के ढेर में यह पत्र और विद्यार्थीजी का भी कहीं पड़े हैं। वह अब टाइफ़ायड से निवृत्त तो हो गये हैं, परंतु इतने कमज़ोर हैं कि प्रेस नहीं जा पाते। सशक्त होने पर वही ढूँढेंगे, जुलाई तक भेज सकूँगा।

आपका
वृंदावनलाल वर्मा

झाँसी
१५-८-५८

प्रिय शर्माजी,

आपका ७/८ का पत्र ६ दिन बाद मिल गया। इसे क्या आप देर से पहुँचा कहेंगे ? सोचिये ज़रा, चम्बल, सिन्ध और झाँसी के निकट ही पहूज ! कितनी नदियाँ पड़ती हैं ! ! आपने ३/६ के पत्र का उत्तर सचमुच बहुत जल्दी दिया। समय अनंत जो ठहरा। अजी हज़रत, आपको कहीं न कहीं लाये बिना मैं हर्गिज़ मानने का नहीं। उमर ज़रूर बहुत लम्बी कर दूँगा, यानी आप ग्यारहवीं शताब्दि में थे और अब भी हैं और रहेंगे। बुंदेलखंड से जी ऊबा तो उसका बड़ा भाई अवध तो सहारे के लिए है, परंतु जी ऊबा नहीं है। नवम्बर में कई स्थानों की यात्रा करनी है। बस फिर कागज़, कलम दावात अपनी। अमृत भाई की चिट्ठी आई थी। वह बीमार रहे हैं। स्वास्थ्य की भाँग कुछ देर में चढ़ पाई। लखनऊ ने पकड़ बुलाया, झाँसी रह गई। उन्हें शायद लखनऊ में इसी महीने के अंत तक देखूँ-समझूँ। आपसे भी तो ६,७ महीने से नहीं मिला। इन दिनों यहाँ भूँजी भाँग भी गाँठ में न थी ! तो अब शायद अक्टूबर में ऊँची, उजली ठहाकोंवाली हँसी वहीं आगरे में सुलभ होगी।

आपका
वृंदावनलाल वर्मा

झाँसी
१८-६-५८

प्रिय शर्माजी,

आपका 'मित्र-पत्र' मिला।

यानी में इन दिनों जिस विषय पर लिखने की सोच रहा था इस पत्र ने उसके उपांगों की सूची भेंट कर दी !

अवश्य लिखूँगा। पर छप पायेगा 'समालोचक' के नवम्बर अंक में—यह 'संपादकजी' को मेरा आश्वासन है और शर्माजी से यह कहना है कि 'लक्ष्मीबाई' उपन्यास के अग्रेज़ी अनुवाद के 'ख़ब्त में मुब्तला' हूँ। उसके अंत में एक Bibliography भी दूँगा। वह साधारण परिवार की लड़की थी। राजा को ब्याही गई तो क्या हुआ। उसको न समझने में सरकार, मजूमदार इत्यादि ने जो हठ किया है उनके लिए वह ग्रन्थसूची होगी। इस 'ख़ब्त' से 'फ़रागत' अक्टूबर में मिल जायगी। अनुवाद जैसा भी बनैगा कर डालूँगा। फिर अंग्रेज़ी मुहाविरे का सुधार आप सबके हाथ में है। यह बात उस लेख की टालबाज़ी के लिये नहीं लिख रहा हूँ—इतना सम्पादकजी के लिए !

सम्पादक+शर्मा जी के उस पत्र में 'घोर + बढ़िया' मसाला है। बतला ही दूँ—ग्यारहवीं बारहवीं शताब्दि के चंदेल काल पर उपन्यास लिखना है। यह काल हमारे महान सौन्दर्य और भयंकर भ्रष्टता का युग है। सामंतवाद की पराकाष्ठा का समय। पहले से ही राजा 'परमभट्टारक परमेश्वर' हो गया था, इस काल में उसके छोटे से छोटे भाई भतीजे 'परमेश्वर' के हाथ पैर बन गये ! श्रेष्ठ, श्रेष्ठी (सेठ जी) भी आ ही गये थे। गाँव और ग्रामीण जिन्हें अपरिवर्तनशील कहा गया है—गोरे और उनके साँवले शिष्यों ने—वे और उनके पंचायत संघ क्या कर रहे थे और कैसे संघर्ष करके स्थिति को अनुकूल बनाते गये और बनाते आये हैं यह सब लाने का प्रयास करूँगा। बस अभी मोटी झोटी से छोटी रूपरेखा। यदि सम्पादकजी के पास अवकाश हुआ तो पांडुलिपि पहले वही पढ़ेंगे !

मोतियाबिन्द मुझे भी बतलाया गया है। दूर का बहुत धुँधला दिखता है, पास का स्पष्ट। लिखने पढ़ने के लिए चश्मा नहीं लगाना पड़ता है। जाड़ों में—यानी उस उपन्यास के लिख डालने के बाद—दिल्ली में औपरेशन कराने की सोच रहा हूँ।

माताजी को भी औपरेशन कराना पड़ेगा। सुनते हैं दिल्ली में ही इसके लिए सबसे अच्छा साधन प्राप्य है।

आपका पत्र मेरे बहुत काम का है—सम्पादकजी और शर्माजी, दोनों को हार्दिक धन्यवाद।

सक्कन का स्वास्थ्य अब ठीक है।

आपका

वृंदावनलाल

झाँसी

२९-९-५८

प्रिय शर्माजी,

पत्रवाहक श्यामसुन्दर आगरा—कॉलेज में Law के विद्यार्थी हैं। संध्या-समय की पाली में पढ़ते हैं। दिन भर खाली। इन्हें कुछ काम चाहिए है। सहायता के यह अधिकारी हैं। इनके लिए कुछ कर देने का प्रयत्न करना है।

श्यामसुन्दर अपने मित्र श्री भगवानदास सेठ ('वाडिया') के सुपुत्र हैं। आप उन्हें भली भाँति जानते हैं।

आशा है आप स्वस्थ हैं।

आपका

वृंदावनलाल वर्मा

झाँसी
१६-११-५८

प्रिय शर्माजी,

आपका १७/११ का पत्र अभी अभी मिला।

'समालोचक' के लिए लेख पहले ही पहुँच जाना चाहिए था—मैं वादा कर चुका था। परंतु रह गया सो रह गया। आपका वह पत्र जिसमें विषय की बात थी नहीं मिल रहा है, कहीं प्रेस में है। मिल गया तो लेख साथ में लाऊँगा, नहीं तो वहीं आपसे बात करके समय निकालूँगा और लिखकर दे आऊँगा। 'समालोचक' के व्यवस्थापकजी से कहियेगा कि 'चाय गोष्ठी' बहुत 'संक्षिप्त' न हो जाय—उसमें अकेले मेरे लिए ही चार नींबू ज़रूर हों और एकाध स्वादिष्ट अमरूद भी हो तो बस निश्चय ही आगरा में लेख लिखकर 'समालोचक' की सेवा की जायगी! कन्वोकेशन के बाद ही ठीक रहेगा। आप और मैं दोनों वहाँ से सीधे चाय-गोष्ठी पर धावा बोलेंगे।

मैं २१/११ को आने का प्रयत्न कर रहा हूँ। २२/११ को किसी न किसी घड़ी १२ अशोक नगर पर पहुँचूँगा।

'लक्ष्मीबाई' का अनुवाद पूरा कर लिया, और 'लगन' का भी कर डाला। आगे अनुवाद न करूँगा—कम से कम एक साल तक तो न करूँगा।

रूसी अनुवाद का समाचार मिल गया था, परंतु चेक अनुवाद का नहीं मिला है। शायद चिट्ठी आती हो।

मज़े में हूँ। आप को खूब मस्त और हँसता हुआ पाने का विश्वासी

आपका
वृंदावनलाल वर्मा

झाँसी
१४-१-१९५९

प्रिय शर्माजी,

वंदे

'समालोचक' का अंक मिला। मिला ज़रा देर से, क्योंकि कई पढ़नेवालों के हाथों से निकलकर मेरे पास आ पाया है।

किन शब्दों में कृतज्ञता-ज्ञापन करूँ? आप इसे व्यर्थ समझेंगे। ठीक भी है क्योंकि मुझे तो यह आश्वासन देना चाहिए कि मरते मरते तक—यानी जब तक दम में दम रहे और उँगलियों में कलम पकड़ने का बल—काम करता रहूँ, वह काम जो

देश और समाज के ऊपर उठने में कुछ थोड़ी सी भी स्फूर्ति दे सके, और, आप सदृश मनीषी विद्वान का स्नेह उपलब्ध कर सके।

और अधिक क्या कहूँ ? डर लगता है कि कथनी और करनी में कहीं अंतर न पड़ जाय।

आशा है आप सानन्द हैं। आप चिरायु हों, चिर सुखी रहें—मेरी हार्दिक शुभकामनायें।

आपका

वृंदावनलाल वर्मा

झाँसी

२२-१-१९५९

प्रिय शर्माजी,

वंदेमातरम्

यदि आप जनवरी ५९ के 'समालोचक' की एक ही प्रति और भिजवा दें तो काफी होगी। अधिक हर्गिज नहीं, उड़ाऊ-खाऊ लोगों के पास रह जायँगी वे सब !

मुझे विश्वास है कि १९६० की जनवरी का अंक और भी बड़ा निकलेगा—मतलब यह कि यदि मैंने इस वर्ष कुछ कर दिखलाया तो अवश्य उतने बड़े अंक का हक़दार बन जाऊँगा। इस अंक में आपने जो कुछ लिखा है उसने शक्ति को बहुत गुदगुदी दी है।

दिसंबर के अंतिम सप्ताह में शिकार के लिए जानेवाला था। बंदूक़ साफ़ कर ली थी क्योंकि यहाँ से लगभग चालीस मील की पहाड़ियों के दो तीन तेंदुओं ने ललकारा था। परंतु कहीं चाय, कहीं बरफी पेड़ा, कहीं दालमौठ—अर्थात कुपचकारक बैठकों—ने सब मटियामेट कर दिया। और आप भी न आ सके ! कम से कम भरतपुरा तो हो ही आते। अब तो गरमियों की छुट्टी में देखा जायगा। तब तक शिकार कर कराके 'समालोचक' में कुछ लिख भी डालूँगा—

१. तुर्कों की विजय का कारण सामंतों की स्वार्थी नीति+उनकी अय्याशी+आपस की सिरफोड़ी, और, इनमें से कई का तुर्कों से मिल जाना है। मैं बिलकुल सहमत हूँ।

२. तुर्क और पठान आक्रमणकारियों से अरब, ईरानी और मुग़ल (तुर्कों का एक भेंद जो सुसंकृत था, ईरानी सभ्यता में पला हुआ था) भिन्न रहे हैं। भारतीय संस्कृति पर लिखने के समय इसका विवेचन सोदाहरण करूँगा। भारतीय संस्कृति को इन मुसलमानों की देन पर प्रकाश डालने का प्रयत्न करूँगा।

३. जाटों पर अवश्य लिखना है। भरतपुर के श्री सोलंकी को वचन दिया

है। उनका पत्र हाल में आया था। उन्होंने उसमें आपका हवाला दिया था।

४. सेन और मजूमदार पर तो (इसका नाम ग़लत इस कारण लिख गया कि इसने बहुत ग़लत लिखा है!) लिखने के लिए कलम बहुत सुरसुरा रही है। पहले इसी पर ज़रूर।

५. 'स्वाधीनता संग्राम और बुंदेलखंड' पर भी लिखूँगा और अवध को कैसे छोड़ दूँगा ? हाँ, सामग्री हाथ लगने पर।

एक उपन्यास लिख रहा हूँ। लेख भी कभी कभी लिख लूँगा। एक लेख मार्च के अंक के लिए।

आपका
वृंदावनलाल वर्मा

झाँसी
१६-३-१६५६

प्रिय शर्माजी,

आपने मेरे २६/२ के पत्र का उत्तर दिया था ७/३ को—जल्दी से ! —और मैं आपके ७/३ की पावती मात्र भेज रहा हूँ १६/३ को। उस जल्दी में आप आगे या मैं ?

अध्यापक रामरत्न की एक ही पुस्तक की मुझे याद आ रही है। वह है 'लोकोक्ति संग्रह'। मुझे बहुत पसंद आई थी। अन्य पुस्तकों में से शायद अधिकांश स्कूली थीं जिनमें मुझे रुचि नहीं थी। रमाशंकर अवस्थी, जहाँ तक याद पड़ता है 'अभ्युदय' में थे। मेरा उनका साथ काफ़ी देर तक १६१६ के अप्रैल या मई में इलाहाबाद में रहा था। वह मुझे गंगापार का प्रयाग दिखलाने ले गये थे। वहीं समुद्रकूप (समुद्रगुप्त का बनवाया) उन्होंने दिखलाया था। उसके पहले कभी कभी विद्यार्थीजी के यहाँ देखने की याद आती है। बाद में भी यदाकदा वह प्रताप कार्यालय में ही मिले थे। प्रेमचंदजी के पहले पहले—बिलकुल प्राथमिक से—लेख गणेशजी ने मुझे कार्यालय में दिखलाये थे। वैसी हिंदी लिखते लिखते फिर वे कैसी लिखने लगे और लिखते रहे अवगत करके आश्चर्य होता है।

'Radio activity को activate करनेवाला मानव नामधारी प्राणियों को क्यों नहीं activate करता अथवा क्यों और कैसे करता है' मुझ सरीखे प्राणी के लिए बतलाना बहुत ही कठिन है, परंतु श्रीअरविंद और मदाम ब्लेवस्की ने जो कुछ कहा है उसी को संक्षेप में उद्धृत कर दूँगा। कहानी में 'अल्ला कैसे क्या करता है' न मैं जानता हूँ, न लिखता हूँ। मुझे तो जैसा कुछ छोटी मोटी आँखों दिखलाई पड़ता है लिख देता हूँ। 'अद्वैत दृष्टि से चालक और चालित का भेद नहीं रहता'

यह ठीक है, क्योंकि इससे उल्टा मैं साबित ही नहीं कर सकता। फिर वही 'Radio activity' वाली बात आ जाती है और Telepathy की भी।

आपने अपनी 'बेशर्मी' की बाबत जो बात लिखी उसे पढ़कर इतनी हँसी आई ... इतनी कि कलेवे के छहों अंडे (अन्न का अकाल सा है न! इसलिए केवल ६) हज़म होते प्रतीत हुये। आपका हँसता चेहरा और आपकी आलोचनाओं का उन लेखकों पर मुर्झा देनेवाला असर जो अपने को उस 'Radio Activator से कम नहीं समझते एक दूसरे से शेकहैंड करने लगे—वही जैसा दो पहलवान अखाड़े में उतरने और फिर कुश्ती ख़तम होने के बाद मिलाते हैं—एक विजयी हँसता हुआ, दूसरा पराजित मुर्झाया हुआ!

आप मुझे 'अपने बहुत ही निकट पाते हैं', और मैं अपने को आपके बिलकुल बिलकुल निकट। मिल गये न दीवाने दो?

'समालोचक' में लेख अब अवश्य भेजूँगा। भेज सकूँगा मई में। जल्दी भी क्या है? न Radio activity रुकेगी और न—आगे क्यों अपनी पोल खोलूँ? मेरे कई मित्र जब उस लेख को पढ़ेंगे तब कहेंगे [—] क्या गड़बड़ घोटाला लिख डाला इसने? इनमें एक कंखल (हरिद्वार) में नौकरी और जीवन, दोनों से पैंशिन लेकर रहते हैं। ख़ैर देखा जायेगा। मुझे आप सरीखे 'बेशर्म' फ़ौजदार के दस्ते में भर्ती पाने से अभिमान ही होगा, और यदि कहीं मैं आपको योग की तरफ घसीट लाया—'भोगी' होते हुए भी—तो पौ बारह है!, न भी ला पाया तो Try & Fail की ख़ुशी तो खिलाड़ी को होगी ही—मैं कबड्डी का कप्तान जो रहा हूँ।

आपके पत्र व्यवहार से मुझे एक बड़ी प्रेरणा मिली—दसवीं ग्यारहवीं शताब्दि के चंदेल काल पर उपन्यास लिखने का संकल्प है। लिखूँगा काफ़ी दीर्घ यात्रा करके। उसमें आपको लाऊँगा! अभी से Warning दे दी। आपको साथ लेकर खजुराहो इत्यादि घूमने का विचार है। सहमति रजिस्टर कर ली है।

आपका

वृंदावनलाल वर्मा

| लेख भेजूंगा | लेख अवश्य भेजूंगा |
|---|---|

झाँसी

२-५-५६

प्रिय शर्माजी,

आपके १७/४ के पत्र का उत्तर ठीक १५ दिन बाद दे रहा हूँ। देरी में कभी आप आगे, कभी मैं आगे। इस योग साधना में हम दोनों बराबरी से छूटेंगे।

मूलाधार से उठकर आप कण्ठकूप तक ही गये होंगे इसीलिए दाढ़ को बुरा लगा और उसने हाय तोबा मचा दी। उड़द की दाल, अंडा, दूध, दही इत्यादि का पूरा संयोग डंड बैठक से है; हाँ सुष्मुना को सहलाते रहना ज़रूरी है नहीं तो रात की नींद ख़तरे में पड़ सकती है। दाढ़ के दर्द की दवा एक सुष्मुनासेवी ने दोहे के रूप में मुझे बतलाई थी—

त्रिफला त्रिकुटी तूतिया तीनों नौन पतंग
दाँत वज्र सम होत हैं माजूफल के संग

इसकी भाषा टीका :—हर्र, बहेड़ा, आँवला, सोंठ, पीपल, काली मिर्च बराबर बराबर; तीनों निमक (सेंधा, काला और खाने में काम आनेवाला) तौल में चौथाई, यानी यदि हर्र इत्यादि एक एक तोला हों तो ये निमक चौथाई चौथाई तोला, पतंग (एक जड़ी) हर्र के बराबरः तूतिया बहुत थोड़ा, यानी यदि हर्र एक तोला हो तो तूतिया एक माशा और वह भी तवे पर भूना हुआ, कच्चा कदापि नहीं; माजूफल हर्र की तौल का। बस दाँत वज्र सम हुये। परंतु ख़ुराक अंडे की हो साथ में ! उड़द वुड़द की दाल से काम नहीं चलेगा !

सचमुच ईश्वर को जितना जितना बाहर ढूँढ़ा जायगा उतना उतना ही दूर नज़र आयगा। पर यहाँ मैं अपना भेद क्यों दूँ ? लेख में ही कुछ लिख डालूँगा, पर लेख पहुँचेगा देर से, क्योंकि पत्रा खोलकर देखा और सगुनौती उठाई तो पता लगा कि जुलाई में लेख भेज पाओगे। परंतु मैं कभी कभी ज्योतिष से लड़ जाता हूँ। तै किया कि 'समालोचक' की आँख बचाकर 'अपनी कहानी' का कोई मज़ेदार प्रसंग लिख भेजो। इसीलिए पत्र के शीर्ष पर उतना दृढ़ वादा करने का साहस कर डाला है।

आपकी Counter Warning रजिस्टर कर ली है। मैं पहले ले उड़ूँगा, मुझे विश्वास है। हाँ, यहाँ यह कह देना आवश्यक है कि जाटों पर पहले लिखूँगा, चंदेलों पर बाद में। भरतपुर के सोलंकीजी को ज़बान और कलम—दोनों हार चुका हूँ। झाँसी दशहरे में आइये, शायद किसी नाटक का अभिनय हमारे मित्र पेश कर सकें उस अवसर पर।

आपका
वृंदावनलाल

और सुनिये—मैं रूसी सीखने के लिए डंड पेल रहा हूँ !! श्री बारान्निकोव ने एक पुस्तक N. F. Potapova's Russian Elementary Course भेजी थी। उसी के पीछे पड़ा हूँ। कोई और हो तो लिखियेगा। मौस्को से रूसी में एक पुस्तक आई है जिसमें एक लेख 'मृगनयनी' पर है। शायद साल छह महीने में उसे समझ लूँ।

वर्मा

झाँसी

६-५-५६

प्रिय शर्माजी,

मेरा पत्र मिला होगा।

'समालोचक' के लिए 'विराटा की पद्मिनी उपन्यास के कुछ पात्र' शीर्षक लेख भेजता हूँ। जुलाई में 'उस' लेख के भेजने का वचन दे चुका हूँ। अंतर अधिक पड़ता दिखा तो यह लेख भेज दिया।

जिस ठाकुर का ज़िकर लेख में किया है वह हमारे—मेरे और श्री मैथिलीशरण गुप्त के—मित्र मुं. अजमेरी को एक बार मिल गये। बात चालीसक बरस पुरानी होगी। मुंशी अजमेरी गाते थे और हारमोनियम भी बजाते थे। दतिया की एक बैठक में मुंशी अजमेरी हारमोनियम बजाने बैठे। तबले का साथ देने के लिए बैठे शिवपद सिंह। शिवपद सिंह तबला बजाते थे, बजाते कुछ ऐसा वैसा ही थे। मुं. जी ने उनकी सनक के संबंध में कई कथाएँ सुन रक्खी थीं, परंतु उन्हें देखा उसी दिन था। हारमोनियम का साथ शिवपद सिंह कुछ बेतकल्लुफ़ी से दे उठे। मुं. अजमेरी ने टोका—'ठीक ठीक बजाओ।' शिवपद सिंह ने तुरंत फटकारा—'बजायेजा बजायेजा अपना हरमोनिया !'

मुं. जी ने अपने पास बैठे एक परिचित से पूछा, 'यह कौन हैं ?' उसने बतलाया—'शिवपद सिंह ठाकुर।' मुं. जी सन्नाटे में आ गये। थोड़ी देर हारमोनियम, चुपचाप बजाकर खिसक आये। उन्होंने मुझे उस ठाकुर की कई बातें बतलाई थीं। मैथिलीशरणजी की 'दस्ताना' कविता उसी ठाकुर पर है।

आशा है आप सानंद हैं।

आपका

वृंदावनलाल

झाँसी

२८-५-५६

प्रिय शर्माजी,

आपके २५/५ के पत्र का उत्तर इतनी जल्दी दे रहा हूँ ! कलकत्ता झाँसी से तीन सौ चार सौ कोस की दूरी पर है। पहुँचते पहुँचते—या भटकते भटकते ?—उतनी ही देर में आपके हाथ लगेगा जितनी देर में साधारणतया पत्र आगरा पहुँचता है।

कल रात यहाँ ज़ोर का तूफ़ान आया और खूब पानी बरसा। आज बड़ी ठडक है। अब जुलाई के अंक में उस लेख के आ धमकने की पूरी संभावना है।

अमृत भाई ने भी वह योग-राग (लिखना चाहता था रोग, पर ख़ैर राग ही

सही) आपको लगाया। आपको उसमें फँसा पाकर मुझे तो बड़ी खुशी होगी—यों भी एक ही थैली में हैं, फिर उसके चट्टे-बट्टे हो जायँगे!

सन् १८५७ का 'सैनिक - इतिहास' अवश्य लिखिये। बहुत अच्छा बनेगा। गिरिजा कुमारजी को वह पुस्तक मैंने ही दी थी—टाईप करवाने के लिए। तीन महीने उनके पास रही। वह टाईप नहीं करवा सके, वैसी ही लौटकर आ गई। नाम उसका 'Revolt in Central India' है। Cover page पर छपा है **For official use only**—Prepared by the Intelligence Department of the Indian Army, printed at the Army Press, Simla. मतलब यह कि पुस्तक 'Native' के हाथ में न पड़े! १६०८ में छपी थी जब अंग्रेज़ों ने देखा कि फिर से क्रांति होनेवाली है। उसकी भूमिका में लिखा है कि वैसे ही लक्षण फिर नज़र आ रहे हैं जैसे १८५७ में दिखलाई पड़े थे [,] "इसलिए हमारे लोग सावधान हो जायँ और तैयार रहें।" पुस्तक मुझे यहाँ की सेना के एक अफ़सर से प्राप्त हुई थी। उन्हें लौटा दी। पढ़ने के लायक है। इसमें मोर्चेबंदियों का पूरा विवरण है। बिहार इत्यादि का हाल Kaye और Malleson में मिलेगा। इस पुस्तक (Revolt in Central India) की एक प्रति उत्तरप्रदेश के सूचना-विभाग में है। संभव है कहीं कलकत्ते में आपको मिल जाय। झाँसी की लड़ाई का उसमें पूरा हाल है। मेरी तबियत तो उस समय 'बाग़ बाग़' हो गई जब उसमें पढ़ा कि 'Women were working in the batteries'. उधर हमारे मजूमदार और सरकार हैं जो इसकी ओर आँख भी न फेरेंगे!

तो दशहरे दिवाली पर जब आप यहाँ आवें कुछ इधर-उधर घूमने की भी बात मन में रमा के आवें।

आपका

वृंदावनलाल वर्मा

झाँसी

१०-६-५६

प्रिय शर्माजी,

आपका ६/६ का पत्र अभी अभी मिला। इतनी जल्दी उत्तर देने का कारण यह है कि जल्दी देना ही चाहिए था।

चि. ललित मोहन शर्मा की सफलता के लिए पूरी कोशिश करूँगा—इसमें कोई संदेह ही नहीं। वह मेरा भी तो कोई है! तीसरी पीढ़ी वाला!!

माहोर को आपकी इस पुस्तक से सहायता मिलेगीं। और भी सामग्री इकट्ठी की जा रही है।

आपका

वृंदावनलाल वर्मा

झाँसी
४-८-५६

प्रिय शर्माजी,

१/८ का पत्र मिला। जुलाई बीती, अगस्त भी बीतेगा, परंतु सितंबर अवश्य आयगा और अक्टूबर के पहले लेख आगरा पहुँच जायगा। मई के अन्त में लू ने कुछ झरपट लगा दी थी। जून में मन लू और सड़ी गर्मी को गालियाँ देता रहा। जुलाई में डंड पेल पालकर गड़बड़ की मरम्मत कर ली। अब मौज है। मौसम भी साथ दे रहा है। नदी नाले, जंगल पहाड़ (आगरे का हरी पर्वत नहीं, यहाँ के पहाड़) और झीलें मस्त हैं। अब तो लेख वेख सभी कुछ छाती फुलायंगे। एक पुस्तक The Occult World by A.P. Sinnote ६० वर्ष पहले छपी थी। ४० वर्ष हुए तब पढ़ी थी। Out of Print है। बहुत ढूँढ़ी, नहीं मिली। तलाश में हूँ। उसी लेख के लिए चाहिये है। आशा है आगरा की Theosophical Society में हो। कोई आपका Theosophist मित्र हो तो मेरे लिए माँग लें। शीघ्र लौटा दूँगा—लेख के साथ ही!

रूस से सूचना मिली है कि 'लक्ष्मीबाई' का अनुवाद प्रकाशित हो गया है। मौस्को में एक विदुषी श्रीमती दीना गोल्दमान ने पत्र में लिखा है। आपकी और 'समालोचक' की वह बहुत प्रशंसक हैं। मिलने पर पत्र दिखलाऊँगा। इन्होंने एक पुस्तक में 'मृगनयनी' पर रूसी में एक परिच्छेद लिखा है। पुस्तक आई है। समझ में बिलकुल नहीं आती। रूसी सीखने की कोशिश कर रहा हूँ! अब कार्ड में जगह नहीं रही, इसलिए बाकी फिर।

आपका
वृंदावनलाल वर्मा

झाँसी
२-९-५६

प्रिय शर्माजी,

आपका पत्र मिला। जिनके पत्र से सदा मन को आनन्द मिलता था उनके इस पत्र से दुख हुआ—आपने लिखा है कि जनवरी से 'समालोचक' बंद हो जायगा। हिंदी में पत्रों के नाम से काफी कूड़ा कर्कट निकलता है, परंतु 'समालोचक' सदृश पत्र तो बिरले ही हैं। संभव है कुछ साधन ऐसे निकल आवें कि उसका प्रकाशन बन्द न हो। मैं 'दर्शन' संबंधी लेख १२/९ के बाद लिखूँगा। बनारस से वह पुस्तक मँगवा रहा हूँ। शायद न मिले या मिलने में विलम्ब हो तो आप आगरा के सज्जन की पुस्तक (Occult World) भिजवा दीजिये, मैं जल्दी लौटा दूँगा। उपन्यासों के पात्रों से संबंध रखनेवाला लेख भी भेजूँगा। रूस से श्रीमती दीना गोल्दमान ने पत्र

में 'समालोचक' के और आपके संबंध में बड़ी ही प्रशंसात्मक सद्भावना व्यक्त की है। उसकी प्रतिलिपि लेख के साथ भेजूँगा। 'लक्ष्मीबाई' का अनुवाद रूसी में प्रकाशित हो गया है। प्रति आ गई है। आपके पास भेजूँगा।

आपका
वृंदावनलाल वर्मा

झाँसी
२३-६-५६

प्रिय शर्माजी,

आपका पत्र सक्कन के पास आया। मेरा नमस्कार आपको। तो यह तै है कि 'समालोचक' जनवरी १६५६ [१६६०] से बंद हो जायगा ! बहुत खेद है !

फ्लू ने ८/६ के दोपहर परिचय पत्र भेजा। मैंने मिलने से इनकार कर दिया तो वह घुस आया। मैंने धक्के देकर बाहर किया। फिर भी इस धक्का-मुश्ती में मुझे थोड़ी-सी कसक लग ही गई। खाँसी तो नहीं है, कुछ कमज़ोरी है। जल्दी ही ठीक हो जायगा सब। The Occult World पुस्तक अभी तक नहीं मिली। काशी के Theosophical Book Store से पत्र आया कि पुस्तक अप्राप्य है, परंतु 'उधार लेकर पढ़ने के लिए पुस्तक भेज देंगे।' जैसे ही पुस्तक आई—और तब तक फ्लू का अनधिकार प्रवेश प्रयत्न—प्रभाव—भी समाप्त हो जायगा—तैसे ही लेख लिख डालूँगा। अब तो लेख नवंबर के अंक में छप पायगा। लिखूँगा अवश्य और भेज दूँगा।

विजया दशमी की छुट्टियों में चार दिन की घुमक्कड़ी का कार्यक्रम आपके पास इस महीने के अंत तक पहुँच जायगा।

आपका
वृंदावनलाल वर्मा

झाँसी
२६-६-५६

प्रिय शर्माजी,

फ्लू के मल्ल युद्ध में मैंने उसे धक्के देकर पछाड़ा तो उसने भी कुछ कोंच काँच कर ही दी। अब तो स्मृति भर बाक़ी है—बाक़ी हरा भरा, घुमक्कड़ी में और भी खरा हो जायगा।

चार और पाँच तारीखों में मुझे बीधन है [।] ६ ता. के दोपहर बाद से बिलकुल

स्वतंत्र हूँ और ६ तक रहूँगा। सो पुरोगम (!) ६ की दोपहर से पक्का। भरतपुरा, बरवासागर और तालबेहट भी जाने की इच्छा है। इन दिनों यहीं की वे इतने निकट वाली झीलें न देखीं तो क्या देखा गपशप, खाना-पीना, सोना और बीच-बीच में 'लप झप' भी ज़रूर। भाषण न दें, परंतु 'लक्ष्मीबाई' का जो अनुवाद रूसी में मेरे पास आया है उसकी भूमिका आपको समझानी पड़ेगी और दीना गोल्दमान (श्रीमती) ने 'मृगनयनी' पर एक प्रबंध लिखा है उसका अनुवाद भी हज़रत को हिंदी में करना पड़ेगा। इसके बदले में करतल-ध्वनि मिलेगी। शायद चाय वाय भी।

आपका
वृंदावनलाल वर्मा

झाँसी
३-१०-५६

प्रिय शर्माजी,

आपका पत्र मिला।

ख़ैर, कोई बात नहीं, नवम्बर में सही! तब तक यहाँ की कच्ची सड़कें भी ठीक हो जायँगी और समय भी अपने पास काफी रहेगा। मतलब यह कि आप इस छुट्टी में नहीं आ रहे हैं, मैं भी अब शायद ही कहीं बाहर जाऊँ।

आपका
वृंदावनलाल वर्मा

झाँसी
१७-१०-५६

प्रिय शर्माजी,

'समालोचक' के लिए कुछ लिखना चाहता था, परंतु असमर्थ हो गया। चि. सत्यदेव की माताजी का देहान्त दो दिन हुये हो गया है। बीमार तो पहले से ही थीं, इधर ८, १० दिन ज़्यादा रहीं।

आपका
वृंदावनलाल वर्मा

झाँसी
२५-११-५६

प्रिय शर्माजी,

बुंदेलखंड डिग्री कॉलेज आपको अपने बीच में देखने के लिए बहुत उत्सुक है। आपने, महीनों हो गये, एक पत्र में लिखा था कि झाँसी आयेंगे तो, परन्तु बोलेंगे नहीं, गपशप ही करेंगे। डिग्री कॉलेज कहता है कि और कहीं आप बोलें या न बोलें वहाँ तो बोलना ही पड़ेगा। कॉलेज को ३,४ दिसम्बर के दिन छोड़कर फ़ुर्सत ही फ़ुर्सत है। मतलब यह कि इन तारीखों को छोड़कर १४/१२ तक आप कभी भी आ जावें।

आशा है आप सानन्द हैं।

आपका
वृंदावनलाल वर्मा

झाँसी
१०-१२-५६

प्रिय शर्माजी,

मैं नागपुर, वर्धा और जबलपुर की यात्रा करके लौटा हूँ। ८ दिन लगे। बड़ी दौड़ धूप रही। कसरत कभी कभी ही कर पाई, परन्तु फेफड़ों का व्यायाम इतना किया कि रास्ते में मिला ज़ुकाम फटकार खाकर भाग गया। यहाँ लौटने पर थकावट ने दबाना चाहा। दो दिन की मेहमान रहकर वह भी चल दी। डंड बैठक फिर जारी हो गये हैं। लौटने पर आप का पत्र मिला था। कॉलेजवालों को सुना दिया। बहुत प्रसन्न हैं वे सब यह जानकर कि आप आयँगे। वहाँ से आपके पास पत्र आयगा। कॉलेजवाले आपको शायद २३, २४ दिसम्बर के दिन चाहें। मुझे तो २४,२६ जैसा कि आपने लिखा है, अच्छे लगेंगे, क्योंकि जैसे ही यहाँ का कार्यक्रम समाप्त हुआ आपको मटरगश्त के लिए इधर उधर ले चलूँगा। छुट्टी के दिन हैं।

मज़े में हूँ, आपका ज़ुकाम आप से डरकर भाग ही चुका है।

आपका
वृंदावनलाल वर्मा

झाँसी
२-१-६०

प्रिय शर्माजी,

मैं गाँव चला गया था। लौटने पर आपका २६/१२ का पत्र मिला।

उन विद्यार्थियों ने २३,२४ को समारोह करने का आश्वासन दिया था। देखा कि उन्होंने कुछ नहीं कर पाया तो मैं गाँव चल दिया। लौटने पर मैंने थोड़ा सा डाँटा वाटा भी—उन्हें चाहिये था कि आपको बहुत पहले पत्र लिख देते। खै़र, आगे के लिए मुझे सीख मिली। इन दिनों गाँव जाने का कोई विचार नहीं था, आपके साथ घूमना था। परंतु जब देखा कि गड़बड़ हो गई तब तीन-चार दिन के लिए गाँव चला गया। बंदूक साथ ले गया था, परंतु चलाने की नौबत ही नहीं आ पाई। पूरे सप्ताह पर सनीचर लगा जान पड़ा। वसन्त के पहले ही वह उतर जायगा। उन दिनों अवश्य घुमाई होगी, बंदूक चाहे शिकार को पाये या न पाये। 'समालोचक' का वह अंक अभी नहीं मिला है। बात काँटे की तरह चुभ रही है कि वह अब न निकलेगा। भगवानदास से बात करूँगा। विकट जीव हैं। कुछ लिख तो रहे हैं—राम जाने क्या!

आपका
वृंदावनलाल वर्मा

झाँसी
१३-१-६०

प्रिय शर्माजी,

आप मार्च के दूसरे हफ्ते में यहाँ 'गपशप' के लिए आयँगे। खै़र कोई बात नहीं—देर आयद दुरुस्त आयद। घूमा फिरी भी रहेगी। साथ में ज्यादा कपड़े नहीं लादने पड़ेंगे। ऋतु उपयुक्त रहेगी, परंतु होली से बचे रहना! शायद पहले ही हो जायगी। डिग्री कॉलेजवालों ने प्रायश्चित्त देर में किया—दुरुस्त आयद देर आयद (मगर)।

सुपर संपादक ने वह सुपर लेख टरका दिया तो बात भी कुछ नहीं। कहीं और खाने पीने को मिल जायगा—यानी आपके ही द्वारा।

आपका
वृंदावनलाल वर्मा

झाँसी

२३-२-६०

प्रिय शर्माजी,

आप २६/२ की शाम को यहाँ आयँगे और आपके साथ अपने यहाँ चाय पकोड़ी का रसास्वादन मुझे भी उपलब्ध होगा—मुझे पकोड़ी यह वह कहकर कुछ कठिनाई से मिल पाती है—इसके लिए मैं अपने नसीब को सराहूँगा। उस्ताद आदिल खाँ को भी मज़ा आयगा। पकोड़ी के बदले में जयजयवन्ती—सौदा महँगा नहीं है। तीन बरस से बन्दूक़ नहीं उठाई है। अबकी बार गाँव के ज्योतिषी ने कहा है कि २५/२ को जाओ, २६/२ को, साँझ के पहले, लौट आओ तो बेतवा नदी अपना एक मगर तुम्हें दे देगी ! फिर शाम को पकोड़ी और कुछ और उसके साथ में ! चाहता था कि २६/२ के बाद आपको घुमाऊँ। ख़ैर फिर कभी सही।

आपका

वृंदावनलाल वर्मा

झाँसी

४-३-६०

प्रिय शर्माजी,

आपका पत्र अभी अभी मिला। पकोड़ियोंवाली उन अविस्मरणीय घड़ियों को छोड़कर फिर न मिल पाये। फ़्लू ने गड़बड़ कर दी। चला गया कमबख़्त, परंतु सिरदर्द और खाँसी छोड़ गया है। इनको भी जल्दी बिदा कर दूँगा। इसका सबूत यह है कि इस बीच में एक छोटी सी कहानी लिख ही डाली। डॉक्टर ने नीबू बंद कर दिया है—एलोपैथी की गालियाँ दे रहा हूँ। दो दिन बाद फिर नीबू का सत्संग जिव्हा को प्राप्त हो जायगा। पूरी आशा है।

आपको इस बार यात्रा में रेल और ताँगा ने ही कुछ सहायता दी। गोलमाल रहा।

अब तो बारी अक्टूबर में आयगी। तब तक पुरानी गाड़ी को नये ख़ून के इन्जैक्शन मिल जायँगे। ख़ूब रहेगी।

आपका

वृंदावनलाल वर्मा

झाँसी

८-४-६०

प्रिय शर्माजी,

आपका कार्ड मिला। फ़्लू के आने के कारणों पर कमीशन बिठलाया गया। मैं भी था उस कमीशन में ! वह आ गया, उसे अपनी सफ़ाई देनी थी। कमबख्त धरना दे बैठा। कमीशन का केवल एक सदस्य, मैं, उसे धक्के दे रहा हूँ। हट जायगा। कोई संदेह नहीं। इस युद्ध में कुछ थकान—यानी कमज़ोरी—तो रह ही जाती है। फ़रीदी साहब का उपन्यास जल्दी पढ़ूँगा। उसके विषय में उन्हें अपने पत्र में कुछ लिख दिया था। उनका भी पत्र आया है। मिलें तो कह दीजियेगा। उन्हें इकट्ठा ही लिख भेजूँगा।

आपकी भाषा-संबंधी पुस्तक की प्रतीक्षा है। एक बात याद आ गई—संस्कृत में 'अद्' धातु है। अर्थ खाना। उसी से अन्न बना है। Eat क्या इसी से चला है ? और Grain ? कृषि की अवस्था तक क्या ये सब एक ही जगह थे ? कारण Impact तो नहीं जान पड़ता है इन दो शब्दों का।

आपका

वृंदावनलाल वर्मा

रूसी में अब 'मृगनयनी' का भी अनुवाद हो रहा है।

वृन्दा

झाँसी

१८-४-६०

प्रिय शर्माजी,

कार्ड आपको लिखा और डाकघर में डलवा दिया। बाद में याद आई कि 'आहत' उपन्यास के संबंध में तो उत्तर ही नहीं दिया है !

इसलिए पाँच नये पैसे के इस कार्ड द्वारा प्रायश्चित कर रहा हूँ—'आहत' सक्कन को दे दिया है। अब वह जानें, उनका प्रेस जानें, और सबके ऊपर, काग़ज़ का अभाव जानें।

आपका

वृंदावनलाल वर्मा

पुनश्च—

पिछले महीनों चैन नहीं पड़ा तो उस उपन्यास और कहानियों के लिखने पर एक ऐतिहासिक शुरू कर दिया। पूरा हो रहा है। फ़रीदी साहब के उपन्यास के बारे में सम्मति लिख भेजी है।

वृन्दा

झाँसी
२१-४-६०

प्रिय शर्माजी,

आपका वह कलम इसी तरह ग़ायब रहे और लाल रोशनाई हिंदीवालों को ही नहीं भारत और भारत के बाहरवालों को भी उल्लास से भरती रहे ! यहाँ तो भाषा विज्ञान इधर उधर की दावतों में ही मिला है या कुछ उड़न छू और अललटप। Anthropology का ज़रूर कुछ मन लगाकर अध्ययन किया था। उसी से भाषा विज्ञान के भोजन पर दाँत लगाने की कोशिश की ! आपका ॠ संबंधी विवेचन बहुत ही बढ़िया है। हमारा बहुत बहुत पुराना पुरखा कृषक और कवि दोनों था। ॠ और arable खूब कहा ! किसी stage पर ये सब एक ही जगह नहीं थे, तो पास पास रहे होंगे। हो सकता है जब आर्य Pastoral stage से कृषि + कवि (शायद यह जोड़ ग़लत है) स्थिति पर आया तब अन्य बिरादरियों ने उससे खेती बारी ली और वे शब्द भी। आपकी पुस्तक की प्रतीक्षा—घोर प्रतीक्षा है। इधर वह ऐतिहासिक उपन्यास पूरा कर लिया है। फ़्लू हार मानकर भाग गया। फिर आयेगा तो देखूँगा। रूस से ख़बर आई है कि 'मृगनयनी' का अनुवाद हो रहा है। '१८५७ के अमर वीर' का हो चुका है। आपके संबंध में भी उस पत्र में जो कुछ लिखा आया है उससे हर्षमग्न हो गया। पत्र और उत्तर मिलने पर सुनाऊँगा।

आपका

वृंदावनलाल वर्मा

ॠ, आर्य, कृषक—है न ? फिर हो गया श्रेष्ठ !

झाँसी
१२-५-६०

प्रिंय शर्माजी,

आपका ६/५ का पत्र कल संध्या समय मिला। चि. ललित चिरायु हो चिरसुखी रहे। बरात में भले ही न जा पाऊँ, मेरी हार्दिक शुभकामनायें तो निरंतर हैं और रहेंगी। उन्हें साकार तब करूँगा जब उस वीर वधू को यहाँ या आगरे में देखूँगा। फ़्लू भाग गया और सामने से नहीं आ पाता। कभी कभी इधर उधर से कुछ उचक्कपन कर बैठता है—यानी हफ्ते में एक दो बार सिर में पीड़ा हो जाती है। इसे भी ठीक करके रहूँगा। भाषा विज्ञान फिर द्रुत विलंबित ही नहीं अति द्रुत गति प्राप्त करके रहेगा। वह डॉ. रामविलास शर्मा कैसे जो कहीं भी आलस्य या ख़ुमारी बर्दाश्त कर लें? आप जैसे कुछ 'भीषण' पंडित हैं, उसे पंडित कहलानेवाले कँपकपी के साथ भान करते रहते हैं। conditioned reflexes (Pavolov वाला) हिंदी में अपना पर्याय

ढूँढने में कुछ समय लेगा। देखूँगा। परंतु हे राम ! आपने संस्कृत धातुओं की तलाश का यह भयंकर दानव मेरे लिए क्यों खड़ा कर दिया ? जिसने किसी तरह रटरटाकर इंटर और बी. ए. संस्कृत के साथ तीसरे दर्जे में पास कर पाया, वह इस रट्टे को क्या जाने ? रूसी में 'टूटे काँटे' का भी अनुवाद हो रहा है। सूचना आई है।

आपका
वृंदावनलाल

झाँसी
२५-७-६०

प्रिय शर्माजी,

मॉस्को से श्रीमती दीना गोल्दमान का पत्र आया है। उन्होंने लिखा है कि आपके पास रूसी हिंदी शब्दकोश दो साल के लगभग हो गये 'सोवियत भूमि' के संपादक द्वारा भिजवाया था। आपको मिला या नहीं ? वह आपसे हिंदी साहित्य संबंधी विषयों पर पत्रव्यवहार करना चाहती हैं। आपका उत्तर आने पर मैं उन्हें लिख दूँगा। वह आपके पास पत्र भेजेंगी। आशा है आप सानंद हैं।

बरसात लग गई। अक्टूबर भी आयेगा ही।

आपका
वृंदावनलाल वर्मा

झाँसी
६-८-६०

प्रिय शर्माजी,

आपका पत्र आ तो समय पर गया था, परंतु मैं उत्तर देर में दे रहा हूँ। कुछ मुकद्दमों की पैरवी में था। अब काफ़ी समय के लिए छुट्टी मिल गयी है।

मैंने आज दीना गोल्दमान जी को पत्र लिख दिया है। मुझे विश्वास है कि वह आपसे पत्र-व्यवहार करेंगी। मैं बिलकुल 'बिचवानी' हूँ; आपको रूसी-चेक और रूसी-बेलोरूसी कोषों को दिलाकर रहूँगा और फिर आपसे कुछ झटकूँगा—रूसी सीखने का अच्छा सा साधन। वैसे रूस से आई एक दो पुस्तकें मेरे पास हैं। फिर भी ! शिक्षा मंत्रालय हिंदी आलोचना को समृद्ध बनाने के लिए शब्दकोश बनवा रहा है ! जय सियावर की ! नौ दिन में चले अढ़ाई कोस ! —जैसा कि आपने लिखा है। यह तो तेज़ रफ़्तार होगी। बिस्मिल्ला कब होगा ?

आपका
वृंदावनलाल वर्मा

झाँसी
२२-९-६०

प्रिय भाई शर्माजी,

पत्र मिला। इन दिनों ज़ुकाम ने फिर दरवाज़ा खटखटाया। किवाड़ खोलने पड़े। जल्दी निकाल बाहर करने की कोशिश की। भाग तो गया है, परंतु थोड़ी-सी खुराफ़ात छोड़ गया है! इधर कल पानी बहुत बरसा। कुंडार इत्यादि के लिए मार्ग धूलवाले हैं, अब तो कीचड़वाले हो गये हैं। दिवाली की छुट्टी कैसी रहेगी? तब तक कुछ ठंडक भी हो जायगी। नागार्जुन अर्जुन से क्या कम हैं? चाहे जहाँ गाण्डीव लेकर चल दिये! पूड़ियों कचौड़ियों पर निशानेबाज़ी हो रही होगी। कोई ईर्षा नहीं, क्योंकि ज़ुकाम जो खुराफ़ात छोड़ गया है, वह कचौड़ी इत्यादि की तरफ़ जाने तक न देगा। यह तो शायद आपको मालूम ही है कि बन्दा कभी कभी बन्दगी करने दीवानी कचहरियों में चला जाता है—सक्कन के मना करने पर भी 'आबोहवा' बदलती रहती है न! तो २/१० के बाद से ८/१० तक बन्दा बन्दगी और 'बन्दापरवरी' दोनों के लिए वहाँ जायगा—जाना पड़ेगा। नतीजा?—नतीजा यह निकला कि दिवाली की छुट्टी में मटरगश्त की जाय। गढ़कुंडार का मार्ग तब तक ठीक हो जायगा।

स्नेही
वृंदावनलाल वर्मा

झाँसी
८-१०-६०

प्रिय शर्माजी,

पत्र मिला। दशहरा बीत गया और दिवाली भी चली जायगी। परंतु जाड़ा तो आये बगैर रहेगा नहीं। तब सही मटरगश्ती। पानी यहाँ भी बहुत बरस रहा है। जब इन्द्र ने अपनी सनक और बहक से पहाड़ियों में कीचड़ पैदा कर दिया है, तब बिचारे आगरे की बिसात ही क्या है?

जाड़ों में घूमने का कार्यक्रम आगरा आकर तै करूँगा। १०,१२ नवंबर के दिनों आना है।

और सब ठीक है।

पुत्रवधू और लड़कियों को मेरी असीस।

आपका
वृंदावनलाल वर्मा

झाँसी
७-११-६०

प्रिय शर्माजी,

१०/११ की सीनेट बैठक के लिए ९/११ को आ रहा हूँ। या तो उसी दिन संध्या समय नहीं तो १०/११ के किसी 'बजे' ११२ अशोक नगर पहुँचूंगा।

आपका
वृंदावनलाल वर्मा

झाँसी
१२-११-६०

प्रिय शर्माजी,

मैं कल, ११/११, को लौट आया था। बहू की तबियत पहले से अच्छी है। शिव संहिता का वह श्लोक यह है जिसमें वायु के लिए 'ईरित' शब्द आया है—

'अनाहत चक्र विवरणम्'
हृदये ऽ नाहतंनाम चतुर्थं पंकजं भवेत्
कादिठान्तार्ण संस्थाने द्वादशारसमन्वितम्
अतिशोणं वायुबीजे प्रसादस्थानमीरितम्।

इसका अनुवाद यों दिया गया है—हृदय स्थान में जो अनाहत नामक चतुर्थ पद्म है वह 'क' 'से' 'ठ' तक बारह वर्ण और बारह दल से युक्त है, अति उज्ज्वल रक्तवर्ण से शोभायमान है। वह प्रसन्न स्थान वायु का बीज अर्थात प्राणवायु का आधार है। संस्कृत का कोश भी देख लिया जावे।

आपका
वृंदावनलाल वर्मा

झाँसी
२९-४-६१

प्रिय शर्माजी,

बहुत समय उपरान्त लिख रहा हूँ, वह भी झाँसी बुलाने के लिए। वह भी 'हिंदी साहित्य सम्मेलन' में नहीं, बल्कि रवीन्द्र जयंती समारोह के लिए जो यहाँ आठ मई के दिन सात बजे संध्या के लगभग हो रहा है। मुझे इसका सभापति बना दिया गया है—ऐसे को जो कविता से न जानें कितनी दूर पड़ गया है! इस समारोह के लिए जो समिति बनी है उसमें दलबन्दी नहीं है। डॉ. भगवानदास गुप्त

इस समिति के मंत्री हैं। समिति में यहाँ के प्रमुख बंगाली भी शामिल हैं। अब एक परंतु—

मुझे रवीन्द्र जयंती समारोह के लिए दिल्ली बुलाया गया है। आज ही सूचना मिली है। जाना पड़ेगा। और वहाँ भी समारोह इसी तारीख़ को मनाया जायगा। समय निश्चित नहीं है। कम से कम मुझे नहीं मालूम है। संभव है मैं ८ तारीख की संध्या के समय दिल्ली से न लौट पाऊँ।

आपका
वृंदावनलाल वर्मा

झाँसी
२७-३-६३

प्रिय भाई शर्माजी,

कल शाम के समय 'हिंदी टाइम्स' में आपके घायल हो जाने के बारे में जो कुछ पढ़ा—हँसते हुए चित्र के साथ!—उससे बड़ी चिंता हुई। आप जिस तरह अन्य कठिनाइयों और कष्टदायक समस्याओं का दृढ़ता के साथ सामना करते हैं, मैं जानता हूँ। परंतु उस चित्र के साथ जो छपा है उससे तो बेचैनी ही रही। यह चोट कैसे लगी कब लगी कभी नहीं मालूम हुआ इससे पहले! अपनी कलम से, अपनी उँगलियों कुछ न लिखकर दूसरे से लिखवाकर भेजिये कि यह सब कैसे हुआ और अब स्वास्थ्य कैसा है?

स्नेही
वृंदावनलाल वर्मा

झाँसी
४-४-६३

प्रिय भाई शर्माजी,

पत्र मिला। चोट का ब्यौरा पढ़कर अपनी कुछ चोटों की याद आ गई। एक बार गहरे खड्ड में—शिकार यात्रा थी वह—गिरा था। कान का पर्दा फट गया। सात महीने भोगमान भुगती। जैसे ही स्वस्थ हुआ पहला काम जंगल में जाकर एक बड़े सुअर का मारना था। आपने पूरे एक महीने जो कष्ट भोगा होगा उसकी मात्रा मेरी सात महीनेवाली कमबख़्ती से कहीं बढ़कर रही! एक हाथ बराबर उठाये रखना पड़ा! नींद नहीं आती होगी। मैं तो उन महीनों में खर्राटे खींचता रहता था। आप जैसे ही पूर्ण स्वस्थ होंगे विश्वास है कि आँखों की वही चमकदमक और ओठों की वही चिनौतियों भरी हँसी, खिलखिलाहट निरंतर देखने को मिलेगी—सुअर

की शिकार से कहीं बढ़कर ! अब आप पत्र तब भेजना जब बिलकुल बिलकुल स्वस्थ हो जावें।

स्नेही

वृंदावनलाल वर्मा

झाँसी

३१-५-६३

प्रिय भाई शर्माजी,

निमंत्रण पत्र मिला। बहुत आभारी हूँ। कुछ घंटों के लिए अवश्य आता, परंतु पन्ना की घाटियों के सौंदर्य और लू के मिश्रण को समेटता आ रहा हूँ। काफी थक गया हूँ। बड़ी बात यह है कि लू नहीं लगी।

कुछ लिख रहा हूँ, कुछ लिखना है, इसलिए जाना पड़ा। ५,६ दिन बाहर रहा।

चिं. भुवन मोहन शर्मा एवं आयुष्मती माधुरी शर्मा चिरायु हों, चिरसुखी रहें—मेरी हार्दिक शुभकामनायें।

अब यह तो लिखिये कि स्वास्थ्य का क्या हाल है। आशा है कि चोट की चपेट से मुक्त हो गये होंगे। एक महीने से ऊपर के पत्र में आपके हस्ताक्षर मात्र थे। आप लिखिये, चाहे केवल दो सतरें कि आपने शक्ति वापिस पा ली है।

स्नेही

वृंदावनलाल वर्मा

झाँसी

७-६-६३

प्रिय शर्माजी,

पत्र पढ़कर बहुत संतोष हुआ—हर्ष उतना नहीं, क्योंकि 'हाथ पूरी तौर पर पीठ की ओर नहीं मुड़ता है।' लिखने-पढ़ने का क्रम चलता रहे पूर्ववत, कोई हर्ज नहीं, परंतु टहलना कुछ अधिक बढ़ जावे। अब मेरे ऊपर लू का कोई असर नहीं। ज़ुकाम हो गया था, वह भी भाग गया। फिर वही तरुण—अब पचहत्तर का। चंदेलों पर उपन्यास लिख रहा हूँ। कुछ स्थान और देखने हैं। आज हवा में ठंडक है। जल्दी से कुछ स्थान देख आने की सोच रहा हूँ। एक बार, बहुत दिन हुये, देखे थे, परंतु मन नहीं भरा। लेकिन आपने जो आगाही दी है उसे भी ध्यान में रखूँगा। आपको यह जानकर *तसल्ली* होगी कि मैं भी व्यायाम कर रहा हूँ। डंड बैठक नहीं, कुछ और।

आपका

वृंदावनलाल वर्मा

झाँसी
१०-२-६४

प्रिय शर्माजी,

अध्यापक रामरत्नजी पर छोटा सा लेख भेज रहा हूँ।

बहुत समय से आपका स्वास्थ्य समाचार नहीं मिला और ऐसा लग रहा है कि युगों से नहीं मिले! देखें कब भेंट होती है। आशा है सानंद हैं। मुझे फ्लू हो गया था, अब निष्कृति पा रहा हूँ।

आपका
वृंदावनलाल वर्मा

(१)

सन् १९१३ के अंत या १९१४ के आरंभ की बात है। स्थान टूंडला रेलवे स्टेशन। कानपुर की ओर से आनेवाली गाड़ी में देर—कमबख़्त लेट हो गई थी, मैं कुड़कुड़ा उठा। आगरा से समय पर आ गया था, हाथरस जाना था।

बैंच पर बैठा था। वहीं एक महाशय आकर बैठ गये। चेहरा कुछ दुबला सा, मूँछें घनी लम्बी, सिर पर साफ़ा और आँखें बहुत पैनी।

एक क्षण बाद बोले—'मैंने आपको देखा है।' मैं क्रिकेट, हॉकी का खिलाड़ी रहा हूँ, शायद किसी मैच में देखा हो। मेरे मुँह से यही बात निकली। वह हँस पड़े। मैं चकित! क्रिकेट का कैप्टैन तो रहा था, परंतु रन शायद ही कभी दो चार से ज़्यादा बना पाये हों। शायद इस पर हँस पड़े हों। मैंने मुँह फेरा तो कंधे पर हाथ रखकर प्रकट किया—

'वर्मा जी हैं न ? वृंदावनलाल ?'

'जी हाँ।'

'मैंने आपको साहित्य में देखा है।'

साहिय में ! यह तो कोई हिंदी प्रेमी जान पड़ते हैं; मेरे विवेक ने कुछ सीध पकड़ी।

'आपका शुभ नाम ?'

'रामरत्न, अध्यापक रामरत्न भी कहते हैं मुझे।'

'आप कोटलावालों के बालकों को हिंदी और गणित पढ़ाते हैं ?'

'जी हाँ, और आप उन्हें अंग्रेज़ी।'

'जी, आपका नाम तो सुना था, दर्शन आज किये हैं।'

वह फिर हँस पड़े। बोले, 'खंडवा से निकलनेवाली 'प्रभा' में आपके लेख पढ़े हैं, 'सरस्वती' में भी। आगरा से निकलनेवाले 'स्वदेशबांधव' में भी आपके लेख कभी-कभी निकलते हैं। उन्हीं में तो देखा आपको।'

यह मेरी उनकी प्रथम भेंट थी। फिर तो इतना घनिष्ठ होता चला गया सम्पर्क कि हम दोनों निज भाइयों की तरह रहते रहे।

कुछ समय उपरान्त कोटलावालों की कोठी में ही मुझे निवास मिल गया। अध्यापकजी का भी बहुत सा समय वहीं बीतता था। अंग्रेज़ी नहीं पढ़ी थी, लेकिन हिंदी मिडिल पास, परंतु साहित्य के गहरे जानकार। मुझे आश्चर्य हुआ करता था। और इसके ऊपर वह घोर क्रांतिकारी भी। परंतु उनका यह रूप कुछ समय उपरांत मेरे सामने आया। कोटलावाले राजा थे, राजा सहाब के दो भाई सरकारी नौकर। हम दोनों को ट्यूशन से मतलब। परंतु एक दिन खुल पड़ी। 'आप' का परस्पर सम्बोधन बिदा ले चुका था। 'तुम' के अपनेपन पर आ गये थे।

'तुमने सबसे पहले कब क्या लिखा था ?' उन्होंने एक दिन पूछा।

'सबसे पहले १९०५ में छोटे छोटे तीन नाटक लिखे थे इंडियन प्रेस इलाहाबाद को भेज दिये। आ गये पचास रुपये वहाँ से पुरस्कारस्वरूप। बोर्डिंग का था जीवन और कुश्ती पहलवानी का शौक। डकार गये रबड़ी मलाई द्वारा आठ दस दिन में !'

'अकेले ही ! बड़े खाऊ हौ जी ! '

'नहीं भाई, बोर्डिंग के सहपाठियों ने अधिक चाटा चूटी की थी।'

'ह ! ह ! ह ! ह ! फिर इसके बाद ?'

'इसके बाद १९०८ में महात्मा बुद्ध का जीवन चरित लिखा और कुछ समय उपरान्त एक नाटक, जिसे सरकार ने छपते ही ज़ब्त कर लिया।'

'हाँ, हाँ, यह सुनाओ। छिपाना मत कोई बात।'

'तुमसे छिपाऊँगा ! नहीं, कभी नहीं। नाटक का नाम था 'सेनापति ऊदल'। उसमें मैंने यह लिख डाला था कि देशद्रोही को चाहे जैसे मार डालो, कोई पाप नहीं। लखनऊ के नवल किशोर प्रेस में छपा और तुरंत ज़ब्त हो गया। मैं पकड़ा गया, परंतु ज़िला मैजिस्ट्रेट ने मुक़द्दमा न चलाकर केवल यह आगाही दी—मैं तुम्हें जेल भेजकर शहीद नहीं बनाना चाहता हूँ यद्यपि सरकार ने जेल भेजने का मुझे अधिकार दिया है। आगे कभी ऐसा लिखा तो काले पानी की सज़ा पाओगे। परंतु 'बदमाशों की फर्द' में मेरा नाम दर्ज हो गया और मैं रात को जगाया जाने लगा। पुलिस की निगरानी में दो बरस रहा—'

'खूब रहा, खूब रहा। दो बरस के लिए जेल चले जाते, तो और भी अच्छा होता।'

हँसी के फ़व्वारे के बाद उन्होंने अपनी बात खोली— 'मैं भी क्रांतिकारी हूँ। परदेसियों की शासन व्यवस्था हाथ जोड़ जोड़कर नहीं हटाई जा सकेगी, बम और पिस्तौल द्वारा ही सम्भव होगा।'

वह एक संगठन खड़ा कर रहे थे, यह भी मालूम हुआ। मैं तब आगरा कॉलेज में कानून का अध्ययन कर रहा था। गर्मियों की छुट्टी में दो चार दिन के लिए

झाँसी आता, बाकी समय कोटला में, वहीं अध्यापक रामरत्न का अटूट संग।

वह बहुत भावनामय थे, कभी-कभी तो अंग्रेज़ों की हुकूमती बुराइयों पर और देश की विवशता पर रो तक पड़ते थे! और उनके भीतर अपने लोगों के प्रति इतनी अधिक सहानुभूति थी कि गरीबों के लिए अपने प्राण तक दे डालने को तैयार रहते थे।

सन् १६१४, अगस्त में हम दोनों आगरा में थे। शहर से कोटला कोठी के लिए चले आ रहे थे। हरी पर्वत नामक स्थान के पास एक अपाहिज को सड़क किनारे पड़ा देखा। उसकी कमर में एक फटा चिथड़ा ही था। उसे अपना साफ़ा उतारकर दे दिया।

कोठी पर पहुँचते ही मेरे नाम का तार मिला। मेरे पिताजी ने भेजा था। उसमें लिखा था कि तुम्हारी माता बहुत बीमार हैं, तुरंत चले आओ। संसार में सबसे अधिक प्यार मैंने अपनी माता से पाया था, मैं घबरा गया, रो पड़ा।

रामरत्न जी बोले—'यह क्या! तुम अपनी बड़ी माता, भारत माता को भूल गये! '

मैंने सँभलने की चेष्टा की, उनके दुलार ने मुझे साहस दिया।

बहुत लोगों से मेरा परिचय उन्हीं के द्वारा हुआ था—श्री बदरीनाथ भट्ट से, श्री श्रीकृष्णदत्त पालीवाल से। पालीवालजी उनके क्रांतिकारी संगठन में थे।

मैं १६१६ में कानून की परीक्षा देकर झाँसी चला आया। १६१७ की कांग्रेस में अध्यापकजी से लखनऊ में भेंट हुई। पैंडाल में वह एक दल के साथ जा बैठे। यह क़िसानों का दल था जिसे उन्होंने संगठित किया था।

जैसे ही अंग्रेज़ी में कार्यारम्भ हुआ अध्यापकजी ज़ोर से चिल्लाये, साथ में उनका दल भी—'हिंदी ! हिंदी ! हिंदी !'

देर में शोर शांत हो पाया।

मुहम्मद अली जिन्ना साहब भी कांग्रेस अधिवेशन में आये थे। अंग्रेज़ी में बोलना शुरू किया नहीं कि अध्यापकजी प्रबल स्वर में बोले,—'हिंदी। हिंदी।' जिन्ना साहब नहीं माने, बैठने लगे तो अध्यापकजी ने अपने हठ का त्याग कर दिया।

भाषण के दौरान में जिन्ना साहब ने महात्मा गाँधी का हवाला देने के लिए उनके नाम के साथ मिस्टर का प्रयोग किया। अध्यापकजी ने तुरंत टोका—'महात्मा गाँधी! महात्मा गाँधी।'

जिन्ना साहब मान गये, उन्होंने 'महात्मा गाँधी' ही कहा। फिर जब शौकत अली मुहम्मद अली के नाम आये तो उन्होंने 'मिस्टर' शब्द ही साथ में लगाया। अध्यापकजी ने कहा—'मौलाना कहिये, मौलाना मुहम्मद अली, मौलाना शौकत अली।'

जिन्ना साहब नहीं माने, अपने हठ पर अटल रहे। अध्यापकजी ने ज़िद नहीं की।

कुछ समय उपरांत झाँसी में सुना कि अध्यापकजी 'मैनपुरी षडयंत्र केस' में गिरिफ्तार हो गये हैं। वह इस मामले से छूट गये, परंतु उनकी क्रांतिकारी धारणा अमिट रही।

हिंदी साहित्य सम्मेलन का भी कार्य वह बड़ी लगन के साथ करते रहे।

अध्यापक रामरत्नजी भारत माता के उन सपूतों में से हैं जिनका कार्य राजनीति और साहित्य में अमर रहेगा।

वृंदावनलाल वर्मा

झाँसी
२५-२-६४

प्रिय शर्माजी,

आपका पत्र मिला। हाथ में किसी तरह की भी गड़बड़ नहीं है जानकर बहुत हर्ष हुआ।

मज़े में हूँ। जुकाम खाँसी इत्यादि ने दबाना चाहा था, परंतु मैंने दबा लिया। 'दुर्गावती' प्रकाशित होने जा रही है। जैसे ही निकली आपके पास पहुँचेगी।

मुझे इस बात का बड़ा संतोष है कि अध्यापक रामरत्नजी वाला संस्मरण आपको पसंद आया। अदम्य व्यक्तित्व था उनका।

आपका
वृंदावनलाल वर्मा

देखें आपसे कब मिल पाता हूँ। एक युग से नहीं मिल पाये!

झाँसी
१७-३-६४

प्रिय शर्माजी,

आपका १२/३ का पत्र पाकर पुलकित हो गया। बहुत आभारी हूँ। आपके पत्र से बड़ी स्फूर्ति मिली—बिलकुल सही लिख रहा हूँ। हार्दिक कामना है कि इस स्नेह का अधिकारी बना रहूँ।

एक ऐतिहासिक उपन्यास—'कीचड़ और कमल' कई महीने हुए, पूरा कर लिया था, परंतु फिर से नहीं देख पाया है। कुछ देर लगेगी छपने में। प्रकाशित होते ही आप के पास पहुँचेगा। आशा है कि सानंद हैं।

आपका
वृंदावनलाल वर्मा

झाँसी

१६-५-६६

प्रिय भाई शर्माजी,

मॉस्को से श्रीमती दीना गोल्दमान का पत्र आया है। आप इन्हें जानते हैं। इन्होंने मेरी दो पुस्तकों का अनुवाद रूसी भाषा में किया है—'अम्बरपूर के अमर वीर' का और 'टूटे काँटे' का। उन्होंने लिखा है कि वह रूसी भाषा में मेरे ऊपर एक पुस्तक लिख रही हैं जो संभवतः १६६७ के आरंभ में प्रकाशित हो जायगी। उनके पत्र से उनके शब्द उद्धृत करता हूँ—'वह रूसी भाषा में हिंदीवाले लेखक पर पहली पुस्तक होगी। अब तक यहाँ केवल दो भारत के लेखकों के कृतित्व का शास्त्रीय विवेचन—पुस्तकों के रूप में—प्रकाशित हुए हैं—टैगोर तथा मुलकराज आनंद पर "…" अब अन्तिम प्रार्थना (कम से कम इस पत्र में—भविष्य के लिए ज़मानत कौन देगा ?) है—उक्त पुस्तक लिखने के प्रसंग में मुझे डा. रामविलास शर्मा से सलाह पूछने की इच्छा है। उनकी राय को बहुमान्य समझती हूँ। परंतु मालूम नहीं वे अपनी स्वीकृति दें या न दें …'

उनके शब्द ज्यों-के-त्यों उद्धृत किये हैं। आपका पता पूछा है। मैं पता दे रहा हूँ। वह आपको लिखेंगी। जो कुछ पूछेंगी बतलाने में कसर ही क्या लगनी है ?

वह अपने पत्र में अपना पता रूसी अक्षरों में लिखा करती थीं, मैं 'हू-ब-हू' नकल कर देता था। एकाध बार कुछ ग़लती हो गई। पत्र देर में पहुँचा होगा तो अब पता अंग्रेजी लिपि में देने लगी हैं। उनका पता यह है—

USSR.
MOSCOW D - 56
Ruibatowski par 5/6 KW 108
D.M. Goldman,

आशा है आप सानंद हैं।

आपका

वृंदावनलाल वर्मा

झाँसी

२४-५-६५

प्रिय भाई शर्माजी,

आपका २१/५ का पत्र कल सध्या समय मिला। आपके स्नेह से पुलकित हो गया।

मैं आज श्रीमती दीना गोल्दमान को फिर पत्र लिख रहा हूँ, उसमें आपका

सही सही पता दर्ज कर दूँगा। चेक भाषा के कोशवाली बात भी लिखूँगा। मैं उन्हें बुंदेलखंड आने के लिए आग्रह करूँगा जिसके भ्रमण में आप *अवश्य* साथ रहेंगे—झाँसी का किला, गढ़ कुंडार, विराटा की पहाड़ी, और अजयगढ़ की घाटियाँ, बेतवा, धसान, केन इत्यादि की मटरगश्त। कालन्जर, नरवर और ग्वालियर भी जोड़ दूँ इनमें ?

आशा है आप सपरिवार सानंद हैं।

स्नेही
वृंदावनलाल वर्मा

पुनश्च—

श्रीमती दीना [ ने ] 'गढ़ कुंडार' की प्रति चाही थी। भेज दी है।

झाँसी
१५-१२-६६

प्रिय शर्माजी,

बहुत समय पीछे पत्र लिख रहा हूँ।

पहले तो आप की भिजवाई पुस्तक के लिए अनेक अनेक धन्यवाद। मैंने उसे आद्योपान्त पढ़ा। फ़िराक़ साहब की आपने जो खबर ली है बहुत ही पांडित्यपूर्ण है। मेरे बारे में जो कुछ लिखा है उसके लिए अत्यंत कृतज्ञ हूँ।

श्रीमती दीना गोल्दमान ने अपने पत्र के साथ यह पुस्तिका 'Lenin : Articles on Tolstoy' डेढ़ महीना होता आता है, तब भिजवाई थी। पार्सल और पत्र पुस्तकों के एक ढेर में इतने दिनों पड़े रहे ! श्रीमती दीना गोल्दमान से मैंने क्षमा याचना कर ली है। पुस्तिका की प्राप्ति के लिए यथावकाश आप भी उन्हें लिख देना।

आशा है आप स्वस्थ एवं सानन्द हैं।

स्नेही
वृंदावनलाल वर्मा

झाँसी
१८-१-६७

प्रिय भाई शर्माजी,

पत्र अभी अभी मिला। वह पुस्तक मेरे पास है। सक्कन को देकर मौस्को भिजवा दूँगा। आपका वह 'समालोचक' अंक भी श्रीमती दीना गोल्दमान के पास (मौस्को)

भेजा जा रहा है।

बहुत समय से भेंट नहीं हुई। बड़ी आकांक्षा है। देखें कब मिल पाते हैं।

आपका

वृंदावनलाल वर्मा

झाँसी

२३-५-६७

प्रिय भाई शर्माजी,

निमंत्रण के लिए बहुत आभारी हूँ।

चि. विजय एवं आयुष्मती संतोष चिरायु हों, चिरसुखी रहें, मेरी हार्दिक शुभकामनायें।

मिलने की बड़ी इच्छा है। देखें कब अवसर प्राप्त होता है।

आशा है आप सब सानंद हैं।

स्नेही

वृंदावनलाल वर्मा

झाँसी

३-६-६७

प्रिय भाई शर्माजी,

आपको यह जानकर हर्ष होगा कि मैं रूस जा रहा हूँ। भारतीय सरकार इधर का और रूसी सरकार उधर के खर्चे ओढ़ेगी। ३,४ हफ्ते वहाँ रहना है। रूसी जनता का बढ़ता हिंदी प्रेम मेरे इस सौभाग्य का कारण है। चाहता हूँ कि दिल्ली जाने के पहले आपसे भेंट करता जाऊँ। यात्रा सितम्बर के ही महीने में होगी। मैंने १६ और २२ सितम्बर के बीच की तारीख़ का सुझाव लिख भेजा हैं। परंतु दिल्ली और मॉस्को से जो तारीख़ निश्चित होगी उसी दिन जाने के लिए तैयार हो जाऊँगा। यात्रा के दो दिन पहले दिल्ली जाने का विचार है। इसी यात्रा में पहले आगरा।

अब आपसे एक बात की जानकारी चाहता हूँ। कहीं पढ़ा था कि कई रूसी विद्वान अपने यहाँ पन्द्रहवीं, सोलहवीं और सत्रहवीं शताब्दियों में आये थे। मैं इनका और अन्य रूसी सज्जनों, महिलाओं का ब्योरा चाहता हूँ। आपके पास सामग्री के होने की संभावना है।

हाल में पता लगा कि नादिरशाही हमले के समय उज़बेगों का एक दल नादिर

के साथ आया था। इसके कुछ लोग भरतपुर चले गये। जाटों का संगठन गिरे सड़े मुग़ल साम्राज्य के विरुद्ध तैयार हो रहा था। इन उज़बेगों ने जाटों के उत्थान, संगठन, सैनिक शिक्षण और राष्ट्रीय भावना के उभार में बड़ी सहायता की। इस प्रकरण को एक कहानी मैं ले आया हूँ जो अभी छपी नहीं है। आप जो ब्योरा भेजेंगे उसके आधार पर तो एक ऐतिहासिक उपन्यास लिख डालने की कामना जाग पड़ी है।

आशा है स्वस्थ एवं सानंद हैं।

स्नेही

वृंदावनलाल वर्मा

झाँसी

२७-६-६७

प्रिय भाई शर्माजी,

आपका १८/६ का पत्र कल संध्या समय हाथ लगा ! बहुत-सी बातें मालूम हुईं। उन्हें नोट कर लिया है। केवल एक रह गई—तमाखू, चूना और कत्थेवाली बात ! इतना चूना कहाँ रख सकूँगा जो ३,४ हफ्ते चले ? अमृत भाई ने एक बार एक छोटी सी चुनाटी लखनऊ में बख़्शी थी। उससे तो काम चलना नहीं। यदि उनके पास बड़ी चुनाटी हुई तो बिना झटके न रहूँगा। उन्हें मेरा सप्रेम नमस्कार। धन्यवाद चुनाटी मिलने पर।

दिल्ली से एक सप्ताह के लगभग हुआ जब पत्र आया था कि 'Formalities' के कारण विलम्ब हो रहा है। सितम्बर के अंत या अक्तूबर के पहले सप्ताह की किसी तारीख़ पर जाने की सूचना दी जायगी—'जल्दी चलने के लिए तैयार रहना।' मैंने लिख दिया है कि ३,४ दिन का समय तो मुझे मिलना ही चाहिए। अभी तक सूचना नहीं आई है। यदि ज़रा भी समय मिला तो आगरा में घर पर पहुँचूँगा। यदि न मिला तो पहले से लिख भेजूँगा, स्टेशन पर ही मिल लेंगे।

स्नेही

वृंदावनलाल वर्मा

झाँसी

७-१०-६७

प्रिय भाई शर्माजी,

बडी इच्छा थी कि दिल्ली जाते समय थोड़ी देर के लिए राजामंडी स्टेशन पर उतर पड़ू और घर पर पहुँचूँ, परंतु दिल्ली से तार आया है कि १०/१० के दिन

कुछ कागज़ी कारवाई के लिए दिल्ली आ जाओ क्योंकि ११ और १२ के दिन छुट्टी है। इस कारण ६/१० के सवेरे की जनता से यात्रा का निश्चय करना पड़ा। वैसे १०/१० की शाम तक दिल्ली पहुँचने का विचार था। ६/१० के दिन कुछ घंटे आगरा में ठहर जाता। अब तो ६/१० के दिन स्टेशन पर ही भेंट हो पायगी।

स्नेही

वृंदावनलाल वर्मा

ताशकन्द (USSR)

२५-१०-१६६७

प्रिय शर्माजी,

१२/१० के दिन मॉस्को आ गया था। १८/१० की रात तक वहाँ रहा। फिर लैनिनग्राद। लैनिनग्राद से यहाँ ताशकन्द परसों संध्या समय आ गया था। कल बुख़ारा जाने का कार्यक्रम है। इन दिनों खूब घुमाई फिराई हुई और लेखकों एवं साहित्यकारों के साथ बैठकें भी हुईं। हिंदी की ओर यहाँ बहुत रुचि है। मॉस्को रेडियो से हिंदी वार्तायें भी प्रसारित होती हैं। १६/१० के दिन मॉस्को रेडियो पर मुझे बुलाया गया था। दो वार्तायें रिकार्ड की गईं। एक का प्रसारण २६/१० की रात और दूसरी का २७/१० की रात होगा। समय ६ बजे (भारतीय)।

यहाँ की जनता को पढ़ने का बहुत शौक है। १६१७ की क्रांति के पहले उज़बेकिस्तान की ६६ % जनता निरक्षर थी, अब बिलकुल उल्टा हिसाब! ६६ % पढ़ी-लिखी !! यह स्थिति व्यापक है। जनता में नियम संयम ख़ूब देखा। मेरे साथ एक तरुण लगाये गये हैं। नाम है ईगौर कोसीकोव। हिंदी अंग्रेज़ी दोनों अच्छी तरह जानते हैं। बड़ी सहायता कर रहे हैं। जहाँ जहाँ गया और जिन जिनसे मिला नोटबुक में अंकित करता जा रहा हूँ। Tolstoy इत्यादि महापुरुषों की समाधियों पर श्रद्धा भेंट करने भी गया था।

कल बुख़ारा जा रहा हूँ। सोवियत सरकार की योजना के अनुसार ख़ीवा, बुख़ारा, समरकन्द इत्यादि की यात्रा होगी और जैसे आज यहाँ के लेखकों की बैठक में भाग लूँगा वैसे ही उन स्थानों में भी होगा। सांस्कृतिक संबंध बराबर बढ़ेंगे, और सोवियत रूस एवं अपने भारत की मैत्री दृढ़ से दृढ़तर होती जायगी, मेरा विश्वास है।

आशा है आप सानंद हैं।

स्नेही

वृंदावनलाल वर्मा

पुनश्च—

कार्यक्रम ८/११ तक के हैं, फिर अपने देश की ओर।

वृन्दा

झाँसी

२४-११-१९६७

प्रिय भाई शर्माजी,

यहाँ आ जाने पर आपका पत्र मिला। हमारे यहाँ की रेलगाड़ी ने उस दिन कमाल किया ! कितनी लेट ! और फिर कैसी फुर्तीली ! ! खैर कभी तो भेंट का सुयोग प्राप्त होगा।

रूस यात्रा बड़ी ही आनंददायक, प्रेरक और मोहक रही। लेखक संघों की बैठकें जगह जगह हुईं—मॉस्को, लैनिनग्राड, ताशकन्द, समरकन्द, बुखारा, फ़रग़ाना, दुशाम्बे इत्यादि में। गाँव भी अनेक दिखलाये गये। हवाई जहाज़ों से और मोटरों से खूब घुमाई फिराई हुई। भारत रूस मैत्री दृढ़ से दृढ़तर होगी इसकी पूरी आशा है। यात्रा के विवरण नोटबुक के लगभग १२५ पृष्ठों में लिखे हैं—रोज़ रोज़ लिख लेता था। बरसती बरफ में भी घुमाई हुई ! परंतु आंसी नहीं।

मॉस्को रेडियो पर मुझसे बुलवाया गया था। वार्ता १६/१० के दिन अकित हो गई थी। एक का प्रसारण २६/१० की रात हुआ था और दूसरी का २७ की रात।

और तो वहाँ सब कुछ मिला, तमाखू चूने की कसर रही ! सो आपकी और अमृत भाई की बहुत यादें आईं !

आशा है सानंद हैं।

स्नेही

वृंदावनलाल वर्मा

**पुनश्च—**

मध्य एशिया के सामूहिक कृषि फ़ार्मों (Collective Farms) पर भी पहुँचाया गया। एक उज़्बेकिस्तानी कृषिफ़ार्म वाले तो इतने प्रसन्न हुए कि उन्होंने अपनी एक पोशाक ही भेंट कर डाली ! झांगा, टोपी और कमर फेटा ! फ़ोटो लिया गया—मैं बिलकुल 'उज़्बक' हो गया। कहीं छपे तो देख लेना—हँसी भी बहुत आयगी।

वृन्दा

झाँसी

२३-१२-६७

प्रिय भाई डा. शर्माजी,

आपका पत्र मिला। मैं रूस-यात्रावाली डायरी में से एक लम्बा-सा लेख श्री नामवर सिंह जी के पास भेज रहा हूँ। पूरी डायरी १३० पृष्ठों की है। उसके कुछ विवरण अन्य पत्रों में भी भेजे हैं। इनके पास भी 'आलोचना' में छपने के लिए भेजता रहूँगा। पूरी डायरी की नकल करके भेजने में बड़ी देर लगेगी। आप उन्हें

लिख दीजियेगा। मैं भी लिख रहा हूँ।

आशा है सानंद हैं।

स्नेही
वृंदावनलाल वर्मा

झाँसी
२७-१२-६७

प्रिय भाई शर्माजी,

रूस-यात्रा संबंधी एक लेख श्री नामवर सिंह के पास भेज दिया है। आगे भी भेजता रहूँगा।

रूस अकेला गया था—"सौ डंडी और एक बुंदेलखंडी !!!" वहाँ अकेलापन बिलकुल नहीं खटका। बरसती बरफ में भी घुमाई की ! लगता था जैसे अपने ही लोगों के बीच में हूँ। मिलने पर कुछ बातें अवश्य सुनाऊँगा।

आपके पत्र से एक बड़ी सुहावनी सूचना मिली—आपके यहाँ नीबू खूब हो रहे हैं!! सबूत लूँगा और लौटने पर सबूत को यहाँ लेता भी आऊँगा।

उस प्रांत के बनने के बारे में, बहुत समय हुआ, मैंने एक शर्त रक्खी थी। वह यह कि हमारे मुहल्ले का एक प्रांत बना दो और मुझे चीफ़ मिनिस्टर बना दो ! तब से इस विषय पर मुझ से बात ही नहीं होती। बाक़ी मिलने पर।

स्नेही
वृंदावनलाल

झाँसी
२-१-६८

प्रिय भाई शर्माजी,

३१/१२ का पत्र मिला। सोचता हूँ कि भाषण टाईप करवा लूँ और डा. मोहन रायजी के पास, इतने समय पहले भेज दूँ कि वह अपने यहाँ छपवा लें, क्योंकि यह नहीं मालूम कि कितनी प्रतियाँ छपाई जावें। वैसे, रहेगा भाषण छोटा सा ही।

जाटोंवाली कहावत बहुत बहुत पसंद आई। कार्ड सुरक्षित रख लिया है। कभी काम में लाया जावेगा। न तो मुहल्ले के सूबे बननेवाली बात सफल होनी है और न 'वह !' 'वह !'

बस, स्नेह का अधिकारी आजीवन बना रहूँ।

जयहिंद

स्नेही
वृंदावनलाल

# बनारसीदास चतुर्वेदी के पत्र

टीकमगढ़

दिनांक १६-७-४५

प्रियवर,

An article on the subject of **a plan for our literature** for the Madhukar will oblige me. We are now giving a new turn to the journal. It will be a भारतीय paper instead of जनपदीय. Our number of subscribers is very small and we suffer a loss of thousands per year!

Please help me by way of writing for our journal.

लेख 'मधुकर' के ३ पृष्ठ का हो, लेख की मजदूरी के रूप में छै रुपये आपकी सेवा में भिजवा दूँगा।

Sincerely

B Das

टीकमगढ

**15-1-51**

My dear Dr. Rambilas ji,

Belonging to a different camp—that has only one leader and one follower both combined into one—I have kept an open mind for light, that may come from any part of the world—even from Russia ! And from China. Whatever may be good in any country of the world we must take, absorb in our lives.

Will you please let me know where I can get material about the Children's Park in Moscow and other places ? Photographs etc.

There is one point on which I am adamant i.e. of the Freedom of expression. It is **not** a mere academic question with me. I have invited some suffering for it and am determined to save it for myself !

Of course I have **no** exaggerated idea about my humble work. No indivisual has much of a significance in these times; when herd mentality reigns supreme.

I know how very busy you have to be and I don't expect a long reply from you. A small note giving addresses of books, magazines, etc. will do.

Sincerely yours

B Das Chaturvedi

**टीकमगढ़ V.P.**

**3.11.1951**

प्रिय शर्माजी,

I have written today to Syt. Nawal Kishore Gupta, 147 Harrison Road, Calcutta to send you the 2 Balmukund Gupta Volume to you by way of present. Please let me know if he responds.

Every one who hears your fine hits on my Tundla Simla Joke & the fasting of controversy in चना गरम मसालेदार method, enjoys them, though I am the loser ! But ultimately it is I who will win. Your विजय is temporary—क्षणिक. when are you coming ?

विनीत

बनारसीदास

लोग मेरी आकाक्षा पूछते हैं।

"डाक्टर शर्मा की जेल में रहना" यही मेरा उत्तर है। साम्यवादियों में करुणा कहाँ ? चील के घोंसले में मांस कहाँ ?

**टीकमगढ़ V.P**

**18.11.1951**

प्रिय शर्मा जी,

वन्दे। भाई नवलकिशोरजी गुप्त का कार्ड भेजता हूँ। आलोचना तो आप निष्पक्ष ही करैंगे, हाँ, जो श्राद्धकर्म नवनकिशोरजी ने अपने पूज्य पिताजी के लिये किया है उसकी उचित प्रशंसा के वे पात्र हैं। आज के गये गुजरे ज़माने में २५ हजार रुपये कौन इस प्रकार के यज्ञ में व्यय करेगा ? दूसरों के लिये उन्होंने अनुकरणीय उदाहरण उपस्थित कर दिया है।

नवलकिशोरजी भोले-भाले प्राचीन टाइप के आदमी हैं। उम्र में वे मुझसे ५/७ वर्ष बड़े हैं इसलिये मैं उन्हें प्रणाम लिखता था। इस बात पर वे बहुत दुःखित हुए

और बोले, "हम लोग बनिये ठहरे, मुनाफे का ही काम करते हैं। ब्राह्मणों से आशीर्वाद ही लेने में लाभ है सो आप हमें आशीष ही दीजिये !"

अब मजबूरन हम उन्हें "बहुत बहुत आशीष" लिखते रहते हैं, यद्यपि ब्राह्मणत्व हमीं कभी का खो बैठे हैं !

इन दोनों ग्रन्थों की ३५०-३५० प्रतियाँ भेंट स्वरूप भिजवाई गयी थीं। यही हम लोगों को मुनाफा हुआ। बिक्री बहुत कम हुई है। बिक्री से इसी प्रकार के अन्य साहित्यिक श्राद्ध में सहायक होना चाहते हैं।

व्यापार में मुनाफा होने पर उन्होंने मेरे एक पुत्र से कहा, "चौबेजी से जल्दी ही हमारा काम ठीक करा दो। जो कहीं हमै घाटा हुआ, तो यह श्राद्ध जहाँ का तहाँ पड़ा रह जायगा !"

ईमानदारी से मुझे यह कबूल करना पड़ेगा कि इस श्राद्धकर्म में ९० प्रतिशत श्रेय पं. झाबरमल्लजी को ही है। आप एक appreciative पत्र नवलकिशोरजी को जरूर भेज दें।

हमारी अराजकवादी दूकान कुछ-कुछ ही चलती है ! आप काफी होशियार हैं।

विनीत

बनारसीदास चतुर्वेदी

**पुनश्च :**

वह समाज-व्यवस्था, जिसमें आप जैसे कुशल साहित्यिक को घंटों तक विद्यार्थियों से मगज पच्ची करना पड़ता है, बदलनी चाहिए। यद्यपि आप अभी 'गुमराह' हैं (!) फिर भी कम से कम withering away of the state का नाम तो लेते हैं ! यदि ईश्वर है या होता तो मैं आपकी 'मुक्ति' (नौकरी से) के लिए गिरिजाघर में प्रार्थना करता !

Moscow के Children Park के विषय में मुझे पूरी पूरी जानकारी चाहिये।

टीकमगढ़ V.P.

२७-११-१९५१

प्रिय शर्माजी,

कृपापत्र मिला। कृतज्ञ हूँ। ऐसी समाज व्यवस्था यथासम्भव शीघ्र ही आनी चाहिए, जिसमें हम सबको अपनी अपनी रुचि के क्षेत्रों में काम करने का और अपनी सर्वोत्तम सेवा जनता जनार्दन को अर्पित करने का अवसर मिले। वर्तमान परिस्थिति में तो यह संभव प्रतीत नहीं होता। परिणाम स्वरूप हम लोगों को रेगिस्तान

में खेती करनी पड़ती है !

आपकी लगन का मैं कायल हूँ—परिश्रमशीलता की दाद देता हूँ और भिन्न-भिन्न स्रोतों से आपकी निस्वार्थ सेवाओं का पता मुझे लगता रहता है। आप जिन परिस्थितियों में काम कर लेते हैं, उससे जहाँ मुझे अपने प्रमाद पर लज्जा आती है, वहाँ प्रोत्साहन भी मिलता है। दरअसल हम लेखकों के लिए तो विश्राम नाम की कोई चीज़ है ही नहीं। हम लोगों को 'वयोवृद्ध' बनना ही नहीं है।

"A writer is young upto the moment when he is torn from his writing pad once & for all, not by men, but by death." **Ilya Ehrenburg** के इस कथन के अनुसार आपके चिर यौवन की कामना करता हूँ।

विनीत

बनारसीदास

—कमलेशजी को प्रणाम कहिए।

**[Jan 1952]**

My dear Dr. Sharma

Here is a copy of my speech. You will see that I didn't forget to mention your name. You are at perfect liberty to criticise it as strongly as you like. Or you may ignore it altogether.

I still believe we can go far together. I seek your co-operation. If you can give it willingly well & good. If not, I ***will*** go alone. I am just an humble worker but quite independent of any party.

Yours Sincerely

B Das Chaturvedi

**[7-2-52]**

Thanks a thousand for your very fine review of गुप्त ग्रन्थावली. There is a powerful vein of sarcasm running through out the article and you havn't forgotten to preach your doctrines too ! In my moments of despair I too sometime feel that your stoppage at Tundla may after all be right—that temporary dictatorship may lead to final withering away of the state, but in my saner moments my conviction grows stronger that Tundla inevitably turns into the Terminus !

We shall discuss these questions someday when you will visit me in my jail, as the literary commissan; in the meanwhile let us cooperate in those things in which we agree—as we did between ललितपुर & झाँसी! I did the entire talking. (दिग्विजय का यही तो मंत्र है!) मुझे डर है कि आप भी इस मंत्र को न सीख लें।

B Das

**हाथरस**
**स्थायी पता—Tikamgarh V.P.**
**9-4-1952**

प्रिय शर्मा जी,

I missed you very much indeed in our हिंदी जनपदीय परिषद. I don't yet know why these people didn't invite you & श्री शिवदानसिंह जी. I have expressed my views on the परिषद in the साप्ताहिक हिंदुस्तान of 20th April. Please read it. Here is an extract from that article : "यद्यपि डा. रामविलासजी शर्मा के राजनीतिक विचारों से हमारा मतभेद है तथापि हम यह अनुभव करते हैं कि वे एक ऐसी साहित्यिक शक्ति हैं कि उनकी उपेक्षा नहीं की जा सकती। शर्माजी के प्रबल विरोध को हम निर्बल व्यक्तियों के समर्थन से कहीं अधिक आवश्यक मानते हैं। आशा है कि भविष्य में हमें उनसे और उनके समानशील व्यक्तियों से विचार-परिवर्तन का पूरा-पूरा अवसर मिलेगा।"

'अराजकवादी राज्य परिषद में !' स्वर्ग में यदि देवता हों तो उनके लिए अश्रु बहाने का मौका है ! किसी भलेमानस टिकट बाबू ने शिमला के यात्री को पकड़ कर टूँडले का टिकट दे दिया है !

विनीत
बनारसीदास

पता : १२३ North Avenue
New Delhi
[७-२-५३]

प्रियवर,

अवन्तिका में आपने बालमुकन्द गुप्त निबन्धावली तथा स्मारक ग्रन्थ की जो विस्तृत आलोचना की है वह मुझे अभी पढ़ने को मिली। अंक घर पर ही आया था और यहीं रहा।

आपने निस्सन्देह बड़े सन्तुलन के साथ लिखा है। प्रेमचन्द और गुप्तजी की परम्परा का Point बहुत बढ़िया सूझ है—सवा सोलह आने सत्य, पर अब तो वह परम्परा नष्ट-सी हो रही है। उर्दू को हिन्दी की एक शैली बिना माने हम लोग अपनी भाषा का अंग विच्छेद कर दैंगे। 'लक्कड़तोड़' हिन्दी कर्णकटु ही बनी रहेगी। यदि पहले ही यह आलोचना पढ़ने को मिल जाती तो इसके लिए बधाई देने के वास्ते आपके दरे दौलत पर हाज़िर होता। खैर ! पर मैंने राजामंडी स्टेशन पर आपके एक छात्र के हाथ अपना प्रणाम भेजा था और बंगाली मिठाई की दूकान पर भी खीर मोहन खाते वक्त आपको याद किया था ! कभी दिल्ली पधारिये। हीरेन बाबू से आपका ज़िक्र आया था।

विनीत

बनारसीदास

जब मैं ख़ुद 'काफ़िर' बन चुका हूँ तो फिर आपसे दीन की बात किस मुँह से कहूँ ?

यह चिट्ठी फीरोज़ाबाद से लिख रहा हूँ। ७ को दिल्ली पहुँचने का विचार है।

[ 7.2.53 ]

पुनश्च :

| | |
|---|---|
| रेखाचित्र<br>हमारे आराध्य<br>संस्मरण | ये तीन किताबें ज्ञानपीठ<br>दुर्गाकुंड, काशी से छप गई हैं। |

प्रकाशक ने यदि प्रार्थना स्वीकार करली तो आपकी सेवा में १०/१२ दिन में ये भी पहुँचेंगी। आप जैसे निष्पक्ष आलोचक की सम्मति पढ़कर सन्तोष होगा।

प्रशंसा की मिठाई खाते-खाते तबीयत ऊब उठती है। समानशीलों की कठोर आलोचना भी—बशर्ते कि वह सद्‌भावना से युक्त हो—स्वागत के योग्य है। Sketch-writing मेरा प्रिय विषय रहा है।

विनीत

बनारसीदास

दिल्ली में हिंदी भवन के सिलसिले में २० दिन बिताकर घर आया था कि जवर आ गया । दो तीन दिन बहुत कष्ट हुआ।

बनारसीदास

**123 North Avenue**
**New Delhi**
**16-2-1953**

प्रिय शर्मा जी,

आपको 'प्रोत्साहन' ? यदि मैं कवि होता तो सूरज को दीपक दिखाने वाली उपमा यहाँ उद्धृत कर देता ! You have been and are one of the few honest critics in our literary field. One may or may not agree with what you say but no sane person doubts your honesty of purpose and courage of convictions. मतभेद जगत् में हैं और रहैंगे, पर उससे हमारे सामाजिक संबंधों में कटुता न आनी चाहिए। अनेक साहित्यिक विषयों में मेरा आपसे तीव्र मतभेद है पर आपकी साधना का मैं सदा क़ायल रहा हूँ। संकटग्रस्त समानधर्मा व्यक्तियों के लिये आप जो-जो त्याग करते रहते हैं, उनका पता मुझे समय-समय पर मिलता रहा है। The fact is that you have been true to your faith, while I have betrayed mine ! It is a disgrace.

उस दिन के खीर मोहन में कड़वाहट थी ! पूछने पर पता लगा कि गुलाबजल कड़वा था ! दरअसल अकेले-अकेले खाना ठीक न था। गुरुवर पं. सुन्दरलालजी का भक्त मैं १९१० से रहा हूँ। सन् १९१७ से साक्षात् परिचय है।

**123 North Avenue**
**New Delhi**
**20-2-1953**

प्रियवर,

सेण्ट बो (फरासीसी आलोचक) की आलोचना-पद्धति तथा व्यक्तित्व पर कुछ जानने की अभिलाषा है। श्री वेंकटेश नारायणजी तिवारी ने कहा कि वे सप्ताह में बस एक Review लिखते थे और उसकी धूम मच जाती है। आप उनका एक Sketch क्यों न लिखैं ?

विनीत
बनारसीदास चतुर्वेदी

आपकी रेखाचित्र इत्यादि वाली रिव्यू मुझे अभी नहीं मिली। मैंने कह तो दिया था।

उस दिन ' ..... पट्ठा' का जो जिक्र हो रहा था, वह प्रयोग किसने किया है ? नवीनजी ने क्या ? मैं समझ नहीं पाया। Did you get a copy of our जनपद ? If not I shall send you one. This is a new Quarterly. चि. सुरेन्द्र को मेरा आशीष कहिए।

B Das

**राज्य-परिषद्-सदस्य** **123 North Avenue**

**New Delhi**

**24-2-1953**

| | |
|---|---|
| अराजकवादी<br>और<br>राज्यपरिषद ! | जमनाजी यहाँ से बहुत दूर हैं (चौबों की जमना मैया)<br>और नल में डूबा नहीं जा सकता।<br>और चुल्लू भर पानी के लिए हया और शर्म<br>चाहिए, जो मुझमें है नहीं ! |

प्रिय शर्माजी,

इस प्रारम्भिक भूमिका के बाद आपको धन्यवाद देता हूँ उस आलोचना के लिए जो आपने रेडियो पर की थी और जिसकी प्रति मुझे कल ही मिली है। Though a नास्तिक I now pray that your social order may soon arrive, so that I may be saved from this useless ploughing in the dreary desert of पार्लमेण्टरी पद्धति ! I honestly feel that this is not the place for me. I can not get anything done & no small fry like myself can be effective here.

सवेरे की उषा चाय के बाद मुझे इलहाम होता है। आज का विचार यह है कि राजधानी में तीन 'चीज़ों' की नितान्त आवश्यकता है—लक्ष्मी, गृहलक्ष्मी और मोटरकार और इन तीनों से ही मैं महरूम हूँ !

I have become quite impotent here (not physically of course, but spiritually). This has been the result of the civil war in my अन्तःकरण। I missed the chance of going to Vienna & Moscow and I don't think I can ever get it again.

When are you coming for the Progressive Writers, Coneference ? My friend Suhail Azimabadi is also arriving.

I have been thinking of going to Karachi for the Anjuman Taraqquie Urdu's Golden Jubilee. I don't know whether I can get a chance for I am penniless.

Thanking you once again for your very appreciative review & also for your fling at Emerson !

Sincerely yours

B Das Chaturvedi

We must help our friend in writing Prem Chandji's biography.

**123 North Avenue**

**New Delhi**

**21-5-1953**

प्रिय शर्मा जी,

I am very grateful to you for your kind reference to my letter in your excellent article on Hindi-Urdu in the लेख संग्रह. I am reading that article carefully & shall let you know my views about it.

B Das

Aren't you coming to New Delhi in near future? The अराजकवादी युग has receded into background by an inch on account of its only समर्थक having joined राज्यपरिषद desert.

विनीत

B Das

**99 North Avenue**

**New Delhi**

**9-8-1956**

प्रिय शर्मा जी,

आज रजिस्ट्री द्वारा दो किताबें आपकी सेवा में भेज रहा हूँ—इस आशा से कि साम्यवादी जेल में आप नाना प्रकार की सुविधाऐं देंगे। 'पद्मसिंह शर्मा के पत्र' और 'प्रेमचन्द—घर में'। ये दोनों किताबें दूसरों की हैं। जब हम लोग झाँसी से साथ-साथ यात्रा कर रहे थे ५/७ पैसे के केले मैंने इसीलिये आपको भेंट किये थे। उस समय आपने निर्दयतापूर्वक कहा था "आपको जेल तो जरूर भेजा जायेगा, क्योंकि वहाँ कुछ साहित्यिक काम तो कर लोगे, यहाँ तो बाहिर वक्त बर्बाद कर रहे हो।" अब मैं राज्यसभा की जेल में आ फँसा हूँ यद्यपि "रंज लीडर को बहुत

है, मगर आराम के साथ" भाई नागार्जुनजी ने एक पुराना श्लोक सुनाया था :

"राज्यसभा गन्तव्यः दृष्टव्यः मदनविह्वला बाला
यद्यपि किमपि न लब्धं नयनसुखं को निवारयति"

'यद्यपि २१ रुप्यकं लब्धं' + नयन सुख इसलिए साम्यवादी जेल से मुक्ति चाहता हूँ—in advance ! हृषीकेशजी पर बढ़िया लिखा है।

बनारसीदास

[मई १९५७]

प्रिय शर्माजी,

I didn't get the frist issue of the समालोचक and so I thought that I had been left out as an old fossil ! But the other two numbers have been duly received. Thanks a thousand. प्रथम अंक भी भिजवाइये।

आप तो बाबू बालमकुन्द गुप्त और गणेश शंकर विद्यार्थी की भाषा के प्रशंसक हैं, पत्र को too much academic बना देने से उस प्रकार की भाषा के लिये क्षेत्र बहुत संकुचित तो न रह जायेगा ? कम से कम इस पत्र में तो मैं आपकी प्रबल आत्मा के दर्शन करना चाहता हूँ—with the same old vigorous but संयत style sparing no one—not even your pseudo (सूडो) अनार्किस्ट unfriend ।

B Das

Unfriend शब्द का प्रयोग माननीय शास्त्री जी करते थे। जून में हज्ज करने की इच्छा है। प्रबदा को interview में ऐसी सूचना भी दे दी है। कोई साथी चाहिए।

खिचड़ी मेरे लिये मुजिर है—वैद्यजी ने मना कर दिया है ! उसके बदले खिचड़ी भाषा लिखकर संतोष करता हूँ। यह मनोवैज्ञानिक प्रश्न है !

99 North Avenue
New Delhi
[12-8-57]

**'घर बैठे रूस की सैर'**—दो सौ पृष्ठ की एक पुस्तक छपाने की सलाह मैंने श्री बारान्निकोव को दी है। कीमत सवा रुपये से अधिक न हो—साइज़ वही सोवियत भूमि का। चित्रों के ब्लाक तो होंगे ही। गोर्की पार्क, तुर्गनेव, क्रोपाटकिन, चैखव, टाल्सटाय इत्यादि के निवास-स्थान तथा समाधिस्थल और आधुनिक रचनात्मक कार्य

भिन्न-भिन्न क्षेत्रों में यथा वोल्गा-डौन की नहर इत्यादि इत्यादि। पुस्तक विवरणात्मक तो होगी ही। भाषा जैसी आपको प्रिय है, वैसी ही ठीक होगी—यानी बालमकुन्द गुप्त और प्रेमचन्द की भाषा, जिसमें कभी-कभी पद्मसिंहजी की शैली का भी पुट दिया जा सकता है।

The book will sell like hot cakes. अकेला हैडिंग ही एक लाख का है, अगर आप सहृदयता से एक बार फिर विचार करें तो मेरे साम्यवादी जेल का शेष पीरियड (जिसे आधा आपने पद्मसिंहजी के पत्र पढ़कर माफ कर दिया है!) मन्सूख कर सकते हैं। ५/७ व्यक्तियों की समिति इस काम को आसानी से पूरा कर सकती है। इस ग्रंथ का आप ही सम्पादन करें।

विनीत

?

**Member of Parliament** **99 North Avenue**
**(Rajya Sabha)** **New Delhi**
**26-4-1958**

प्रिय शर्मा जी,

यह सम्मति बहुत दिन पहले मैंने लिखी थी, पर इधर की उधर पड़ी रह गई!

हाँ, प्रथम अंक मुझे नहीं मिला था। यदि हो तो भेजिये। श्री शिव वर्माजी पधारे थे। कई दिन रहे। बड़ा आनन्द रहा।

भाषा के विषय में मुझे एक ख़त आपको लिखना है।

विनीत

बनारसीदास

पुनश्च :

विनोद पुस्तक भंडार ने क्रांतिकारियों पर जो साहित्य छापा है—बंसलजी का, वह मुझे चाहिए। वी.पी. से ही सही।

**Member of Parliament** **99 North Avenue**
**(Rajya Sabha)** **New Delhi**
**30-6-1958**

My dear Ram Vilas ji,

Here is an article that I wrote for the सरस्वती but I have withdrawn it on account of certain considerations as an after thought ! I shared it with Shri Bhagwan Das ji Mahore & he has liked it.

I want to share it with you as well requesting you to let me know your reactions. There is a bit of छेड़छाड़ in it and I have written if in an easy style and I have deliberately ridiculed my self so that I could get a hearing. But my own criticism of myself is fundamentally sincere & true.

Please return the article by ordinary book post when you have read it.

Sincerely yours

B Das Chaturvedi

पुनश्च—

चि. रामगोपाल ने लेख को बहुत नापसंद किया इसलिए मैंने यही सोचा कि इसे रुकवा ही दो।

**99 North Avenue**
**New Delhi**
**29-7-1958**

प्रिय शर्माजी,

As I have already allowed the सरस्वती to publish that article of mine, you needn't publish it.

Your assistant (or is he joint ?) Editor of the समालोचक met me in the A.I.R. just for a few minutes & I told him that I got only one copy of the समालोचक ! the second number. My complaint has been that समालोचना has developed a jarjon, quite difficult to be understood even by a writer like my self.

Alas ! it is so difficult to write in an easy style !

आपने अपने निबन्धों को छपा दिया, यह अच्छा किया। हिन्दी भवन में हमने वे खरीद लिये हैं। शहीदों के विषय में विनोद पुस्तक भंडार ने जो कुछ छापा है, उसे खरीदना चाहता हूँ। मुफ्त में किसी चीज को लेना घाटे को निमंत्रण देना है।

बनारसीदास

99 North Avenue
New Delhi
3-8-1958

My dear Dr. Ram Vilasji,

I have written a good long letter to Paliwal ji on the topic "क्या सर्वोदय तथा साम्यवाद का समन्वय सम्भव है ?" Please let me know your opinion in detail about it. बुक पोस्ट से भेज रहा हूँ। Or better still, write it for the special number of the सैनिक.

"वादे वादे जायते तत्त्वबोधः"

It is a burning topic—अहं सवाल है—as they say. I have enjoyed the confidence of friends like भगवानदास माहौर and सदाशिवजी and can very well pull on with people like शिव वर्माजी and yourself, but I am an अपवाद—not a rule

विनीत
बनारसीदास

श्री डा. रामविलास शर्मा

99 North Avenue
New Delhi
16-8-1958

My dear Sharma ji,

Can you kindly write an article on फूचिक for the special शहीदांक of the विशाल भारत ? It may not exceed three pages. I recognise no distinction among शहीद's—whether they belong to India or Russia or even America. Lincoln to me is as dear as Perovaskya and Fuchik I rever [e] as I do Bismil.

विशाल भारत requires oxygen. It must be saved. Do come to our help in this need.

I am grateful to विनोद पुस्तक भंडार for the gift of three books. Can they give a small advertisement of these three books in the शहीद-अंक ? The Proprietor once came to me at Tikamgarh to persuade me to edit जवाहरलाल ग्रन्थ and offered me Rs. 400/- which I refused, Some one else did that work for him. So he knows me perhaps.

I hope you have received बिस्मिल's आत्मचरित. I have misplaced your card & hence this letter through Surendra.

Sincerely

नया पता कृपया फिर से भेजिये। B Das Chaturvedi

श्री रामविलास शर्मा 2-10-1958

प्रणाम।

Please do write a long review of the books स्वामी केशवानन्द अभिनन्दन ग्रन्थ etc. in the समालोचक।

Nagarjunji met माहौरजी & सदाशिवजी at Jhansi and went to सातार तट as well. He will soon go back to Patna for a fortnight or so.

He deserves a thumping good sketch.

All Progressive forces in our literature must be mobilised for the purpose of giving right sort of मानसिक भोजन to the masses. Even thouse who differ from us ideologically must be appreciated if they are progressive in their outlook.

It is a pity that the literary front of साम्यवादी's is not as effective as it ought to be and I write this as one who belives in Kropotkin and Gandhi. I have every respect for those who differ from me honestly & I will not impose my views on any one.

Why not write a comparative study of Fuchik's and Bismil's autobiographies? You can do that.

Yours etc.

B Das

P.S. समालोचक **must** publish
something of that great
Martyr गणेशजी
Be an uniting force among
the progressive writers belonging
to different parties.

99 North Avenue

New Delhi

13-10-58

प्रिय शर्माजी,

Please write about ग़दर के शहीद (though the word ग़दर is quite improper) and also about 'फूचिक's autobiography for our Jan. number of the विशाल भारत शहीद-अंक।

Saraswati has published my article on 'पिछले छयालीस वर्ष' that contains a reference to your honourable self and your well known threat to imprison me ! After the Pakistan Tragedy (or Comedy ?) I have grown mighty afraid of people like you, who believe in dictatorship ! Yes! I will write one article for the समालोचक. सौदा पक्का रहा।

विनीत

बनारसीदास

पुनश्च :

सेंसरबोर्ड के सलाहकार मंडल के सदस्य के नाते एकाध घासलेटी फिल्म देखकर चित्त **उद्विग्न** हो गया है और होली अभी दूर है !

99 North Avenue

New Delhi

26-10-58

*Posted on 11-11-1958*

Kindly review Bismil's autobiography at length. The remaining portion of the threatened jail period (that has already been reduced by you on account of my meritorious work on Padam Singh letters !) must now be written off

B Das

Nuna Ji (लक्ष्मीनारायण नुना) has written a long life of Khare—the martyr, but he can not get it published. It is written from a party point of view. I am **for** its publication, though I disagree with Nunaji on several points.

आप श्री कृष्ण किशोर जी द्विवेदी, M.A. टीकमगढ़ से नुना जी की पुस्तक के बारे में पूछिये। सरस्वती में वह लेख छप गया।

New Delhi

30-10-58

My dear Ram Vilas ji,

We must give स्वास्थ्यप्रद स्फूर्तिमय मानसिक भोजन to our young friends. That's much more important than all academic discussions, that are carried on in our journals. Alas ! so few are able to write simple vigorous Hindi. I shall soon send you an article on this subject.

But I must first be assured that you have abrogated the prison sentence, that has been hanging over my anarchist head like a sword for so many years ! Otherwise what is the meaning of swearing by पंचशील in politics?

Printing & get up of the समालोचक is excellent. Some day I hope to pay tribute to its contents in these terms. At present they are much above my mediocre mass minded head.

विनीत

B Das

सुविधानुसार केशवानन्द ग्रन्थ, 'बिस्मिल की आत्मकथा, यश की धरोहर' की रिव्यू कीजिये।

**Member of Parliament** **99 North Avenue**

**(Rajya Sabha)** **New Delhi**

**22-2-1959**

My dear Sharma ji,

I have never bothered myself about ईश्वर & his existance, though my parents were ardent believers in भगवान राम। I observe पंचशील in such matters—extreme tolerance. I will not shock an ईश्वरवादी by talking lightly about his आराध्य.

मंदिर तोड़ो, मसजिद तोड़ो, इसमें नहीं मुज़ाका है।
दिल मत तोड़ो कभी किसी का, यह घर खास ख़ुदा का है।।

संसार के दो अरब प्राणियों और संख दस संख अन्य जीवों की आत्माओं के समूह को यदि परमात्मा कहा जाय तो मैं भी अपने को आस्तिक कह सकता हूँ।

And, striving to be man, the worm
Mounts through all the spires of form **(Emerson)**

ईश्वर के विषय में बुद्ध भगवान की attitude मुझे पसन्द है। फल खाइये, पेड़ क्यों गिनते हैं ? किसी झरोखे में बैठकर सबका मुजरा लेनेवाले 'राम' में मेरा यकीन नहीं है। और God is Truth, Truth is God.— इस प्रकार के वाक्यों को समझना भी मेरे लिए संभव नहीं।

क्या यह पर्याप्त नहीं कि हम लोग अपनी अन्तरात्मा की ध्वनि के अनुसार दिन प्रतिदिन काम करते रहें और परिणाम भविष्य पर छोड़ दें ? मैं इस वाद विवाद में पड़ना (या इस वाद विवाद को उठाना भी) सर्वथा निरर्थक मानता हूँ। Why raise such unnecessary controversies ? Such acadamic शास्त्रार्थ's leave me cold. You are drifting towards शास्त्रीय वाद-विवाद's headlong ! Beware !!

बनारसीदास

स्वामी केशवानन्द ग्रन्थ तथा बिस्मिल पर लिखा ? नवभारत टाइम्स ने क्या लिखा है ? मैंने नहीं पढ़ा। वे भेजते नहीं।

'क्या मैं नास्तिक हूँ' ऐसी एक संस्कृत कविता पूज्य द्विवेदी जी ने की थी। 'किमहं नास्तिकः ?' शायद यही शीर्षक था।

यश की धरोहर<br>by महौरजी<br>सदाशिवजी<br>& शिव वर्माजी } is out in a book-form. I will send it to you soon

**99 North Avenue**<br>**New Delhi**<br>७.५.५९

प्रिय शर्माजी,

प्रणाम। मैं अपनी तीर्थयात्रा पर १४ ता. के प्रातःकाल के समय रवाना हो जाना चाहता हूँ। मुझे वहाँ क्या करना चाहिये, इस बारे में आपके परामर्शों की अत्यन्त आवश्यकता है। टाल्सटाय, तुर्गनेव, चैखव, गोर्की इत्यादि का हमारी राष्ट्रभाषाओं पर क्या क्या प्रभाव पड़ा है—विशेषतः हिन्दी पर—इस बारे में मुझे जानकारी दीजिये। आप अगर देश विदेश में मेरी बदनामी नहीं कराना चाहते तो यह कर्तव्य आपको पालन करना चाहिये ! हाँ, रूस की मित्र मंडली में मैं इस

सत्य का विधिवत् प्रचार करूँगा कि आप मुझे केवल इसी कारण जेल भेजना चाहते हैं कि मैंने कुछ जीवन चरित नहीं लिखे ! इस प्रकार की तानाशाही तो रूस में भी न होगी ! [हाँ, इस बीच गणेशस्मृति-ग्रंथ का सम्पादन कर दिया है। शहीद अंक का कार्य चालू है] आपने स्वामी केशवानन्द ग्रन्थ तथा शहीदग्रन्थ माला के विषय में लिखने का वचन दिया था। यथावकाश आप जरूर लिखें।

समालोचक के लिये मैं आपका बहुत बहुत कृतज्ञ हूँ। घाटा तो अभी रहता ही होगा। प्रकाशक को मेरी बधाई दीजिये।

विनीत
बनारसीदास

**Member of Parliament** **99 North Avenue**
**(Rajya Sabha)** **New Delhi**
**21-7-1959**

प्रिय शर्मा जी,

My trip to Russia has placed me in a very unenviable position ! A good number of people have come to my place to hear at first hand my impressions of that wonderful country ! They come at odd hours and I have to repeat the same things over and over again ! This trip of mine has been talked about ad nausem and I am now convinced that when I make my trip to परलोक a good deal of valuable space of the news-papers will be wasted !

People will impose saint like qualities on me, never knowing what a scoundrel I have been ! So, I must write out an autobiography exposing myself as fully as possible.

I took seven drops (गिनती की सात बूँद!) of Vodka in Moscow and the orthodox people will heartily curse me when they come to know about it and there have been many sins of commission & omission that I mustn't divulge to people ideologically opposed to me!

I have been receiving interesting letters & some day I shall share them with you.

खैर ! अब मतलब की बात यह है कि साथी शिवनारायण श्रीवास्तव का एक

स्कैच मैंने तय्यार किया है। संशोधनार्थ अलग बुक पोस्ट से भेजता हूँ। श्री मुंशी के पास भी People's Publishing House को भेजा है। शिवनारायणजी बड़े सजीव सहृदय व्यक्ति हैं। अक्सर उनसे मिलना होता है।

विनीत
B Das Chaturvedi

आज ट्रावनकोर हाउस में कॉकटेल पार्टी है! पर मैं परहेजगार हूँ।
कहाँ है दुख्तरज़ ऐ मुहतसिब ! वह बादाख्वारों में
वह काफिर जा छिपी है अब कहीं परहेज़गारों में !

**99 North Avenue**
**New Delhi**
**[27-7-59]**

My dear Sharma ji,

The final copy of my sketch of साथी शिवनारायणजी is being sent to you. Please read it & forward it to my friend & nephew श्री Vidya Shanker of the Sainik, to be reproduced in his journal at the earliest. We must now write about new forces in literature without any distinction of ideologies.

Only they should be progressive. And we may also condemn reactionaries like गुरुदत्त! Unfortunately अज्ञेय & जैनेन्द्र have developed reactionary tendencies !

B Das

शहीदों पर कुछ लिखा आपने ? I am down with bleeding piles.

**[6-8-59]**

प्रिय शर्माजी,

Can you kindly translate into English my sketch of Shiv Narayan Shrivastava ji?

Our translators here can translate only from English! What a tragedy ! This ought to be changed.

B Das

People here have begun to accuse me of being your "Fellow Traveller" !

Now we have to break each other's head to convince them of their wrong judgement! At least we can do that in the press ! समालोचक में ही मैं आप पर एक करारी चोट करना चाहता हूँ ! Let us start the duel in right earmt.

**99 North Avenue**
**New Delhi**
१५.८.५६

प्रिय शर्माजी,

Please read what a writer from Delhi (who hasn't the courage to give his name even in an independant India !) has written to the editor of the Vishal Bharat in its July number. And Shri Ramji has declared that I am a नास्तिक ! And both of these friends think that that might have been a reason for my invitation to Russia ! So here is a chance for every athiest for a joy ride to Moscow !

Since every नास्तिक is destined to go to hell, I have applied to my Uncle यमराज (जमना मैया के भैया !) to reserve a seat for me in कुम्भीपाक along with तिलोत्तमा or रम्भा, if you please !'

Yours etc
B Das

बाकी है हसरत चौबे के दिल में गुनाह की। अगले वर्ष श्रीधर पाठक की शताब्दी पड़ती है और वे फीरोज़ाबादी थे !

For favour of detailed opinion copy
Letter to P.C. Gupta Allahabad

Member of Parliament
(Rajya Sabha)

99 North Avenue,
New Delhi
19-8-1959

Personal

My dear Gupta Ji,

I should like to exchange my views on one important problem.

Shall we make another attempt to bring about better relations among people who hold progressive views in the literary field ? I am mighty afraid of organisations and I believe that such an effort must be made first of all individually.

If we have to live peacefully in this country we must evolve some method—some technique—by which we can erect a common platform for all progressive writers irrespective of their idelogical differences.

Is the fight between Communist and Gandhian or Sarvodaya ideologies inevitable ? I do not think so. Violence is now out of question and thus the greatest obstacle has been removed. Both the parties swear by democratic principles (though sometimes the interpretation of Democracy differ) and both of them have some intellectuals, who are eager to know the view point of the other side. If we don't bring these well meaning people together, there is every danger of reactionaries gaining the upper hand.

Some one has to make a beginning though he will stand every chance of being misunderstood ! But who can spare the time for this essential work ?

Our friend Dr. Ram Vilas Sharma has been ploughing in the dreary desert of academic discussions. Another colleague Bhagwan Das Mahore of Jhansi has to spend all his time in teaching Hindi to B.A. students. Amrit Rai is too young to give any lead. Dr. Hazari Prasad Dwivedi finds himself in hot waters in the University at Benares. Dr. Nagendra is too much of an academician. He is well meaning but an intellectual aristocrat. In fact there isn't much of idealism in that class of professors and lecturers of Hindi. And what is most deplorable criticism has developed a jargon of its own ! And above all there have sprung up a number of pretenders in the literary field.

The old guard have ceased to inspire the young writers. They have been too busy with getting their books prescribed as course books to give any time to other things. So there is confusion all around. Can't we evolve some sort of order even among a few of us ?

May I add one personal note ? I have all along been an interpreter—a believer in Bridge-building—an humble Peace maker. "Blessed are the Peace makers" says the Bible. Though not a Christian, I had been too much under the influence of C.F. Andrews—Christ's Faithfull Aporke—to resist the temptation to follow him. It is a dangerous work. Even our best friends misunderstand ! Read what my own journal 'विशाल भारत' writes about me in the July number. I have always placed my cards on the table. I have no axe of my own to grind and I seek no favour from any quarter.

विनीत

बनारसीदास चतुर्वेदी

**[1959]**

Shall a man, who can give an intelligent lead to progressive writers in our country, be allowed to waste his time and energies in the desert of the mis-education of fools to make them bigger fools ?

That's the problem. Inspite of what Lohiaji or Sethji may say, I have put it in the International language ! खैर इस मज़ाक को यहीं छोड़कर मैं आपसे आग्रह करूँगा कि एक बार आप प्रगतिशील लेखकों से पुन: सम्बन्ध स्थापित करें और पंचशील के सिद्धान्तों का अनुगमन करते हुए, जिसमें जो कुछ गुण हो उसकी क़द्र सार्वजनिक रूप से करें। समाज व्यवस्था के वाद विवादों को ताक में रखकर इस समय तो प्रगतिशील लेखकों और कवियों में पारस्परिक सौहार्द स्थापित करना अत्यन्त आवश्यक हो गया है। नाम देने पर कुछ नहीं मौरूफ दस्तखत से समझ लेना।

शहीदों के विषय में भी कुछ लिखिये। क्या वि. भा. का शहीद अंक मिला है?

New Delhi
99 North Avenue
३-७-६०

प्रिय शर्माजी,

प्रणाम। 'नर्मदा' के शहीद-अंक की एक प्रति आप श्री सुरेन्द्रनाथ चतुर्वेदी से ले लीजिये। मैं उन्हें भी लिख रहा हूँ।

'स़मालोचक' का वह अंक, जिसमें आपने मेरे क्षुद्र कार्य पर कुछ लिखा था, मुझे नहीं मिला, यद्यपि उस बारे में कई आदमियों ने चर्चा अवश्य की थी! कृपया एक प्रति ज़रूर भिजवाइये।

मैं आजकल Zoya & Shura पढ़ रहा हूँ। संसार की ३० भाषाओं में उसका अनुवाद हुआ है। हिन्दी में भी होना चाहिये। श्रीमती कमलारत्नम ने (जो रूस में थीं) उन दोनों शहीदों की माता को वचन दिया था कि वे हिन्दी अनुवाद कर देंगी पर अभी तक नहीं किया! वे Laos में अपने पति के साथ चली गई हैं।

आप अनुवाद कीजिये। मैंने उस वीरप्रसू माता के दर्शन मास्को में किये थे।

विनीत
बनारसीदास

पुनश्च

आपके लिये चैखव-अंक की प्रति यहाँ रक्खी है। भिजवाऊँगा। अब टाल्सटाय-अक की तैयारी करनी है।

99, North Avenue
New Delhi
23-7-1960

प्रिय डाक्टर शर्माजी,

मास्को होटल में परिचारिका की भूल से मैं दो घंटे कमरे में बन्द रहा! मैं शौचालय में था, उसने समझा कमरा खुला छोड़कर यह लापरवाह अतिथि कहीं बाहर चला गया है। निदान बाहिर से ताला बन्द कर दिया। भीतर फोन तो था, पर फोन का तरीका अद्भुत था और वहाँ फोन की डाइरैक्टरी भी न थी। दो घंटे जेल का अनुभव किया। सुना है कि ऐसी ही ग़लती किसी अमरीकन यात्री से हो गई थी और उसने खिड़की से कूदकर प्राण ही दें दिये!

इस प्रकार मैंने रूस में जेल का सांकेतिक अनुभव तो कर ही लिया और सेण्टपीटर्स तथा सेण्टपाल की जेल के दर्शन भी कर लिये। इसलिये अब मेरी जेल जाने की बिल्कुल सम्भावना नहीं रही। रसम अदाई हो गई।

अब मामला उल्टा हो गया है। मेरे कांग्रेसी मित्र समझते हैं कि मैं रूस का प्रचारक बन गया हूँ! उन्हें साम्यवाद और अराजकवाद का फ़र्क कौन समझावे? अब जब तक साम्यवादी मित्र मुझे गाली न दें, मेरी पोज़ीशन ख़राब ही होती जायगी। आपने समालोचक में जो प्रशंसात्मक लेख लिख दिया है, उससे भ्रम और बढ़ेगा ही। मैं बराबर Protest करता हूँ कि मेरा साम्यवाद से कोई ताल्लुक नहीं, शुद्ध बुर्ज़ुआ आदमी हूँ, पर कोई सुनता ही नहीं। बड़े चक्कर में हूँ।

बनारसीदास

शहीदों की वीर माताओं पर आपके उद्‌गार बड़े महत्वपूर्ण हैं। 'समालोचक' का अंक मिल गया। वह अन्तिम अंक था, इससे हृदय को दुःख हुआ। मैं उसकी फाइल रखना चाहता हूँ।

विशाल भारत का चैखव-अंक मिला या नहीं। अब टाल्सटाय अंक भी निकालना है।

शेष फिर

**99 North Avenue**
**New Delhi**
**[जुलाई 1960]**

प्रिय शर्माजी,

आप दिल्ली आये और बिना मिले चले गये! मैं भी आगरे जाकर बदला लूँगा!

I had asked Mrs. Kamla-Ratnam to translate the book, but she has not yet decided finally about it. She is going to Moscow on 6th August to take part in the Oriental Confeence. She knows the mother personally & indeed had promised to translate the book herself. I have sounded Shri Mahoreji about it in my letter today.

B Das

समालोचक के एक लेख (रूस में बच्चों की शिक्षा) को उद्‌धृत करना चाहता हूँ—भारत सेवक में [।] कृपया नर्मदा के शहीदांक की आलोचना लिख भेजिये। शहीद ग्रन्थमाला का चतुर्थ पुष्प शीघ्र ही निकलेगा। मन्मथनाथजी का क्रान्तिकारियों का इतिहास

**99 North Avenue**
**New Delhi**
**18-8-1960**

प्रिय शर्माजी,

सादर प्रणाम

कृपा पत्र मिला।

Now I will see you every time, when I pass by Agra and have tea with you ! किसी साधू को एक भक्त ने प्रणाम किया तो साधू जी बोले, "आज का भोजन तुम्हारे यहाँ ही रहा !"

अगस्त २९-३१ को आप कहाँ रहैंगे ? भादौं सुदी ११-१ सितम्बर को स्व. बालमुकुन्द गुप्त का चित्रोद्‌घाटन हिन्दी भवन में होगा। आप अवश्य उपस्थित रहें। गुप्तजी के सुपुत्र भी मौजूद होंगे।

विनीत
बनारसीदास

'गोर्की तथा भारतीयों का पत्र-व्यवहार' इस बारे में एक लेख लिख रहा हूँ।

डाक्टर श्री रामविलास शर्मा

**फीरोज़ाबाद (Agra)**
**12-11-1961**

प्रिय शर्माजी, प्रणाम।

I have just been reading Gorky's address delivered at the first All Union Congress of Soviet Writers in 1934 and I like it immensely. Has this speach been translated into Hindi ? If not, then it ought to be. Gorky doesn't spare any one—not even Dostoyvesky !

A biography of Gorky in Hindi is still necessary. Why not take up this work ? I wonder if you can go to U.S.S.R. next summer. Apply for a passport & you will have to pay only up to Tashkand your fare. After that the Soviet Writers Union can bear your expenses. Of course an effort has to be made for that purpose. You know I do not carry any influence with the authorities but still i can write to our Home Minister to give you a passport. Go with the special purpose of writing a biography of Gorky—that will be your great contribution to our literature. आज की प्रातः कालीन चाय के साथ मुझको यह इलहाम हुआ है!

B Das

छाजन के कष्ट से पीड़ित होकर घर आया हुआ हूँ। पासपोर्ट मिले या न मिले, पर जीवन चरित Gorky का आप अवश्य लिखें।

**Firozabad, Agra**
**19-11-1961**

प्रिय शर्माजी,

आपको 'प्रणाम' से ऐतराज है तो फिर 'लाल सलाम' ही करता हूँ! बहुत से मित्रों और अमित्रों को यह आशंका हो गई है कि मैं साम्यवादी हूँ और उन लोगों की बुद्धि का धरातल ऐसा है कि मैं उन्हें साम्यवाद तथा अराजकवाद का फर्क नहीं बतला सकता इसलिये मैंने यही उचित समझा है कि मैं अपने को 'साम्यवादी' मान लूँ! वैसे भी श्री अजय घोष तथा मुझमें बस ढाई-तीन गज की सड़क का ही भेद है! वे सड़क के उस पार रहते हैं, मैं इस पार! So much in reply to your 'साष्टांग दण्डवत'।

स्व. निरालाजी का जीवन चरित्र आप अवश्य लिखें। मेरे पास तो उनका केवल एक ही पत्र था, जिसे मैंने साप्ताहिक हिन्दुस्तान में छपा दिया। हाँ, उनके सम्बन्ध में स्व. कौशिकजी के एक पत्र में उल्लेख था। उसे तलाश करना पड़ेगा। द्विवेदीजी के भी एक पत्र में ज़िक्र था। वह तो आसानी से मिल ही जायेगा। ज़रूर भेज दूँगा। मुंशी अजमेरीजी के पत्र में भी ज़िक्र है।

फिर भी आप पासपोर्ट के लिये अर्ज़ी तो दे देखें। एक महीने की यात्रा से कुछ फ़र्क नहीं पड़ेगा। मैं तो कल ही आगरे गया था, पर थोड़ी देर ही ठहरा। आप रूस की यात्रा **अवश्य अवश्य अवश्य** कीजिये। जब मैं ९०० चूहे खाकर हज कर सकता हूँ तब आप जैसे निरामिष भोजी क्यों न करें?

विनीत
बनारसीदास

शिवनन्दन सहाय जी की लिखी हुई भारतेन्दु जी की जीवनी पढ़ रहा हूँ। आपने तो भारतेन्दु पर विशेष रूप से लिखा है।

99, North Avenue
New Delhi
10-12-61

प्रिय शर्माजी,

लाल सलाम।

कृपा पत्र मिला। १ जनवरी से मैं आपसे कुल जमा २८ मील दूर रहना शुरू कर दूँगा, इसलिये आगरे पर मेरे आक्रमण श्रद्धेय ! महमूद गज़नवी के समान अधिक संख्या में होने लगेंगे ! चूँकि फ्री पास है इसलिए "गंजे और नाखून" वाली कहावत चरितार्थ होने का भी ख़तरा है।

New Delhi has gone completely out of my heart now and though my membership of the Parliament will last on 2nd April 1964, I can not bear to stay here any longer. I may come here from time to time to get some money but my Head Quarters will be at Firozabad now.

I return to my जन्मस्थान after 49 years or so ! मानसिक अवस्था अभी इतनी खराब नहीं हुई कि आगरे स्थायी निवास के लिये आना पड़े ! यद्यपि किसी अराजकवादी का राज्यसभा में आना मानसिक विकार का ही सूचक है ! टाइफाइड की तरह यह विकार दो वर्ष ४ महीने बाद स्वयं ही उतर जायगा।

बनारसीदास

श्री हरप्रसाद शर्मा ने क्या निबंध लिखा है ? प्रकाशक मिलना आसान नहीं। आत्माराम & sons से कह सकता हूँ, पर वे ७-७ वर्ष तक किताबें डाल रखते हैं !

कुंडेश्वर, टीकमगढ़

पता -99, North Avenue
New Delhi
25-2-62

प्रिय शर्माजी,

प्रणाम। One more letter of Niralaji has been found in my collection here! I will bring it for you. There is an article by him in the 'जागरण' edited by श्री शिवपूजन सहायजी।

I hope your biography of Niralaji will do justice to Shri Niralaji, "We owe courtesy to the living but nothing but Truth to the dead.' Niralaji's whims and eccentri cities should be brought out in due proportion. Since biography is a subject dear to me. I have taken the liberty to write these few lines.

Possibly this card may reach Agra later than myself. I hope to be there on the evening of 27th

विनीत
बनारसीदास

**[6-3-62]**

[पाँच पैसे का तार]

Certainly I will send copies of Niralaji's Letters along with two of mine as soon as I can.

B Das

३ ता. को राजामंडी स्टेशन से आपकी कोठी को प्रणाम कर लिया था! अब आपको कोई शिकायत न होनी चाहिए।

मेरी हज सम्बन्धी पुस्तक के प्रूफ अब आने लगे हैं। आपने नौ सौ चूहों की हत्या का जो निराधार अपराध एक गान्धीवादी अहिंसक पर लगाया था उससे मेरी बड़ी बदनामी हुई है!

**99 North Avenue**
**New Delhi**
**6-3-62**

प्रिय शर्माजी,

Sending the copies of letters of Niralaji and to Niralaji by **book-post Express Delivery.**

Please acknowledge receipt. If elections give any indication about your Party coming to power, it will take at least 15 years. By that time I will be 85 ! Will you send an old man of 85 to jail, simply because he couldn't write some biographies ?

Sincerely
B Das

Accidentally I got a typist to type our these letters !

[मार्च १९६२]

**No.** I do **not** expect to be born into a human family once again—inspite of यमराज being our मामा or uncle—the brother of our जमना मैया !

My friend Sampurnanandji has decreed that I should go to hell, as I am neither a believer in God nor a beleiver in Govts (though I happen to belong to the Governing Party !)

So I must get all experiences, good, bad or indifferent in this जन्म only.

जेल जाने की मेरी आकांक्षा जिसमें "तोल घट जायगी पै मोल बढ़ जायगा" [शंकर] अब विलीन होती जा रही है। Cuba-India Association और Afro Asiatic Writers conferences की भारतीय शाखा के प्रधान को आप लोग खून लगा के शहीद बनाने से रहे !

विनीत

? ? ?

**Private & Personal** **Firozabad (Agra)**

**[5-7-62]**

"क्या वह साहित्यकार—जिसकी बीबी ने प्रकाशन का काम नहीं सँभाला—सम्मानपूर्वक जीवन बिता सकता है ?"

आपके इस उद्‌गार को पढ़कर पैरों के नीचे से ज़मीन खिसक गई ! अब आप ही बतलाइये, ७३वीं वर्ष में मेरे प्रकाशन के काम को सँभालने वाली कहाँ मिल सकती है ? [जबकि एक पैर कब्र में है !]

नागार्जुन जी ने बतलाया था कि जब अमुक बीबी पटने जाती हैं तो उनके साथ रिक्शे में बैठने की होड़ प्रकाशकों में लग जाती है ! एक अन्य बीबी ने मेरी दोपहर की नींद disturb करने की कोशिश की थी, पर चि. रामगोपाल ने उन्हें डांट पिला दी ! और मेरा Heat fail होते-होते बच गया। नहीं तो आपको अराजकवादी राजसभा सदस्य के अंट संट संस्मरण लिखने पड़ते!

भविष्य में आप इस प्रकार के वाक्यों को लिखने से बाज़ आवें, जिनसे अभागे विधुरों के हृदय पर साँप लोटने लगते हैं—यह मुहाविरा नवीनजी ने सरलाजी तथा बेगम पालीवालजी के सामने मेरे लिये इस्तैमाल किया था!

दस्तखत पर कुछ नहीं मौकूफ
तर्जेतहरीर से समझ लेना।

दोपहर के सोने के विषय में मैं साम्राज्यवादी चर्चिल का अनुयायी हूँ। ४५ वर्ष सोते-सोते बीत गये! मैं ३, जुलाई १९२० से सो रहा हूँ!

99 North Avenue
New Delhi
16-8-62

प्रिय श्री शर्माजी,

'राष्ट्रीय एकता और साहित्य' के Reprints लेकर उन्हें जगह जगह भेजना चाहिये। लेख विचारोत्तेजक हैं। हार्दिक बधाई। किसी मासिक में उद्धृत कराइये।

मेरे मन में एक विचार आया है। सुन लीजिये :—

रूस में रूबलों के असंख्य पेड़ लगे हुए हैं। लोग उन्हें लम्बे-लम्बे बाँसों से खटखटा देते हैं और लाखों रूबल टपक पड़ते हैं! तभी तो श्रद्धाविहीन, निरुद्देश्य, निरर्थक फालतू पचासों व्यक्ति रूस को निमंत्रित होकर जाते हैं! उनसे मिलकर ऐसा लगता है कि ये जितने मूर्ख गये थे उससे बढ़कर मूर्ख लौटे हैं! What a colossal waste of money ! When will they invite नागार्जुन, साहा & yourself ? And if invited will you be allowed to proceed ?

B. Das

क्या रूस की साहित्यिक यात्रा मिली ?

शंकर सदन, लोहामंडी
Agra
7-2-63

प्रिय बन्धु,

आप Review नहीं करते, यह सुनकर मैं चकित, स्तम्भित और आश्चर्य मग्न हो गया!

रूस की साहित्यिक यात्रा की क़द्र आप जैसे सहयात्री नहीं करेंगे तो भला कौन करेगा ? मन में जो आये सो लिखिये, पर लिखिये ज़रूर।

हाँ, अगर आपने धार्मिक प्रतिज्ञा ही कर ली हो तब बात दूसरी है। तब मैं ज़ोर नहीं डालूँगा। पर तब मेरा यह ख़याल जरूर हो जायेगा कि साम्यवाद का टूँडला स्टेशन अभी बहुत दूर है और अराजकवाद के शिमले की रेल दूसरी ओर से ले जानी होगी !

विनीत
बनारसीदास

कल मैं दिल्ली जा रहा हूँ। प्रिंस क्रोपाटकिन की श्राद्ध तिथि ८ फर्वरी ही है।

फीरोज़ाबाद
2-8-65

प्रिय शर्माजी,

कृपया साथ का पत्र पढ़कर उसे श्रीयुत भगवानदास माहौर नरसिंहराव की टोरिया, झाँसी को भेज दीजिए। सरकारी नक्कारखाने में तूती की आवाज़ कौन सुनेगा ? फिर भी हमें अपना कर्तव्य पालन करना ही चाहिए।

इस बारे में और कुछ परामर्श दे सकते हों तो दीजिये। मेरा दृष्टिकोण क्षुद्र राजनीति का नहीं है। नन्दी तथा शिववर्मा, दोनों मेरे सहयात्री हैं, साम्यवाद का टूँडला स्टेशन पहले ही पड़ता है और अराजकवाद के शिमले तक पहुँचने में काफी देर लगेगी ! आपका वह मज़ाक मुझे याद है कि टूँडले को छलाँग मारकर कैसे छोड़ा जा सकता है ? मैं अराजकवाद के आगमन की आशा में जीवित हूँ, नहीं तो C.F. Andrews, Gurudeo और अरविन्दो की तरह Prostate Glands का आपरेशन कराके कभी का रौरव या कुम्भीपाक में चला गया होता ! सभी सजीव व्यक्तित्व वहीं मिलेंगे। स्वर्ग में मेरा विश्वास नहीं।

श्री हंसराज रहबर कहाँ है ?

विनीत
बनारसीदास चतुर्वेदी

फीरोज़ाबाद
Agra
24-8-65

प्रिय शर्मा जी, प्रणाम।

कृपा पत्र मिला।

आज से २२-२३ वर्ष पहले जब पार्टी के पत्र के बम्बई कार्यालय पर आक्रमण हुआ था तब भी मैंने टीकमगढ़ से मौलाना आज़ाद को (जो कांग्रेस के तत्कालीन प्रधान थे) एक ज़ोरदार विरोध-पत्र भेजा था ! मेरे साथ मुश्किल यह है कि साम्यवादी लोग मुझे प्रतिक्रियावादी मानते हैं और गाँधीवादी समझते हैं कि मेरा colour Red नहीं तो Pink जरूर है ! मैंने यह बात खुल्लमखुल्ला पंडित जवाहरलालजी के सामने मीटिंग में कह दी थी—Red Pink वाली ! खैर, यह दिल्लगी तो होती ही रहती है। इससे कुछ बनता बिगड़ता नहीं। पर मैं काफिर जरूर हूँ। अराजकवादी राज्यसभा का सदस्य कैसे बन सकता है ?

रोमाँ रोलाँ का कोई भी भक्त वक्त पड़ने पर चुप नहीं रह सकता। जिनके "शोणित की लाली से कुछ तो लाल धरा होगी ही" वे डाक्टर भगवानदास माहौर

आगरे से यहाँ पधारेंगे। कल आज़ाद के पुराने साथी काशीरामजी यहाँ आये हैं। मिलने लायक आदमी हैं। प्रगतिशील विचारों के हैं। कभी मिलाऊँगा।

विनीत

बनारसीदास

प्रगतिशील लेखक संघ के बारे में एक छोटा सा लेख लिखा है। उसमें आपका ज़िक्रे खैर है!

**सम्पादक के नाम पत्र**

[1965]

## कानून बनाम मनुष्यता और दूरदर्शिता

प्रिय सम्पादकजी,

मुझे यह बात कल ही मालूम हुई कि श्री द्विजेन्द्रनन्दी तथा श्री शिववर्माजी तीहर सेण्ट्रलजेल नयी दिल्ली में नजरबन्द हैं। शिववर्माजी के बारे में उड़ती हुई ख़बर मैंने पहले सुनी थी, पर निश्चयपूर्वक मुझे कुछ भी पता न था।

इन दोनों व्यक्तियों से मैं वर्षों से भली-भाँति परिचित हूँ और अनेक साहित्यिक तथा साँस्कृतिक कार्यों में वे मेरे प्रबल सहायक रहे हैं। यह जानते हुए भी कि मैं उनके राजनीतिक सिद्धांतों का सवा सोलह आने विरोधी हूँ, उन्होंने मुझे उदारतापूर्वक भरपूर सहयोग दिया था। चैखव-शताब्दी-समारोह, टाल्सटाय अर्द्धशताब्दी उत्सव और कबीन्द्र रवीन्द्र शताब्दी में नन्दीजी ने मेरी पूरी-पूरी मदद की थी। चपरासी से लेकर टाइपिस्ट तथा सेक्रेटरी और फिर प्रबन्धक का काम उन्होंने ही किया था। श्रीशिववर्मा जी ने मेरे मुख्य उद्देश्य—शहीदों के श्राद्ध—में निरन्तर सहायता दी है। विस्मिल की आत्मकथा के प्रकाशित होते समय उनकी सहायता उल्लेख योग्य थी और सुप्रसिद्ध क्रांतिकारी श्रद्धाराम का पता उन्हीं ने लगाया था। अन्य क्रांतिकारियों के रेखा चित्र भी उन्होंने मुझे भेजे थे। एकाधबार उनके आतिथ्य का सौभाग्य भी मुझे मिला था और विचार-परिवर्तन तो अनेक बार हुआ।

मुझे पता नहीं कि किन अपराधों के कारण ये दोनों कार्यकर्ता नजरबन्द हैं। शिववर्माजी तो १७ वर्ष तक ब्रिटिश सरकार की जेल में रह चुके हैं और भारत के स्वाधीन होने पर ही उन्हें मुक्ति मिली थी !

मैं कानूनी दृष्टि से इस प्रश्न पर विचार नहीं करता, क्योंकि मैं कानून बनाने वालों को नजदीक से देख चुका हूँ। मेरे जैसा नासमझ आदमी भी बारह वर्ष तक अंटसंट कानून बनाता रहा। मेरा दृष्टिकोण मनुष्यता का है। खुली अदालत में अपराध

प्रमाणित किये बिना किसी की स्वाधीनता का अपहरण क्या कोई मानवोचित कार्रवाई है ? महात्मा गांधीजी तो अपने शत्रुओं का भी हृदय ग्रहण करके उन्हें मित्र बनाने का प्रयत्न करते रहते थे और हम लोग अपने भावी मित्रों को विरोधी बनाने पर तुले हुए हैं। इसमें कोई शक नहीं कि अगले चुनावों में साम्प्रदायिक शक्तियाँ शासनारूढ़ पार्टी का डट कर मुकाबला करेंगी और तब प्रगतिशील व्यक्ति ही हमारा साथ दे सकते हैं। दूरदर्शिता का यह तकाज़ा है कि हम लोग संग्रह की भावना से उन्हें अपना सहायक बनाये रखें।

'हाई पालिटिक्स' या उच्च राजनीति का हम क, ख, ग, तो क्या, अ-आ-इ-ई भी नहीं जानते, पर इतना अनुमान तो कर ही सकते हैं कि आज के विरोधी हमारे कल के घोर मित्र बन सकते हैं। और जिन्हें हम मित्र समझे हुए हैं वे कल हमारे साथ विश्वासघात कर सकते हैं।

यह प्रश्न केवल द्विजेन्द्र नन्दी या शिववर्मा का ही नहीं है। नन्दीजी को दो बार लू लग चुकी है और शिववर्माजी तो अभी दो घन्टे के लिए जेल से रिहा होकर अपने साथी श्री बटुकेश्वर दत्त की मृत्युशय्या को प्रणाम कर आये थे ! स्वाधीनता संग्राम के एक सुप्रसिद्ध सेनानी रहे हैं और मौत से डरने वाले नहीं।

दरअसल यह सवाल व्यक्तिगत तौर पर उन दोनों का नहीं है। यह प्रश्न है हमारी मनुष्यता का, मानवता का और दूरदर्शिता का भी। हम कोई भी काम ऐसा न करें, जिसका कुफल हमें आगे चल कर भोगना पड़े।

चूँकि नन्दीजी तथा शिववर्माजी साहित्यिक तथा सांस्कृतिक कार्यों में मेरे सहयोगी रह चुके हैं, इस लिए उनके बारे में यह पत्र आपके द्वारा जनता तक भेज रहा हूँ। ऐसे अवसर पर कोई स्वतंत्र पत्रकार मौन नहीं रह सकता।

विनीत<br>बनारसीदास चतुर्वेदी<br>फीरोज़ाबाद (आगरा)

**फीरोजाबाद**<br>२२-११-६५

प्रिय भाई शर्मा जी, प्रणाम।

आगरे पहुँचकर भी मैं आपसे न मिल सका। दिल्ली में दोपहर को सोना न मिला था, सो बिल्कुल हक्का-बक्का-सा हो गया था—[आप तो यह कहेंगे कि सोवियत भूमि के पाँच हज़ार का नशा आ गया होगा! "कनक कनक ते सौ गुनी मादकता अधिकाय।" पर अपना यह अनुमान ग़लत ही समझिये]

भाई हरिशंकरजी के स्वास्थ्य के विषय में चिन्ता है। कृपया मिलकर सब हाल

लिखिये। मैं रूस फिर जाऊँगा—मई में। हज बार-बार की जानी चाहिये। पर मैं यह अनुभव ईमानदारी से करता हूँ कि जो मौका आपको मिलना चाहिये था उसे मैंने हड़प लिया है! इस मदाख़लत बेज़ा या अनाधिकार चेष्ठा के लिये आपसे क्षमा याचना करने—और आपके यहाँ चाय पीने (इस हिमाक़त पर ग़ौर कीजिये !) आऊँगा। एक कमरा गाँधी-टाल्सटाय के नाम पर बनवाना है। तब आपको बुलाना है, पर आपको पहले ही आना चाहिये।

बनारसीदास

सेण्ट बो Beau नामक फ्रैञ्च आलोचक के बारे में जानना चाहता हूँ। वे प्रति सप्ताह एक आलोचना २० वर्ष तक लिखते रहे।

फीरोज़ाबाद
१-१२-६५

प्रिय शर्माजी, वन्दे।

उन ग्रन्थों के लिये मैं अभी Soviet Land के सम्पादक महोदय को लिख रहा हूँ, पर मुझे आशा नहीं कि वे यहाँ प्राप्य हो सकेंगी। रूस पहुँचने पर वहाँ तलाश करूँगा।

भाई माहौरजी अब डाक्टर हो जाँयगे—घर के दो दो डाक्टर मेरे जैसे मरीज़ का यदि इलाज़ न कर सकें तो यह बात उनके लिये—आप दोनों के लिये—गौरवजनक तो न होनी चाहिये ! पर 'साहित्यिक प्रमाद' की औषधि हकीम लुकमान के पास भी नहीं थी। आपका नुसखा (मुझे कारागार ! भेजने का) अब कारगर होना और भी कठिन है ! इस पुरस्कार ने और भी विज्ञापित कर दिया।

$३^{१}/_{२}$ बजे (A.M.) से उठकर ख़त लिख रहा हूँ। Sainte Beau का वृत्तान्त अंग्रेज़ी विश्व कोश में मिल गया, पर उससे तृप्ति नहीं हुई। आप उन पर लिखें।

मुझे शायद कानपुर जाना ही पड़ेगा। माहौरजी के दर्शन झाँसी स्टेशन पर ही बदे हैं। टीकमगढ़ जाते समय उन्हें सूचित करूँगा।

बनारसीदास

[१९६५ या १९६६]

प्रिय शर्माजी,

A copy of this note of Bapu, has been sent to Gorky Institute Moscow and I have requested Mr. Sofronov (Twice Lenin Prize Winner for Drama

& Poetry) Editor of the Agoniok, Moscow to get it from there.

I should like to send it to Hindi papers as well.

I have copied it out for you.

विनीत

बनारसीदास चतुर्वेदी

Maxim Gorky

**1-7-1905**

From Gujerati Indian Opinion by Mahatma Gandhi

A comparison can be made, upto a point, between the people of Russia and our own. Just as we are poor, the Russian people are also poor. We have no voice in conducting the affairs of state and have to pay taxes without demur, the same is true of the Russians also. Seeing such oppression, some Russians do come out bravely against it from time to time. Some time ago there was a rebellion in Russia and one of the chief participants was Maxim Gorky. This man was brought up in extreme poverty. At first he served as an apprantice to a shoe-maker, who discharged him. Afterwards he served as a soldier for some time. While in the army, he evinced a desire for education, but being poor could not get himself admitted to any good school. He then served under a lawyer and finally worked as a hawker at a baker's. All this time he continued educating himself through his own efforts. The very first book he wrote in 1892 was so excellent that he soon became famous. Thereafter, he wrote many things, all of them with a single purpose viz. to stir up the people against the tyrannies they were labouring under, to warn the authorities and to render public service, in so far as this was possible. Without caring to make money, he writes with such vehemence and bitterness that the authorities keep a steru eye on him. He has also been to jail in the service of the people and considers imprisonment an honour. It is said that there is no other writer in Europe who is as great a champion of the people's right as Maxim Gorky.

From Gujrati
Indian Opinion
1-7-1905

फीरोज़ाबाद स्टेशन

**C/o**
**Indian Embassy**
**Moscow**
६.६.६६

प्रिय शर्माजी, वन्दे।

मैं उस पुस्तक का नाम ही भूल गया, जिसके बारे में आपने लिखा था! आपका पत्र कागज़ों के समुद्र में गोता खा गया ! आप अगर नाम फिर से लिख भेजें तो उस किताब को Travancore House की लाइब्रेरी के लिये भिजवाने का प्रयत्न कर सकता हूँ। वहाँ से आप issue करा लें।

मैं ८ जून को ७½ बजे सवेरे मास्को जा रहा हूँ। १५ दिन की यात्रा है। रूसी शहीदों के बारे में कुछ लिखना है—और गोर्की के बारे में भी मसाला इकट्ठा करना है।

जुलाई में आपके दर्शन करने का विचार है। भाई शिववर्माजी दो दिन के लिये पधारे थे।

बनारसीदास

**फीरोज़ाबाद**
**29-9-66**

प्रिय शर्माजी,

And this is from a डबल हाजी, who spent 32 days in USSR this time !

I met क्रपोतकिन's (this is the right pronunciation!) brother's grandson once again, who told me outright that Kropotkin's methods couldn't succeed against the Imperiatists' forces.

It was only Lenin's policy that could succeed. अब बताइये क्या करूँ ?

I went twice to Pasternack's समाधि, but couldn't succeed in getting a photo. The light was dim.

B Das

भाषा के मामले में तो मेरे आपके विचारों में प्रायः समानता ही है।

पं. सुन्दरलालजी ने ८१वें वर्ष में प्रवेश किया है। मेरे ३६ वर्ष पहले के रेखाचित्र को आपने पसन्द किया था। दोनों चीज़ें शीघ्र ही—१५-२० दिन के भीतर—भिजवाऊँगा।

१. बारान्निकोव की पुस्तक—हिन्दी प्रचारक

२. स्व. ब्रजमोहन वर्मा के लेख—ज्ञान मंडल

दोनों छप रही हैं। आपकी रुचि के अनुकूल सिद्ध होंगी।

फीरोज़ाबाद
१५.१.६७

प्रिय शर्माजी, **जय जमना मैया की।**

'साहित्य सौरभ' की प्रति मिली होगी। जिस प्रकार की भाषाशैली के हम लोग—आप और मैं—समर्थक हैं वर्माजी को उसमें कमाल हासिल था। उनका 'खुदाई मास्टरपीस' इसका नमूना है।

क्या मैं आशा करूँ कि आप उस पुस्तक की विस्तृत आलोचना करेंगे ? P.W.A. को पुनर्जीवित करने का जो प्रयत्न किया जा रहा है, उसके बारे में आपके विचार जानना चाहता हूँ।

इस विषय पर श्री लक्ष्मण शास्त्री का लेख आपने देखा होगा। बहुत से लोग आपके Orthodox दृष्टिकोण तथा तीखी लेखनी को दोष देते हैं! जो स्पष्टवादिता के बजाय लल्लो चप्पो के अभ्यस्त हैं उन्हें दो चार चिकनी चुपड़ी क्यों नहीं खिला देते ?

बनारसीदास

आपको रूस की यात्रा करनी ही चाहिए। कोई गुन्ताड़ा भिड़ाइये। 'गुन्ताड़ा' शब्द की व्युत्पत्ति भाई हरिशंकरजी से पूछकर लिखिये। अब मैं **जनपदीय जन** बनने जा रहा हूँ।

फीरोज़ाबाद
१६.१.६७

प्रिय भाई रामविलासजी,

'साहित्य सौरभ' की पहुँच नहीं मिली! आशा है कि वह पुस्तक मिल गयी होगी और आप उसे पढ़ रहे होंगे।

माहौरजी ने अपने 'जागरण' के एक लेख में आपके ये वाक्य उद्धृत किये हैं—"ईश्वर ऐसा बुढ़ापा सबको दे।' मुझे इससे डबल आश्चर्य हुआ। 'ईश्वर' में आप कब से यक़ीन करने लगे ? और आपने मेरी वह कविता अभी तक नहीं सुनी "पार करना है मुझको अभी विधुरता का यह पारावार"

ख़ैर! जब आपको फुर्सत मिले 'साहित्य सौरभ' की विस्तृत आलोचना कर दीजिये।

विनीत
बनारसीदास

फीरोज़ाबाद
२३.३.६७

प्रिय शर्माजी,

कल मैंने 'यश की धरोहर' के नवीन संस्करण के लिये साथी भगवान दासजी माहौर पर एक विचारोत्तेजक रेखाचित्र भेजा है। छपने पर वह पुस्तक आपकी सेवा में भिजवाऊँगा। उसमें मैंने यह लिखा है—यदि देश की प्रगतिशील संस्थाऐं पारस्परिक सहयोग से काम नहीं लेतीं तो केन्द्रीय शासन सूत्र भी फासिस्ट लोगों के हाथ में चला जायगा। माहौरजी की असाधरण योग्यता का उपयोग नवीन सामाजिक व्यवस्था के निर्माण में होना चाहिये। स्कैच पढ़ने के बाद उसपर अपनी सम्मति दीजिये।

'साहित्य सौरभ' की स्वीकृति भेजते हुए आपने अपने ३१-१-६७ के पत्र में "महीने भर बाद कुछ अवकाश" मिलने पर उसे पढ़ने का वचन दिया था। अब एक महीना २३ दिन हो चुके हैं, इसलिये याद दिला रहा हूँ। वर्माजी की लेखशैली आपको पसन्द आवेगी, यह मेरा विश्वास है।

आप लोग अध्यापकी के रेगिस्तान में खेती कर रहें हैं और "ढुलमुल यकीन" बूढ़ों पर यह भार डाल दिया है! गो अब मैं 'ढुलमिल यकीनत्व' से ऊपर उठ रहा हूँ!

विनीत

बनारसीदास

फीरोज़ाबाद
3-4-67

प्रिय शर्माजी,

यदि ईश्वर में मेरा विश्वास होता तो मैं उससे यह प्रार्थना करता कि वह आपको तथा माहौरजी को अध्यापकी तथा परीक्षाओं से मुक्त कर दे!

जो शक्तियाँ नवीन सामाजिक व्यवस्था को लाने में खर्च होनी चाहिए थीं, वे रेगिस्तान में खेती करने में लगी हुई हैं!

विनीत

बनारसीदास

कल एटा से श्री मलखान सिहजी सिसोदिया पधारे थे। वे क्षेत्रीय सम्मेलन करने का विचार कर रहे हैं।

Firozabad
६-४-६७

*६ पैसे का तार*

Your delightful letter. The exact pronunciation is 'क्रपोतकिन' ! 'क्रोपोटकिन' शायद मुर्गी को कहते हैं। यह बात एक रूसी महिला ने मुझे बतलाई थी जो मेरे गलत उच्चारण से तंग आ गई थी।

"लेख ऐसा बुरा भी नहीं है" `Not so bad after all' का अनुवाद है and it gave me joy & laughter.

माहौरजी को अपनी अन्तरात्मा के विरुद्ध ३) रोज़ पर दैनिक जागरण के लिये लिखना पड़ता है। इस Social Order की बलिहारी है। Damn it !

चूँकि अंग्रेजी सहचरी भाषा (या सौत ?) बनने जा रही है, सो उस 'सौत' को मैं in advance **अंगीकार** कर रहा हूँ। Mark the word अंगीकार !

आपकी 'उपज' के बस विज्ञापन ही पढ़ने को मिलते हैं, इसलिये उनके बारे में क्या लिखा जाय ? जब मेरे नाम की लाटरी निकलेगी तब आपके सभी ग्रन्थ V.P. से मँगाऊँगा।

B Das

माहौरजी is eighteen years older than myself !

**फीरोज़ाबाद**
**7-4-67**

प्रिय रामविलास जी,

आपका पत्र फिर से पढ़ने पर मुझे खयाल आया कि कहीं मेरी चिट्ठी में आपने कठोर व्यङ्ग का अनुमान तो नहीं किया ! बात दरअसल यह है कि जबसे मेरे अनुज [स्व. रामनारायण चतुर्वेदी] को आगरा कालेज से श्री राजनाथ कुँजरू ने इसलिये निकलवाया था कि वह *'कमूनिस्ट'* है, मेरे मन में समाज-व्यवस्था को बदलने के लिये कुछ व्यग्रता रही है, यद्यपि **मैं स्वयं उस दिशा में कुछ भी नहीं कर सका** ! पर जो भी बुद्धिजीवी उस विचारधारा में यकीन रखते हैं, उनसे मैं यह आशा जरूर रखता रहा हूँ कि वे उस उद्देश्य के लिये कुछ काम करैं। आपने तो काफ़ी किया है। जब रामनारायण आगरा कालेज में इतिहास पढ़ाता था (वह इतिहास का ही First Class First था) मैं बराबर उससे यही कहा करता था कि तुम रेगिस्तान में खेती कर रहे हो ! यही बात में निरन्तर माहौरजी से कहता रहा हूँ और 'मोहवश' यही शब्द मैंने आपके लिये दुहरा दिये।

आपको मैंने लिखा या नहीं कि डाक्टर अशराफ ने पूर्व जर्मनी में हम दोनों को साथ साथ याद किया था और साथी शिवनारायणजी श्रीवास्तव के हाथ यही

सन्देश भेजा था कि हम दोनों प्रगतिशील लेखक संघ के पुनरुद्धार का कार्य करें! मेरी उपरोक्त हृद्‌गत भावना ने ही मुझे श्री अजय घोष से मिलने को बाध्य किया पर मैं किसी भी हालत में आप पर या किसी अन्य पर कठोर व्यङ्ग नहीं करना चाहता। आपके या माहौरजी के वर्तमान कार्य पर मैं आक्षेप नहीं करता। वह अपनी जगह महत्त्वपूर्ण है।

अपनी आकांक्षा मैंने लिख दी।

बनारसीदास

**House No 1117**
**Sector 8**
**रामकृष्णपुरम**
**New Delhi 22**
**[फरवरी 1968]**

प्रिय शर्माजी, प्रणाम।

पौरुषग्रन्थि की जाँच के लिए यहाँ आना पड़ा है। २८ तक तो यहाँ रहना ही है। भाई हरिशंकरजी की बीमारी का तार किसी के पास आया था, सो उसने चि. रामगोपाल को भेजा है। चिन्तित हूँ। दिल के दौरे की खबर तो १८ ता. के सैनिक में पढ़ ली थी, फिर कोई ख़बर नहीं मिली।

कृपया साथ के लेख पर अपनी **'संक्षिप्त सम्मति'** साप्ताहिक हिंदुस्तान को लिख भेजिये और विस्तार से मुझे। **मसला अहम्** है।

पौरुषग्रन्थि की जाँच के परिणाम दो तीन दिन में ज्ञात होंगे। आपरेशन फिलहाल नहीं कराना चाहता।

विनीत
बनारसीदास

*साप्ताहिक हिंदुस्तान २५ फरवरी, १९६८ के अंक से*

## हिंदी-आंदोलन को नया मोड़

### हमें मातृभाषा हिंदी में सर्वोत्कृष्ट साहित्य की सृष्टि करनी होगी

—बनारसीदास चतुर्वेदी

गत वर्ष हिंदी के पक्ष तथा विपक्ष में जो आंदोलन उत्तर तथा दक्षिण भारत में हुए, उनके विरोध अथवा समर्थन में हमें कुछं नहीं कहना, फिर भी हम इतना

निवेदन अवश्य करेंगे कि वे दुर्भाग्यपूर्ण थे और उनसे शक्ति का अपव्यय तो हुआ ही—देश के धन तथा समय की भी जबर्दस्त क्षति हुई—पर इन सबसे अधिक भयंकर दुष्परिणाम यह हुआ कि उत्तर तथा दक्षिण की जनता के बीच मनोमालिन्य उत्पन्न हो गया। इस वक्त किसी पर भी दोषारोपण करने से कुछ भी लाभ न होगा। सर्वोत्तम तरीका यही है कि हम हिंदी-भाषा-भाषी हिंदी-प्रचार की चिंता छोड़कर अपनी संपूर्ण शक्ति रचनात्मक कार्यों में लगा दें।

सन १९३८ में भी, जब मद्रास में हिंदी-विरोध की आवाज उठाई गई थी, हमने एक लेख इसी आशय का 'प्रताप' में लिखा था। हम यह दावा नहीं करते कि उस समय जो कुछ हमने कहा था, वह बिल्कुल ठीक था, अथवा जो प्रस्ताव हम इस समय रख रहे हैं वही वर्तमान गतिरोध का सर्वोत्तम इलाज है। हमें विनम्रतापूर्वक इतना ही कहना है कि हिंदी-आंदोलन के खण्डनात्मक तरीके को हमने आजमा लिया, अब रचनात्मक तरीके को भी मौका दिया जाए। मनोवैज्ञानिक दृष्टि से भी यह आवश्यक प्रतीत होता है कि हमारे नवयुवकों में हिंदी के प्रति जो उत्साह उत्पन्न हुआ है, उसका उपयोग रचनात्मक कार्यों में कर लेना चाहिए।

सबसे प्रथम हमें गंभीरतापूर्वक वर्तमान परिस्थिति पर विचार कर लेना चाहिए। यह बात हमें समझ लेनी चाहिए कि कितने ही प्रतिष्ठित अहिंदी-भाषा-भाषियों के मन में हिंदी वालों की सद्भावना में ही संदेह रहा है। उनके मन में यह आशंका रही है कि हम अपनी भाषा को दूसरों पर लाद देना चाहते हैं। स्वयं गुरुदेव (कवीन्द्र श्री रवीन्द्रनाथ ठाकुर) ने हमसे कहा था—

"आप हिंदी की तलवार हमारे सिर पर क्यों लटकाते हैं ? अपनी भाषा में आप सर्वोत्कृष्ट साहित्य की सृष्टि कीजिए, फिर हम सब लोग हिंदी पढ़ेंगे।"

स्वर्गीय रामानंद चट्टोपाध्याय के विचार भी इससे मिलते-जुलते थे। उन्होंने एक बार मुझसे कहा था—

"कराची कांग्रेस में जब एक सिंधी सज्जन सिन्ध के विषय में भाषण देना चाहते थे, तब कुछ हिंदी वालों ने हिंदी-हिंदी चिल्लाकर उन्हें बोलने से रोका। यह तो बहुत गलत बात है कि किसी सिंधी को अपने प्रदेश में ही अपनी भाषा में न बोलने दिया जाए; और सो भी तब, जब वह सिन्ध के पृथक्करण के प्रश्न पर बोलना चाहता हो।"

यह बात ध्यान देने योग्य है कि कवीन्द्र श्री रवीन्द्रनाथ ठाकुर हिंदी के समर्थक थे, उसके शुभचिन्तक थे और रामानन्द बाबू को तो हिंदी-पत्र विशाल भारत में पचहत्तर हज़ार रुपये का घाटा सहना पड़ा। ऐसे महापुरुषों की सद्भावना में हमें कोई आशंका न करनी चाहिए। स्वयं गुरुदेव ने कबीर की एक सौ कविताओं का अंग्रेजी में अनुवाद किया था और वह हिंदी के सन्त कवियों के अत्यन्त प्रशंसक थे। शान्ति निकेतन में उन्होंने हिंदीभवन की स्थापना में भरपूर सहयोग दिया था।

## गुरुदेव की चुनौती

गुरुदेव की इस चुनौती को—"आप लोग अपनी भाषा में महत्त्वपूर्ण साहित्य की सृष्टि करें, तो हम सभी हिंदी पढ़ लेंगे"—हमें श्रद्धापूर्वक स्वीकार कर लेना चाहिए।

आज से पांच-छह वर्ष पूर्व दिल्ली में बन्धुवर चन्द्रगुप्त विद्यालंकार से इसी विषय पर हमारी बातचीत हुई थी और हमारे आग्रह पर उन्होंने रचनात्मक कार्य के लिए एक आयोजना तैयार की थी। उसकी एक प्रति हमने राजस्थान के तत्कालीन राज्यपाल श्री सम्पूर्णानन्द की सेवा में भेज दी थी ! उनका जो उत्तर आया, उसका सारांश इस प्रकार है। "आप दिल्ली में बैठे-बैठे राज्यपाल पर हुक्म चलाते हैं कि यह कर दीजिए, वह कर दीजिए ! यहाँ आकर बात क्यों नहीं करते ?" खेद है कि अपने प्रमादवश मैं जयपुर नहीं जा सका और मामला जहाँ का तहाँ पड़ा रहा। अब पाँच वर्ष बाद उसी प्रश्न को फिर से उठाना आवश्यक हो गया है।

इस यज्ञ को प्रारम्भ करने के पहले हमें कुछ सिद्धांत निश्चित कर लेने चाहिए।

(१) जो लोग खण्डनात्मक प्रवृत्तियों को जारी रखना चाहते हों, वे ख़ुशी से उन्हें जारी रखें, हम उन्हें रोकना नहीं चाहते, क्योंकि हमारे कहने से वे रुकेंगे भी नहीं। हाँ, हम इस रचनात्मक यज्ञ में उनका सहयोग नहीं लेना चाहते। राजनीतिक दलबन्दी से हम इसे बिल्कुल दूर ही रखना चाहते हैं।

(२) इसका संचालन मुख्यतया साहित्यिक तथा सांस्कृतिक व्यक्तियों के हाथ में रहना चाहिए।

(३) पद-लोलुपता से बचने के लिए यही सर्वोत्तम होगा कि किसी एक व्यक्ति को संयोजक बना दिया जाए और वह अपने समानशील तथा परस्पर-पूरक सहयोगियों को चुन ले।

(४) हमारे यहाँ एक कहावत है 'तालाब खुदा नहीं कि मगर आ कूदे !' इस साहित्य-सरोवर को मगरमच्छों से बचाने का भरपूर प्रयत्न किया जाए।

## कुछ प्रारम्भिक कार्य

दिल्ली में साहित्यिकों की एक छोटी-सी सभा बुला ली जाए, पर उससे भी पूर्व एक गश्ती चिट्ठी घुमा दी जाए, ताकि हिंदी के प्रतिष्ठित लेखकों, कवियों, प्रकाशकों और शुभचिन्तकों के विचारों का पता लग जाय। वाद-विवादों से बचने का सर्वोत्तम तरीका यही है कि समानशील व्यक्तियों का ही सहयोग लिया जाय।

पहले तो हमें सम्पूर्ण हिंदी-जगत की रचनात्मक शक्तियों का सर्वेक्षण कर लेना चाहिए। जो महान कार्य हिंदी साहित्य-सम्मेलन, प्रयाग तथा नागरी प्रचारिणी-सभा, काशी द्वारा हुआ है, वह तो जग जाहिर है, पर देश भर में फैली अन्य पचासों ही छोटी-मोटी हिंदी-संस्थाओं के कार्य की ओर समुचित ध्यान नहीं

दिया गया। उदाहरण के लिए इन्दौर की मध्य भारत-हिंदी-साहित्य-समिति, हैदराबाद की हिंदी-प्रचार-सभा, मुजफ्फरपुर का सुहृद संघ, टीकमगढ़ की वीरेन्द्र केशव-साहित्य-परिषद, आगरे की नागरी-प्रचारिणी-सभा, आरा की नागरी-प्रचारिणी-सभा और मथुरा का ब्रज साहित्य-मंडल तथा भरतपुर की हिंदी-साहित्य-समिति आदि के नाम लिए जा सकते हैं। उनके सिवा हिंदी-जगत में बीसियों ही ऐसी संस्थाएं विद्यमान हैं, जिनके द्वारा भूतकाल में काफी काम हुआ है और जिनकी अन्तर्निहित शक्ति का यदि सदुपयोग किया जाय तो हिंदी-जगत में युगांतर उपस्थित हो सकता है।

ब्रज साहित्य-मंडल के हाथरस वाले अधिवेशन के समय जो जनपदीय परिषद कायम हुई थी, उसे भी पुनर्जीवित किया जाना चाहिए। वस्तुतः वह तो अखिल भारतीय संस्था थी। आचार्य वासुदेवशरण अग्रवाल हमारे पथ-प्रदर्शक थे। उनके निधन से केवल हिंदी-जगत की ही नहीं, समस्त देश की बड़ी हानि हुई है। सौभाग्य से उनका लिखा ग्रन्थ 'पृथिवी पुत्र' मौजूद है और उससे हमें बहुत प्रेरणा मिल सकती है। बिहार की राष्ट्र-भाषा परिषद ने और उत्तर प्रदेश के सरकारी प्रकाशन-गृह ने जो साहित्य-सृष्टि की है, उसकी शतमुख से प्रशंसा करनी चाहिए। यदि अन्य हिंदी-भाषी राज्य भी उनका अनुकरण करें तो बहुत काम हो सकता है।

हिंदी-जगत के विश्वविद्यालयों में जो हिंदी-विभागाध्यक्ष हैं, वे यदि चाहें तो हिंदी-आंदोलन को रचनात्मक मोड़ देने में बहुत सहायक हो सकते हैं। यदि पूरी-पूरी तैयारी के साथ इस शुभ कार्य को प्रारम्भ किया जाय तो सर्वश्री हजारी प्रसादजी द्विवेदी, धीरेन्द्र वर्मा, नगेन्द्रजी, सत्येन्द्रजी, विनय मोहन शर्मा, दीनदयाल गुप्त प्रभृति विद्वान इस यज्ञ के होता बन सकते हैं।

श्रद्धेय पं. झाबरमल्ल शर्मा, भाई हरिशंकर शर्मा और बन्धुवर हरिभाऊजी उपाध्याय अपने घर के आदमी हैं और उनका सहयोग सुनिश्चित है। पर प्रश्न यह है कि इस यज्ञ का प्रारम्भ कौन करे ? दिल्ली में राष्ट्रकवि दिनकरजी, बन्धुवर बच्चनजी, डॉ. प्रभाकर माचवे, श्री विष्णु प्रभाकर, श्री यशपाल जैन, श्री मन्मथनाथ गुप्त, भाई जगदीश चतुर्वेदी और श्रीमती सत्यवती मलिक को आगे बढ़कर इस प्रश्न पर विचार तो कर ही लेना चाहिए। भाई चन्द्रगुप्त विद्यालंकार तो अपनी सम्पूर्ण शक्ति इस यज्ञ में लगा सकते हैं। हमें विश्वास है कि सभा इत्यादि के लिए दिल्ली की हिंदी-संस्थाओं की सेवाएँ इस यज्ञ को समर्पित हो सकेंगी।

हमें किसी से झगड़ा नहीं करना। यदि तमिल प्रदेश वाले अथवा बंगाली भाई अंग्रेजी को अनन्त काल के लिए अपने यहाँ रखना चाहें तो खुशी से रख सकते हैं। हमें पूर्ण सहिष्णुता तथा दूरदर्शिता की नीति से काम लेना है। किसी पर भी हमें जोर-जबर्दस्ती नहीं करनी और सबकी निस्स्वार्थ सेवा में ही अपना कल्याण मानना है।

भारत की सभी मुख्य-मुख्य भाषाएँ राष्ट्रभाषा हैं और उनका गौरव भी सर्वथा समान ही है, पर हिंदी उनकी बड़ी बहन है और उसका कर्तव्य है कि वह छोटी बहनों की सेवा करे, लेकिन सेवा करने से पूर्व उसे सशक्त तथा समृद्ध बनना है। समस्त हिंदी-जगत में क्या पन्द्रह-बीस व्यक्ति भी ऐसे न निकलेंगे जो अपने समय तथा शक्ति का एक अंश इस महान यज्ञ को अर्पित कर दें ? अपनी मातृभाषा हिंदी में हमें सर्वोत्कृष्ट साहित्य की सृष्टि करनी है और भारत की अन्य भाषाओं से ही नहीं, वरन संसार की मुख्य-मुख्य भाषाओं से भी उच्च कोटि के ग्रंथों का अनुवाद कराना है। यदि हम तन-मन-धन से बीस वर्ष भी इस पवित्र कार्य में लगा दें तो सारे वातावरण में परिवर्तन आ जायगा और तब हिंदी के विरुद्ध भावना समाप्त हो जायगी और अन्य भारतीय भाषाएँ भी हमारी होड़ करने लगेंगी ! तब निरर्थक शत्रुता का स्थान स्वस्थ प्रतिस्पर्द्धा ले लेगी।

हिंदी आंदोलन को रचनात्मक मोड़ देने का यही एक मार्ग है। नान्यः पन्थः विद्यते।

**फीरोज़ाबाद (Agra)**
26-3-68

प्रिय शर्माजी,

भाई हरिशंकरजी का निधन वस्तुतः एक दुर्घटना है। आगरे के कई वयोवृद्ध साहित्यिक एक के बाद एक चले गये! केदारनाथ भट्ट, गुलाबराय, श्रीराम शर्मा और हरिशंकर शर्मा! अब यमराज की जो चौबों [के] मामा होते हैं (जमना मैया के भैया होने के नाते!) नज़र कहीं आगरे ज़िले पर न पड़ जाय! इससे सशंकित हूँ !

हाज़मा ख़राब हो गया है ! मन्दाग्नि वाला चौबे Capital Punishment का मुस्तहक़ है! (आजकल ७६वीं साल में उर्दू पढ़ रहा हूँ।) सरदार जाफरी की किताब मिल गयी है। 'तीन शराबी' नामक कविता बड़ी जानदार है। आपने पूँजीवाद के ख़ातमे का जो नुसख़ा बतलाया है उसके कारगर होने में फिलहाल कुछ देर है।

***डाक्टरों ने मुझे पूर्ण विश्राम की सलाह दी है*** और चिरंजीव डाक्टर रामगोपाल ने मंत्र बतलाया है "काम हराम है !" आप भी तो डाक्टर हैं। क्या मशविरा देते हैं ?

विनीत
बनारसीदास

फीरोज़ाबाद (Agra)
१६-७-६८

श्री शीला सिन्धुजी,

१३ ता. का कृपा-पत्र आज मिला।

मैं चित्र तलाश करके ***रजिस्ट्री द्वारा*** आपकी सेवा में भेज दूँगा।

डा. राम विलास शर्मा मुझ पर कृपा भाव रखते हैं और उनके आदेश का उल्लंघन मैं नहीं कर सकता। उन्होंने मुझे धमकी दी है कि साम्यवाद स्थापित होने पर वे मुझे जेल की हवा खिलावेंगे! मेरा अपराध सिर्फ इतना ही है कि मैंने जिन जीवन चरितों को लिखने का वचन दिया था, उन्हें मैं नहीं लिख पाया!

सैद्धान्तिक आधार पर मैं उनका विरोध भी नहीं कर सकता, क्योंकि अब मैं भी इस नतीजे पर पहुँच चुका हूँ कि किसी न किसी प्रकार का साम्यवाद यहाँ आना ही चाहिये!

डा. शर्मा के जेलखाने में स्वस्थ रह सकूँ, इसके लिए शक्ति संचय कर रहा हूँ।

कृपया यह कार्ड उन्हें भेज दीजिये। स्वेच्छा से नहीं, डर के मारे मुझे चित्र भेजना पड़ेगा!

विनीत
बनारसीदास चतुर्वेदी

**पुनश्च :**

२३ जुलाई शहीद आज़ाद का जन्म-दिवस है। बालकों के लिये आज़ाद की एक जीवनी छापिये। डा. भगवानदास माहौर नरसिंह राव की टोरिया, झाँसी लिख देंगे। मैं भी सहयोग दूँगा।

दस तस्वीरें मैं पुनः पढ़ रहा हूँ गज़ब की चीज है। लेख-शैली अत्युत्तम है।

फीरोज़ाबाद (आगरा)
.११.६८

प्रिय शर्माजी,

आपको यह पढ़कर हर्ष होगा कि बन्धुवर सोहनलालजी द्विवेदी को अभिनन्दन ग्रन्थ भेंट किया जा रहा है। वह लगभग तैयार हो गया है और इस महीने के अन्त तक वह प्रेस में चला जायगा।

अत्यन्त कृतज्ञ होऊँगा यदि आप द्विवेदी के कृतित्व अथवा व्यक्तित्व के विषय

में अपने विचार मुझे शीघ्र ही लिख भेजें, ताकि उन्हें उपयुक्त स्थान पर प्रकाशित किया जा सके।

अस्वस्थता के कारण मैं हाथ से पत्र लिखने में असमर्थ रहा हूँ, मजबूरन छपा-छपाया कार्ड भेज रहा हूँ। [बाकी अंश हाथ से लिखा हुआ]

यदि आपके मन में लिखने का कुछ उत्साह हो तो कृपया **अवश्य** लिखें। मैं जानता हूँ कि आपको अत्यन्त व्यस्त रहना पड़ता है, इसलिए आग्रह करते हुए संकोच होता है।

क्षमा प्रार्थी

बनारसीदास चतुर्वेदी

"प्रगतिशील लेखकों का मुख्य कर्तव्य" नामक लेख आज पत्रों को भेज रहा हूँ। सम्भवतः 'सैनिक' के रविवार के अंक में छपे। कृपया पढ़ लीजिये।

बनारसीदास

**फीरोज़ाबाद**

**27-11-68**

*निजी*

प्रिय शर्माजी, प्रणाम।

आपके कृपा-पत्र के लिए कृतज्ञ हूँ। उसका यथास्थान उपयोग कर लूँगा। समय इतना कम था कि उससे अधिक लिखना संभव भी नहीं था।

मैंने ग्रंथ के प्रकाशकों से अनुरोध किया है कि वे लेखकों को काफी समय दें और पर्य्याप्त पारितोषिक भी, नहीं तो अच्छे लेख मिल ही नहीं सकते।

मिठाइयों के प्रति मेरे हृदय में कोई भी आकर्षण *अब* नहीं रहा (सिवाय 'सन्देश' के जो मेरे लिये औषधि रूप है!) पर बच्चों को मिठाई खाने से कौन रोक सकता है ?

अभिनन्दन ग्रंथों की फीकी मिठाई स्वादहीन बन चुकी है, फिर भी उसकी दुकानें चलती ही हैं और चलती रहेंगी!

बीस-तीस वर्ष से मैं अभिनन्दन ग्रंथों को दूसरा रूप देने की बात लिखता रहा हूँ, पर उधर लोगों का ध्यान ही नहीं गया! खैर आशा है कि आप सकुशल हैं।

विनीत

बनारसीदास चतुर्वेदी

**पुनश्च :**

आलोचना में आपका स्व. निरालाजी पर बढ़िया लेख पढ़ा। हार्दिक बधाई।

"प्रगतिशील लेखकों का मुख्य कर्तव्य" 'सैनिक' में छप गया है (२४ नवम्बर के अंक में) स्व. डाक्टर अशराफ साहब ने हम दोनों के लिए पूर्व जर्मनी से एक संदेश भेजा था—प्रगतिशील लेखक संघ को पुनर्जीवित करने के लिए—पर "हम खाली न तुम खाली"

**6 A.M.**
**४ लाजपत कुंज**
**१६-१२-६८**

शाम तक घर पहुँच जाऊँगा।

प्रिय शर्माजी,

आप अपने इस निर्णय पर कि अब आप आलोचना नहीं लिखेंगे, पुनः विचार कीजिये! इससे मेरे जैसे समानशील व्यक्ति ही घाटे में रहते हैं। एक बार पूज्य महावीर प्रसाद द्विवेदी ने मुझे एक पत्र में शिकायत के तौर पर लिखा था :

"बूझिहैं जो पै सुजान नहीं तो
..... अजान कहाँ लगि बूझि है ?"

वह उक्ति ठीक ठीक याद नहीं रही। बात यह हुई कि एक पुस्तक की आलोचना मैंने स्वयं न करके दूसरे से संक्षेप में करा दी थी और उस पुस्तक की भूमिका स्वयं द्विवेदीजी ने ही लिखी थी!

***रूस की साहित्यिक यात्रा*** की रिव्यू जब आपने नहीं की तो मुझे हार्दिक दुःख हुआ था। आपके निर्णय से धूर्त-पाखण्डी लेखक ही मुनाफे में रहते हैं। वे साफ बच जाते हैं। मैं यह भी मानता हूँ कि आप खुद भी घाटे में रहते हैं! To keep silence, when you ought to speak out detracts from your status as a critic. It definitely means a loss of your personality as an independent writer.

Do reconsider your decision. I begin my 77th year on Dec 24th and I do not write these lines for any selfish purpose. I felt it my duty to let you know my idea on this subject.

आप जैसा भी मुनासिब समझें करें। रोमा रोलाँ की पुस्तक I will not rest आपने देखी होगी। एक किताब 'I will not keep silent' भी वे लिख सकते थे।

Our differences are really insignificant. Dr. Ashraf had his hopes on our joint force! Have you seen the memorial volume about him ?

Sincerely
B Das Chaturvedi

डाक्टर गोविन्द दास से क्षमा याचना करते हुए पत्र अंग्रेजी में घसीट दिया है। अपने संस्मरण लिखने के लिए आपके आदेश को मद्देनज़र रक्खूँगा।

।। ओ३म् ।।
डा. हरिशंकर शर्मा स्मृति-ग्रंथ समिति
(आर्य प्रतिनिधि सभा उत्तर प्रदेश)
५, मीराबाई मार्ग, लखनऊ

प्रधान सम्पादक
श्री बनारसीदास चतुर्वेदी

संयोजक :
कृष्णलाल 'कुसुमाकर'
१९६, आर्य नगर, फीरोजाबाद (आगरा)
दिनांक २३-२-१९६९

मान्यवर,

स्वर्गीय डा. हरिशंकर शर्मा 'कविरत्न' की पुण्य-स्मृति में स्मृति-ग्रथ प्रकाशित किया जा रहा है। इस विश्वास के साथ हम यह पत्र आपकी सेवा में भेज रहे हैं कि इस कार्य में आपका भरपूर सहयोग प्राप्त होगा।

स्वर्गीय शर्माजी के व्यक्तित्व या कृतित्व के संदर्भ में आपका महत्वपूर्ण लेख अपेक्षित है। सम्पादनकार्य चल रहा है। अतएव यथाशीघ्र अपनी रचना भेजने का अनुग्रह करें, जिससे कि हम ग्रंथ में उसे उपयुक्त स्थान दे सकें। कृपा के लिए कृतज्ञ।

भवदीय :—
डॉ. हरिशंकर शर्मा स्मृति-ग्रंथ समिति

बनारसीदास चतुर्वेदी

फीरोजाबाद (आगरा)
ता. 21-5-१९६९

प्रिय शर्माजी,

प्रणाम। भाई हरिशकरजी पर आप अपने सस्मरण यदि विस्तार से १५/२० दिन के भीतर ही लिख दें तो अत्युत्तम हो।

संस्मरण विषयक आपके प्रस्ताव पर गंभीरता पूर्वक विचार कर रहा हूँ। दिल्ली

में Stenographer मिल जायगा, इसलिये दिल्ली जाने का विचार है। J.C Mathur साहब का भी यही मत है। आपकी न्यू क्लस [क्लास?] की बात भी विचारणीय है, पर जब तक वह क़ायम न हो, क्या पारस्परिक पत्र-व्यवहार से कुछ काम नहीं चल सकता ? गान्धीवादियों में भी पारस्परिक सौहार्द्र का अभाव है और साम्यवादियों में भी भाई चारा नहीं पाया जाता ! हम लोग एक दूसरे के दुख-दर्द में शामिल नहीं होते—वह तो बहुत दूर की बात है—कार्ड भेजने में भी दरिद्रता का प्रदर्शन करते हैं ! 'वचने किं दरिद्रता' की जगह मैं 'कार्डे किं दरिद्रता' का प्रयोग करता हूँ।

That an eminent Literateurs & critic of your eminence has offered to give me time, is really heartening & it gives me hope to live a little longer !

सा. हिन्दुस्तान वाले, आपके लेख की प्रतीक्षा कर रहा हूँ।

प्रिय शर्माजी,

कृपया स्व. हरिशंकरजी विषयक अपने संस्मरण विस्तार से लिख दीजिये। Your talk that evening was an eye-opener to me ! Indeed I have wasted a good deal of my time in useless work, while neglecting to write my संस्मरण's,. पर क्या किया जाय ? मुझे एक डिक्टेटर की ज़रूरत है!

विनीत
बनारसीदास

बनारसीदास चतुर्वेदी — फीरोजाबाद (आगरा)
ता. ११-११-१६६६

प्रिय शर्माजी,

सादर प्रणाम।

कृपा पत्र मिला। आपके आदेश का मुझे ख़याल है। स्वस्थ होने पर अवश्य ही कुछ संस्मरण लिख देना चाहता हूँ, यद्यपि उनका कुछ महत्व नहीं।

विचारे चि. सुरेन्द्र (मेरे जामाता) पर बज्रपात हुआ है ! उनके बड़े भाई का ४६-४७ वर्ष की उम्र में ही Heart failure से स्वर्गवास हो गया ! वे हरदा (MP) में Inspector थे। उनके पाँच बच्चे हैं !

मेरी तबीयत भी इधर ख़राब रही। अब बेहतर हूँ।

विनीत
बनारसीदास

**पुनश्च :**

आपकी इस **भीष्म प्रतिज्ञा** को कि आप Review नहीं करेंगे मैं तुड़वाना नहीं चाहता ! जब आपने रूस की साहित्यिक यात्रा की ही आलोचना नहीं की तो नीलकंठ गोर्की की क्या करेंगे ?

पर आपकी उस प्रतिज्ञा से समानशील सहयात्री बड़े घाटे में रहते हैं, इस बात को आप न भूलें। मैं तो अब Retire ही होना चाहता हूँ, इसलिये आपको भविष्य में तंग नहीं करने का। अपना मार्ग मैंने निश्चित कर लिया है।

**House 1117, Sector VIII**
**R.K. Puram,**
**New Delhi 22**
**31-3-[72]**

प्रिय शर्माजी,

उस दिन आपकी कृपा से पद्मसिंह कक्ष, माता पार्वती देवी का मकान तथा डा. राज़दान के निवास स्थान की तीर्थ यात्राऐं हो गयीं ! तीनों जगह मेरे लिए तीर्थ तुल्य हैं।

मैं अब यह अनुभव करता हूँ कि सन् १९६९ में अपने आपरेशन के दिनों में यह सुझाव रखकर कि मेरे तथा अमृतलालजी के लिए विद्यापीठ चाय का प्रबन्ध कर दे, मैंने भूल ही की थी, पर चाय का नाम आचार्य पद्मसिंह के साथ इतना जुड़ गया था कि मैं वह भूल अनायास ही कर बैठा ! मेरे उस पत्र का कोई उत्तर नहीं आया। इससे मैं उद्विग्न हो गया। इसे भी मैं अपनी ही ग़लती मानता हूँ। आख़िर अधिकारियों की कुछ सीमाएँ हैं। किसी को चाय पर बुलाने का नियम तब विद्यापीठ में नहीं था। यदि यह बात तभी मुझे ज्ञात हो जाती तो ग़लतफ़हमी न होती ! ख़ैर पर दूसरी कार्रवाई मेरी समझ में नहीं आई।

मेरे पत्र जिस अंक में छापे थे उसकी प्रति तो मुझे यथा समय भिजवानी ही थी। खैर कोई बात नहीं।

यदि संभव हो तो पद्मसिंह कक्ष पर facts & figures भी शास्त्रीजी द्वारा भिजवाइये। कितने ग्रंथ हैं, किन-किन के पत्र हैं? राष्ट्रपति के भाषण का सारांश भी मुझे चाहिये।

अपने सहयोगियों को मेरा प्रणाम कहिये। कभी फिर आगरे आने पर उन सबके दर्शन करने की इच्छा है। श्री मुंशी से मिलूँगा।

बनारसीदास

R.K. Puram 8th / 1117
New Delhi 22
[1974]

—तार—

प्रणाम।

पत्र मिला—

श्री मित्रोखिन मिले थे। फिर भी पधारें तो उन्हें a strong doze of common sense देनी ही है!

पद्‌मसिंह शर्मा के नाम लिखे गये पत्रों के Reprints की प्रतियाँ बिकाऊ हों तो खरीदी जा सकती हैं। स्वर्गीय माता प्रसाद गुप्त तो परलोक में पाठभेद में मुब्तला होंगे। उन्हें disturb नहीं करना। अपनी sensitiveness के कारण ही मैं बुरा मान गया था। तब पौरुष-ग्रन्थि से पीड़ित भी था।

श्री मुंशी से मुलाकात करने का विचार है। ***समानधर्मा*** हैं।

हरिशंकर ग्रंथ के बारे में आप अपने विचार विद्याशंकर को बतला दें।

यदि चि. रामगोपाल एक कमरा आगरे में बनवा दें तो कभी कभी आपसे मिलना हो जाय।

B Das

१० दिन बाद स्थायी पता :—
Kotdwar
Dt. Garhwal

C/o Dr. R.G. Chaturvedi
House No. 1117, Sector 8,
R.K. Puram
New Delhi 22
[1974]

प्रिय शर्माजी,

प्रणाम।

यदि संभव हो तो भारतीय साहित्य वर्ष १४ अंक-२ से उद्‌धृत पद्‌मसिंह शर्मा पत्र-संग्रह का Reprint श्री अमृतरायजी को भिजवा दीजिये। उसमें प्रेमचंद जी

के ५ पत्र छपे हैं, जिन्हें शायद उन्होंने न देखा होगा। १९६९ में प्रकाशित अपने पत्रों को मैं ६ वर्ष बाद देख पाया, इसे मैं एक आकस्मिक घटना ही मानता हूँ। यदि स्वयं आपकी कृपा से विद्यापीठ न जाता तो शायद यह सौभाग्य कभी भी प्राप्त न होता।

आचार्य पद्मसिंहजी का मैं कितना कृपा पात्र था, यह जानते हुए भी श्री उदयवीर शास्त्रीजी ने मुझे इस योग्य न समझा कि वह Reprint मुझे भी भेज देते ! शायद किसी को भी न भेजे होंगे। What lack of courtesy & imagination !

बनारसीदास

मैं उन पत्र-सग्रह के रिप्रिण्ट्स की ५-५ प्रतियाँ खरीदना चाहता हूँ। क्या कीमत होगी?

४ लाजपत कुज [आगरा]

[जुलाई १९७४]

प्रिय भाई शर्माजी,

कल का आकस्मिक मिलन मेरे लिए बहुत प्रेरणाप्रद रहा और आपके सुलझे हुए विचारों से मुझे बहुत कुछ सीखने को मिला।

मैं आपकी गतिविधियों की खोज ख़बर रखता रहा, पर यह निश्चय कर चुका था कि आपको disturb **नहीं** करूँगा। पत्र लिखने का भी विचार मैंने छोड़ दिया था। सोचता था—If we are destined to meet, we shall meet. इसलिए उस आकस्मिक मिलन से मुझे हर्ष तथा सन्तोष मिला।

यद्यपि आपके academic रूप के सामने नतमस्तक हूँ, तथापि यह भी feel करता हूँ कि सहयात्रियों के साथ कभी कभी दो बात कर लेना भी शायद जरूरी है।

I have **not** much time left now. Nor have I any ambitions in the literary or political field.

आपकी गार्हस्थिक परिस्थिति का मुझे पता नहीं था और अब मैं आपकी चिन्ता का अनुमान कर सकता हूँ। आप अपने कर्तव्यों का पालन दृढ़तापूर्वक कर रहे हैं, यह जानकर सन्तोष होता है। मैं *शीघ्रातिशीघ्र* घर लौट रहा हूँ। फिर ज्ञानपुर चला जाऊँगा।

आपकी Illuminating talk के लिए पुनः पुनः धन्यवाद।

विनीत

बनारसीदास

**P.S.** I have **no** idea to visit पद्मसिंह कक्ष.

**On Way to Firozabad**
**17-7-1974**

प्रिय शर्माजी,

प्रणाम।

The two talks with you were really illuminating and I was really surprised with your power of expression ! It was for the first time that we had such long & serious conversation.

It is a pity that we didn't do so earlier.

यदि फिर मैं अक्टूबर नवम्बर में आ सका तो फिर टहलते हुए किसी दिन बातचीत हो जायगी।

श्री Dubeजी से मैंने ही पद्मसिंह ग्रंथ आपको भिजवाया था। आपके ग्रंथ मैं अब पढ़ूँगा।

B Das Chaturvedi

K.M. Munshi विद्यापीठ में जब कभी चाय के लिए प्रबन्ध हो सकेगा, मैं उसकी तीर्थ यात्रा करूँगा। साम्यवादी पार्टी की भीतरी स्थिति पर आपका ज्ञान बहुत गहरा है।

फीरोज़ाबाद
२२-७-७४

प्रिय भाई शर्माजी, प्रणाम।

अब की बार आगरे आने पर बिना बुलाये ही पद्मसिंह कक्ष की तीर्थ यात्रा करूँगा।

१६६६ में पौरुष ग्रंथि के कारण बहुत कमज़ोर हो गया था और मानसिक संतुलन खो बैठा था ! चाय की शर्त रखना मूर्खतापूर्ण था। चूँकि आचार्य पद्मसिंह जी चाय के शौकीन थे, इसलिए मज़ाक में चाय की चर्चा पत्र में कर दी। पत्र की पहुँच भी नहीं आई थी, इसलिए कुछ बुरा ज़रूर मालूम हुआ था। पर मूल में गलती मेरी ही थी।

श्री कुलदीप नारायण झ ३ प P.O. Lilkar Dt. Ballia को एक कार्ड भेजकर चतुर्मुख का पद्मसिंह-अंक भेंट-स्वरूप अवश्य मँगा लें। मेरा ज़िक्र कर दें। दोनों ग्रंथ पूरक हैं।

आपका महाकवि निराला विषयक ग्रंथ यहाँ के किसी कालेज की लाइब्रेरी में

मँगवा लेने का विचार है। "आवारा मसीहा" विष्णुजी का बस शक्ल से देखा है। मैं तो प्रायः पुस्तक खरीदकर रिव्यू करता हूँ।

विनीत

बनारसीदास

मेरी सीमित शक्तियों का विकेन्द्रीकरण होता रहा है। Decentralisation अराजकवाद का मूल सिद्धान्त है। 'कवि श्री' में निरालाजी की कविताऐं देखीं।

नक़ल

श्री राजेन्द्र रघुवशी ६-१०-७४

C/o 'अमर उजाला' आगरा

*निजी*

प्रिय श्री रघुवंशी जी, मैं आपका ध्यान सितम्बर १९७४ की **सरस्वती** में प्रकाशित प्रोफेसर कुबेरनाथराय के लेख 'कविर्मनीषी परिभू स्वयं भू' नामक लेख की ओर आकर्षित करता हूँ, जिसमें मार्क्सवाद पर भयंकर आक्षेप किये गये हैं और उसकी उपमा सर्प तथा राक्षस से दे दी गई है। यही नहीं, उसे फैसिस्म के समकक्ष बिठला दिया गया है। श्री कुबेरनाथ कलाकार हैं—अच्छा लिख लेते हैं, शिल्पी हैं, पर उनके विचार **प्रतिक्रियावादी** हैं।

मेरी समझ में सारा झगड़ा राष्ट्रीयता तथा अन्तर्राष्ट्रीयता के बीच का है। दोनों दृष्टिकोणों में अन्तर है, जो स्वाभाविक है। यह ख़याल कर बैठना कि ऋषि और मनीषी केवल भारत में ही उत्पन्न हो सकते हैं और हमारा देश ही भगवान की Chosen प्रिय भूमि है और शेष दुनियाँ हमारा अनुकरण करे भयंकर भूल है। अन्य देशों में भी बड़े से बड़े महापुरुष पैदा हुए हैं और होते रहेंगे।

भागवत में कहा है—"मनुष्य का उतने ही अन्न पर अधिकार है, जितने से उसका पेट भरे। उससे जो ज्यादा लेता है वह **चोर** है और दण्डनीय है" यावद् भ्रियेत जठरं ''' यह बात किसी मार्क्सवादी ने नहीं कही थी। साम्यवादियों तथा फैसिस्टों को एक पंक्ति में बिठलाना खुदा और शैतान को समकक्ष बतलाना है।

**कृपया भाई रामविलास शर्माजी का ध्यान इस लेख की ओर आकर्षित कर दें। किसी पत्रिका विशेष को महत्त्व न देते हुए** हमें प्रतिक्रियावाद का डटकर विरोध करना है। प्रतिष्ठित हिंदी पत्र पत्रिकाओं में जो छिछली परिचर्चाएँ चलाई जा रही हैं, जिस प्रकार के सिद्धान्तहीन लेख छप रहे हैं उनका विरोध होना ही चाहिए।

कण्ठ की स्वाधीनता के मानी ये नहीं हैं कि जिसका मन चाहे वह साहित्य सरिता में संखिया घोलकर डालता रहे। आप सम्मेलन के प्रधान तथा अन्य लेखकों का ध्यान इस ओर आकर्षित करें।

विनीत

बनारसीदास

**Gyanpur Dt. Benaras**

६-१०-७४

प्रिय शर्माजी,

मैं पहुँच नहीं सका इसका मुझे खेद है। कई साहित्यिक कार्य बिल्कुल अधूरे पड़े हैं और यात्राऐं मेरे लिये अब अत्यन्त कष्टप्रद होती हैं। ८३ वीं वर्ष शुरू होने वाली है और ज्यादा लिख-पढ़ नहीं सकता।

क्षमाप्रार्थी

बनारसीदास

नवम्बर-दिसम्बर में आगरे पहुँचने पर किसी न किसी दिन साथ-साथ टहलना हो ही जायगा।

ज्ञानपुर, (बनारस)

२०-१०-७४

प्रिय शर्माजी,

प्रणाम।

आशा है कि प्रगतिशील लेखक सम्मेलन सानन्द सम्पन्न हो गया होगा। अमर उजाला में तो केवल प्रथम दिन की ही कार्रवाई छपी थी। पत्रों में स्थान की कमी के कारण विशेष विवरण छपवाना तो कठिन ही है। आगरे पहुँचने पर आपके impressions सुनूँगा।

यह कार्ड मैं एक विशेष उद्देश्य से लिख रहा हूँ। आपकी प्रेरणा से एक बहन स्व. बदरीनाथजी भट्ट पर शोध कर रही हैं। वे मैनपुरी की हैं और आगरे में मुझसे मिली भी थीं पर उनका नाम तथा पता मैं भूल गया! उनका एक पत्र भी आया था, जो पत्रों के समुद्र में गोता खा गया, यद्यपि उसका विस्तृत उत्तर मैंने उन्हें

भेज दिया था। "बीसवीं सदी के प्रथम दो दशकों की सरस्वती" श्री संतशरण सिंह ज्ञानपुर के शोध प्रबन्ध में बदरीनाथ भट्ट के 'सरस्वती' में प्रकाशित लेखों की सूची है, जो उनके लिए उपयोगी हो सकती है। श्री संतशरण सिंह जी यहाँ हिंदी विभागाध्यक्ष हैं।

भट्टजी की ४० रचनाएँ तब तक 'सरस्वती' में छपी थीं।

विनीत

बनारसीदास चतुर्वेदी

ज्ञानपुर (बनारस)

३१-१०-७४

प्रिय शर्माजी,

२७ अक्टूबर का कार्ड मिला। उसके पहले का जो फीरोज़ाबाद भेजा गया था, नहीं मिला। आगरे से अब पत्र २०-२० दिनों में पहुँचते हैं, पर आपका कार्ड ४ दिन में ही आ गया, यही आश्चर्य की बात है।

यहाँ के हिंदी विभागाध्यक्ष ने एक लघु-निबन्ध 'सरस्वती' के प्रथम बीस वर्षों पर प्रस्तुत किया था और उसमें स्वर्गीय भट्टजी के ४० लेखों की सूची उन्होंने दे दी थी। उस सूची को देखकर मुझे मैनपुरी की उन बहन का ख़याल आया। वे आगरे में मुझसे मिलीं भी थीं, पर उनका नाम तथा पता मैंने नोट नहीं किया था। हाँ, उनके पत्र का विस्तृत उत्तर मैंने दे दिया था।

अपने विवाह के पहले जो **निजी** पत्र स्व. बदरीनाथजी भट्ट ने लिखे थे, वे मेरे पास घर पर हैं, पर उनका उपयोग तो हो ही नहीं सकता। "हिन्दी वालो पीछा छोड़ो" नामक कविता भी है। एकाध पत्र शायद और भी हो। वि.भा. की पुरानी फाइलों में दो एक लेख भी होंगे। बस!

आपके कार्ड का "डंक" अंतिम गद्य में हैं—जिसमें आपने मेरे संस्मरणों की याद दिलाई है!

आगरे पहुँचने पर उसकी चर्चा चलेगी। किसी दिन टहलते हुए और फिर चाय पीते हुए भी।

विनीत

बनारसीदास

स्व. रामशंकरजी त्रिपाठी ने सात वर्ष तक निरालाजी के साथ ही भोजन किया था, यह बात "लोक मान्य" में छपी है। आपके शुभ नाम का भी उल्लेख है।

Firozabad
Agra
6-8-1977

प्रिय भाई शर्माजी, प्रणाम।

श्री नेमिशरण मित्तलजी के लेख में यह पढ़कर कि आप दो घंटे प्रतिदिन—यदि फुर्सत मिल सके तो—मेरे संस्मरण लिखने के लिए दे सके हैं, मुझे आश्चर्य तथा हर्ष हुआ। पहले तो आप मुझे जेल भिजवाने के पक्ष में थे ताकि वहाँ मुझे एकान्त मिल सके!! दुर्भाग्य की बात यही है कि मेरे लिए आगरे में रहना सम्भव नहीं और यहाँ पर सहायक १।।) फी घंटे प्रतिदिन देने पर भी नहीं मिल रहा। But I do not **attach** much importance to my संस्मरण's. महापुरुषों की खोज में इस शीर्षक से लेख शुरू किये थे, पर क्रम चला नहीं।

बहरहाल मैं फीरोज़ाबाद की गन्दगी की बलिवेदी पर शहीद बनने के ख़तरे में हूँ। शहीदों की कीर्तिरक्षा के लिए ३० वर्ष लगा देने के बाद मुझे शहादत का पुरस्कार मिलना ही चाहिए! इस नगर में सुअरों, बन्दरों, मक्खियों तथा मच्छरों को पूर्ण स्वराज प्राप्त है। बक़ौल श्री हज़ारीप्रसाद द्विवेदी यहाँ अराजकवाद हो चुका है!

विनीत
बनारसीदास चतुर्वेदी

Agra
२२-११-७६

प्रिय शर्माजी,

प्रणाम। आपके दर्शन किसी भी मीटिंग में न हुए। इससे चिन्तित हुआ था। डोरिलालजी ने बताया कि आपकी धर्मपत्नीजी की तबीयत ख़राब है। आशा है कि अब कुछ सुधार हो रहा होगा।

'सरस्वती' में आप पर लेख···· [अस्पष्ट]

मैं अब फीरोज़ाबाद जा रहा हूँ।

बनारसीदास

फीरोज़ाबाद
[दिसंबर १९७६]

प्रिय भाई रामविलासजी,

प्रणाम।

कृपा पत्र के लिए कृतज्ञ हूँ। आपकी स्थिति की कल्पना मैं कुछ कुछ कर सकता

हूँ। सभा-सुसाइटियों में जाने में समय का प्रायः अपव्यय ही होता है।

मैं एक सलाह आपसे लेना चाहता हूँ। मेरे संग्रह का मुख्य अंश तो National Archivs मैं सुरक्षित हो चुका है, पर पुस्तकालय तथा शेषांश कहाँ सुरक्षित कराऊँ? यह सवाल मेरे सामने है। क्या K. M. विद्यापीठ उसकी रक्षा कर सकेगी?

पैसे का सवाल मेरे सामने गौण है। जो भी मिलेगा उसी से संतोष कर लूँगा। रक्षा तथा उपयोग मुख्य प्रश्न है। कभी फुर्सत मिलने पर अपनी राय लिख भेजैं। कृतज्ञ होऊँगा।

बनारसीदास

[नवम्बर १६८३]

प्रिय भाई शर्माजी,

आपकी विपत्ति में मेरी हार्दिक सहानुभूति है। स्वयं भुक्तभोगी होने के कारण मैं कुछ आपकी व्यथा का अनुमान कर सकता हूँ।

लम्बी बीमारी में आपने उनकी बहुत सेवा की।

बनारसीदास

साथी शिवनारायण श्रीवास्तव से यह दुखद समाचार मिला। ६२वाँ वर्ष शुरू होने के कारण लिखना पढ़ना कठिन है।

फीरोज़ाबाद

# किशोरीदास वाजपेयी के पत्र

ना. प्र. सभा
वाराणसी
६-३-५६

प्रिय सम्पादकजी,

नमस्कार।

मार्च का "समालोचक" एक सज्जन ने लाकर दिखाया। "शब्दानुशासन" पर खूब लिखा है—खूब ब्यौरे से लिखा है, पढ़कर लिखा है। "देर आयद, दुरुस्त आयद"। रिस की जगह रस ने ले ली।

"अवध" और "बैसवाड़ा" इसी तरह हैं, जेसे "हाथ" और "हथेली"। हाथ का ही एक अंश "हथेली" है; पर "हथेली" की जगह "हाथ" नहीं कह सकते। और सूक्ष्म भेद करें, तो "बैसवाड़ा" अलग है, अवध से और "बैसवाड़ी" बोली अलग है, अवधी से। स्थूलतः "बैसवाड़ी" अवधी का ही एक रूप है।

"हिन्दी शब्द मीमांसा" की जगह (रिव्यू में) "हिन्दी-मीमांसा" छप गया है।

मेरे लेख में पृ. २० के दूसरे कालम की अंतिम पंक्ति में "सर्वनाम" की जगह "अव्यय" छप गया है। और सब ठीक है।

आज रात की गाड़ी से हरिद्वार जा रहा हूँ।

—कि. दा. वाजपेयी

कनखल
२५-६-६१

प्रिय शर्माजी,

नमस्कार।

आप की नई पुस्तक "भाषा और समाज" मिल गई। इसमें दो मत नहीं हो सकते कि प्रकृत विषय को आपने हृदयंग किया है, इस विषय का पूरा अध्ययन किया है और फिर स्वतंत्र प्रज्ञा से उस पर विचार किया है—ऊहापोह किया है और तब तर्क-निकष पर रगड़कर तत्त्व-विनिर्णय किया है—इसके बाद इस विषय पर कलम उठाई है। इसीलिए इतनी पक्की चीज देने में कृतकार्य हुए हैं। इस विषय में यह हिन्दी की एक निधि है।

किसी का कहीं मत-भेद हो, साधारण बात है। संसार की कौन-सी कृति है, जिस पर किसी-न-किसी का मतभेद न हो। परन्तु अपना मत-भेद प्रकट करने की यह शास्त्रीय पद्धति नहीं है कि कह दिया—"हमारा मत-भेद है"। यदि मत-भेद है, तो स्पष्ट प्रकट करके, विमत का प्रत्याख्यान करके, स्वमत का सयुक्ति प्रतिपादन करना चाहिए। "हमारा मत-भेद है", इतना लिखकर भ्रम पैदा करना सारवत धर्म नहीं है। मैं उत्सुकतापूर्वक प्रतीक्षा करूँगा, कौन आप की स्थापनाओं का प्रत्याख्यान करता है?

किशोरीदास वाजपेयी

कनखल
९–१०–६१

प्रिय शर्माजी,

नमस्कार।

स्वास्थ्य ठीक होने पर "भारतीय भाषा विज्ञान" देखिएगा जरूर। आप के देखने लायक है। एकदम नई चीज है। संभव है, कहीं मतभेद भी हो।

जैसे आपकी कृतियों को लोग मौन ग्रहण करते हैं, उसी तरह मेरी पुस्तकों को भी। ईर्ष्या से हर्ष नहीं प्रकट कर सकते, मन में चाहे जितनी अच्छी लगे चीज। जहाँ मत-भेद हुआ, वहाँ भी खुलकर बोल नहीं सकते, डरते हैं कि कहीं अपनी ही जड़ता न हो और भद्द कुटे। चुप्पी के ये ही दो कारण हैं। मेरी पुस्तकों से सब लेते हैं, पर नाम किसी ने नहीं लिया। यह पहला ही अवसर है कि एक पुस्तक में—"भाषा और समाज" में—अपनी किसी पुस्तक के उद्धरण देखे, अपना नाम देखा। देश की संस्कृति आज ऐसी ही है।

कि. दा. वाजपेयी

हिमालय एजेंसी, कनखल (उ.प्र.)
(पं. किशोरीदास वाजपेयी की लिखी पुस्तकों के प्रकाशक तथा विक्रेता)

१६–११–६१

प्रिय शर्माजी,

नमस्कार।

कार्ड मिला। भाषा विज्ञान भी देख गये होंगे, यदि स्वास्थ्य ठीक रहा होगा। पर इस कार्ड में उसका कोई ज़िक्र नहीं है कि कैसा लगा, या कहाँ क्या मतभेद है।

दिसंबर में कलकत्ता वाले इस "उजड्ड" का सम्मान करने वाले हैं। आप चल सकेंगे, तो अच्छाः होगा; उत्सव सफल होगा।

आपका—
कि. दा. वाजपेयी

कनखल
२७-११-६१

प्रिय शर्माजी,

नमस्कार।

ता. २३ का कार्ड मिला। पुत्री की वैसी स्थिति में आपका प्रवास कभी भी ठीक नहीं, उचित नहीं और सुखकर भी नहीं। इस रोग को अब "ला-इलाज" नहीं समझा जाता। भगवान् चाहेंगे, तो वह उचित चिकित्सा से पूर्ण स्वस्थ हो जाएगी। आप शायद "भगवान्" को न मानते हों। तो वह मेरा प्रयोग है न! मैं जन्मना समाजवादी हूँ, पर कुछ संस्कार दूसरे भी हैं।

कि. दा. वाजपेयी

**पुनश्च —**

जल्दी नहीं है। जब तन-मन से स्वस्थ और सावकाश हों, तब उस पुस्तक को देखकर कहीं अपने विचार प्रकट कीजिएगा।

कि.

आप कलकत्ते अपना शुभ संदेश डाक से भेज दें।

कि.

कनखल
२८-११-६१

प्रिय शर्माजी,

नमस्कार।

कल एक कार्ड भेजा था। आज अलमारी साफ करते समय डा. चाटुर्ज्या का एक पत्र मिल गया। आपको देखने के लिए भेज रहा हूँ। वापस करने की जरूरत नहीं है। चाटुर्ज्या के और आपके विचारों में आकाश-पाताल का अन्तर है। आप मेरी उस पुस्तक पर कुछ लिखना चाहते हैं, इसीलिए यह पहलू भी आप के सामने रख देना जरूरी समझा।

मैं इस पत्र को छपने भेज रहा था पर चाटुर्ज्या साहब ने लिखा है कि प्रेस में चलने को तैयार नहीं; इसीलिए रोक लिया; छपने नहीं भेजा।

मैं चाटुर्ज्या का सम्मान करता हूँ। आप उनके विचारों से सहमत न हों, तो अपने विचार रखें। उनके विचारों का प्रत्याख्यान करना हो, तो भी उनके नाम का या इस पत्र का हवाला न दें। वैसे इस पत्र में कोई साफ बात तो कही नहीं है कि उसका प्रत्याख्यान किया जाए।

आपका

कि. दा. वाजपेयी

**कनखल**

४-१२-६१

प्रिय शर्मा जी,

नमस्कार।

कार्ड ता. १ का मिला। वह समारोह **१० दिसम्बर** को है। अपना सन्देश इस पते से भेजिए—अभिनन्दन मंत्री, ३६ वाराणसी घोष स्ट्रीट, कलकत्ता-७।

इस कार्ड के पहुँचते-पहुँचते निमंत्रण कलकत्ते से भेजा हुआ पहुँचेगा। न पहुँचे, तो आप उसकी चिन्ता न करें। वे लोग सबको जानते नहीं हैं। वैसे आपका एक पत्र तो वहाँ पहुँचा था।

निरालाजी से पत्र-व्यवहार नहीं हुआ। द्विवेदीजी के कागज़-पत्र जो "सभा" में सुरक्षित हैं, उनमें निरालाजी के पत्र जरूर होंगे। द्विवेदीजी ने मुझसे कहा था कि "निरालाजी कभी-कभी संस्कृत में मुझे पत्र लिखते हैं।"

कि.

**कनखल**

१९-१२-६१

प्रिय शर्माजी,

नमस्कार।

आप का संवर्द्धना-सन्देश कलकत्ते पहुँच गया था। बल मिला। अच्छा सात्त्विक समारोह हो गया।

पुत्री के स्वास्थ्य की क्या स्थिति है ?

आपका

कि. दा. वाजपेयी

कनखल
३१-१-६२

प्रिय शर्माजी,

नमस्कार।

पुत्रियों का स्वास्थ्य कैसा है ?

कल एक छात्र ने हरिद्वार से "हिन्दी टाइम्स" (ता. २० का) लाकर दिखाया। डायरी आप की देखी। आप जो कुछ भी लिखते हैं, दिल खोलकर लिखते हैं।

"हिंदी टाइम्स" निकलता अच्छा है, पर नाम में यह क्या घोटाला! आधा तीतर आधा बटेर! क्या रूसी, चीनी और जर्मन, अंग्रेज़ी आदि भाषाओं के समाचार-पत्र भी, उन देशों में, विदेशी भाषाओं के शब्द इसी तरह चिपकाए रखते हैं ? यहाँ तो "नवभारत" ने यह चाल डाली, जो अब "महाराष्ट्र टाइम्स" भी निकालने जा रहा है। हिन्दी में "हिमालय हेरल्ड", "राजस्थान हेरल्ड", "कानपुर टाइम्स" भी निकले हैं।

कि.

कनखल
७-२-६२

प्रिय शर्माजी,

नमस्कार।

आप का लेख यह दूसरा (सर्वहारा ''' वाला) भी पढ़ा। आपने खूब जोर से, खुलकर, हृदय से मेरा समर्थन किया है। हार्दिक धन्यवाद।

आशा है, पुत्रियों का स्वास्थ्य ठीक हो गया होगा।

कि. दा. वाजपेयी

कनखल
१०-२-६२

प्रिय शर्माजी,

नमस्कार।

कार्ड मिला। भगवान् को अनेक धन्यवाद कि पुत्रियों के स्वास्थ्य-लाभ का सुखद समाचार मिला। वैसे पारिवारिक जीवन में यह सब चलता ही रहता है, सबको अनुभव है।

"हिन्दी टाइम्स" भी आज ता. १० फ. का आया है।

आपका—
कि. दा. वाजपेयी

कनखल

१६–२–६२

प्रिय शर्माजी,

नमस्कार।

पत्र ता. १६ का मिला। उत्तर में यह—

१. श्री महादेव साहा से मेरा परिचय नहीं है, परन्तु दो-तीन वर्ष पहले—जब मैं काशी था—उन्होंने एक पत्र भेजा था, जिसमें मेरी बहुत प्रशंसा थी।

२. अपनी प्रशंसा करनेवालों का भक्त बनना कोई बुराई नहीं है। कृतज्ञता बड़ी चीज है। और, राहुलजी ने तथा आपने मेरी "प्रशंसा" यानी भटैती नहीं की है, वस्तु-स्थिति प्रकट की है।

३. बेटी का ब्याह सचमुच नारियल और एक रुपए में करना चाहता था; परन्तु तीन वर्ष तक सिर मारने के बाद अनुभव हुआ कि मेरी लड़की इस "धर्म-प्रधान" और "संस्कृति-प्रधान" देश में अनब्याही ही रहेगी। सर्वत्र "क्या खर्च करोगे?" सुना। मैं ने इस इतनी उम्र में कभी सौ रुपये भी न जोड़े थे; न जोड़ पाया ! लोहे के चने चबाने पड़े बच्चों को रोटी-दाल देने में। तब हजारों कहाँ से लाता ! अनेक बार आत्म-हत्या कर लेने को मन हुआ। वैद्यनाथ वालों से कुछ कहा नहीं, यद्यपि मुझे ये मानते थे। जब उन्होंने स्वयं स्थिति देखकर कहा कि "लड़का" ढूँढ़ लो, खर्च की चिन्ता मत करो। तब एक सुयोग्य "लड़का" तै कर लिया, उसके घर वालों से कहकर कि विवाह में ४ हजार खर्च करेंगे—१ का जेवर और सामान, १ का खर्च स्वागत खान-पान आदि और २ नगद। इतने में तब हुआ जब "लड़का" मुझ में भक्तिमान् और इधर रुझान !

लड़का "आर्य संस्कृति" का है, शास्त्री है, हिन्दी और संस्कृत में एम. ए. है—सूटजमाती नहीं है। प्राध्यापक है।

५. मैंने जिद नहीं की कि राहुलजी की उपस्थिति में अभिनन्दन हो, चाहता जरूर था। अन्ततः मैंने लिख दिया था कि—"ऐसी स्थिति में कलकत्ते आना ठीक नहीं है। स्वास्थ्य पहले, और कुछ बाद में।"

इस पर कमला सांकृत्यायन का पत्र आया कि "अब स्थिति अच्छी है। हम लोग अमृतसर जाना चाहते हैं। कलकत्ते से अमृतसर चले जाएँगे।" मुझे यह पत्र भेजकर कलकत्ते (अभिनन्दन समिति) को कमलाजी ने खर्च के लिए लिखा। समिति ने पूरे परिवार का हवाई जहाज का भाड़ा भेज दिया।

६. राहुलजी सदा "डाबर" वालों के यहाँ ठहरते हैं। अभिनन्दन-समिति को सूचना भी न दी और सीधे "डाबर" वालों के यहाँ चले गए। मैंने जोशीजी से फोन कर के पता लगाने को कहा। पता लगने पर जोशीजी, वैद्य राम नारायण और मैं, तीनों गए। देखा, कई मंजिल ऊपर एक ठंटे कमरे में दरी फर्श पर बिछाए

दोनों बैठे हैं। बच्चे सो रहे थे। वहाँ न कोई नौकर, न कोई! हम लोग देखकर स्तब्ध रह गए। टट्टी-पेशाब तक की समुचित व्यवस्था न थी! जोशीजी ने कहा—"आप को यहाँ असुविधा है, "जनवाणी" चल सकते हैं।" कमलाजी खुश हो गईं और तुरन्त "अच्छी बात है" कहा।

फिर गाड़ी भेजकर राहुलजी को "जनवाणी" हम लोगों ने बुला लिया। वहाँ स्थिति एक दिन ठीक रही, फिर बिगाड़। "जनवाणी प्रेस" भी वैद्यनाथ वालों का है। खूब सेवा की। मैं कब तक कलकत्ते रहता? १० को अभिनन्दन हुआ और १२ को अपने परिवार को लेकर घर आया। वैद्यनाथ वालों से सेवा को कह आया था। उन्होंने सब तरह से सेवा की। मैं यहाँ से क्या करता? कमला कृतघ्न स्त्री है।

कि. दा. वाजपेयी

हिमालय एजेंसी, कनखल (उ.प्र.)
ता. १६-२-६२

प्रिय शर्माजी,

नमस्कार।

ता. १६ के पत्र का उत्तर लिफाफे में भेजा है। उसके साथ यह भी जोड़ लें—वैद्यनाथ वालों ने सब तरह से उनकी सेवा की है—मुझे प्रसन्न रखने के लिए। वैद्यनाथ वालों से राहुलजी का पहले कोई संबन्ध न था। वे लोग पूरे "वैष्णव" हैं। परन्तु मुझे प्रसन्न रखने के लिए उन्होंने यह भी कह दिया था कि "राहुलजी के लिए मांस का भी प्रबन्ध कर दिया जाएगा।" अस्पताल में भर्ती कराने के लिए उन्हें कई दिन दौड़-धूप करनी पड़ी। बच्चे उन्हीं के परिवार में रहे। खर्च भी किया। मैं कनखल से क्या करता? कमलाजी किसी भी तरह रुपया बटोरने पर उतारू हैं। यह अंतिम वाक्य छपाना नहीं है।

कि. दा.

हिमालय एजेंसी, कनखल (उ.प्र.)
ता. १६-२-६२

नमस्कार।

एक लिफाफा और एक कार्ड के बाद यह तीसरा नग।

"वाजपेयी जी चाहते थे, इसीलिए अभिनन्दन किया गया।" कौन अपना अभिनन्दन नहीं चाहता? वस्तुस्थिति जोशीजी ने स्वयं प्रकट कर दी है। ११ हजार की थैली! गजब है! पर इससे दे क्या देता? इतनी तो रा. की प्रतिवर्ष की रायल्टी

है, जो कमलाजी ने अपने नाम लिखा ली है! ११ में से ५ हजार छोटी लड़की के विवाह में खर्च करने ही होंगे। वैद्यनाथ में ही जमा हैं। ६००) साथ लाया था, उधार पटाना था। शेष वहीं जमा हैं। १००) रु. प्रति मास खर्च के लिए चार वर्ष तक आएँगे और काम चलेगा।

कि. दा. वाजपेयी

**कनखल**

दिनांक २०-२-६२

प्रिय शर्माजी,

नमस्कार।

कल एक हरा लिफाफा और दो कार्ड भेजे थे, मिले होंगे। एक संस्मरण भी। जिन दिनों मैं अपनी बड़ी लड़की के विवाह की चिन्ता में था, घर में चूल्हे-चक्की की भी चिन्ता थी। परन्तु अपनी चिन्ता मैं प्रकट नहीं करता था। "वैद्यनाथ" वाले मानते थे और समझते थे कि सब ठीक है। परन्तु मेरे साहित्यिक मित्रों में से कुछ लोग सब जानते थे। कानपुर के "राम-राज्य" साप्ताहिक में एक मित्र ने मेरे बारे में एक लेख छपा दिया, जिसमें मेरी साधना तथा तपश्चर्या की प्रशंसा थी। यहाँ तक तो ठीक। परन्तु आगे उसमें यह भी लिखा था कि ऐसे वाजपेयीजी भी ऐसे दिन निकाल रहे हैं! शब्द कुछ ऐसे थे कि अपील की सी ध्वनि निकलती थी। मुझे बहुत बुरा लगा और तुरन्त मैंने "राम राज्य" के सम्पादक को और उस लेख के लेखक को नोटिस दिया कि आप लोगों ने इस तरह के हीन शब्द लिखकर मेरी बेइज्जती की है; इसलिए माफी माँगो और वह माफीनामा छापो नहीं तो अदालत में मानहानि का दावा होगा। "रामराज्य" में माफीनामा छपा और लिखा कि आगे ऐसा कुछ न छपेगा।

कि. दा. वाजपेयी

**कनखल**

दिनांक २१-२-६२

प्रिय शर्माजी,

नमस्कार।

"हजारों खर्च" वाले प्रकरण की एक आवश्यक जानकारी लीजिए।

जब "वैद्यनाथ" वालों ने मुझसे कह दिया कि "लड़का" ढूँढ़ लो, खर्च की चिन्ता

न करो, तब मैं ने अपनी औकात देखकर चार हजार का खर्च सोचा और "लड़का" ढूँढ़ने लगा, "आर्य संस्कृति" का। पुलिस और अदालत वालों से घृणा थी, इसलिए वैसे लोगों से बात न की। अध्यापक-वर्ग में तलाश शुरू की।

इसी समय प्रथम महानिर्वाचन आ गया और जोशीजी का बड़ा लड़का (वैद्य रामनारायण का भतीजा) कांग्रेस टिकट पर चुनाव लड़ने लगा। समर्थन के लिए एक पूरी फौज थी, पर मैं भी कर्तव्य समझकर चला गया। परन्तु तब तक मेरे मन में कांग्रेस से घृणा पैदा हो चुकी थी। सोचा, उम्मीदवार की बड़ाई करूंगा। परन्तु कठिनाई यह कि अपने हृदय को छिपा नहीं पाता! वहाँ जाकर एक सभा में जो भाषण दिया, तो कांग्रेस के लिए कुछ वैसी बातें मुँह से निकल गईं और कहा कि यदि ऐसे लोग कांग्रेस की ओर से विधानसभा में जाएँगे, तो सब ठीक कर लेंगे। मेरे भाषण से लोग चिढ़ गए। वैद्यजी बीमार थे। क्रोध से काँपने लगे। कहा—"आप हमारा काम बिगाड़ रहे हैं।" मुझे बुरा लगा और मैंने कहा कि मुझे जोशीजी के पास भिजवा दीजिए। एक जीप में बैठकर मैं जोशीजी के पास पहुँच गया। वहाँ उस दिन मुख्यमंत्री (श्री जयनारायण व्यास) आने को थे। खूब धूमधाम थी। आने में कुछ देर हो गई, तब जोशीजी ने मुझसे कुछ बोलने को कहा। इन्हें उस सभा का हाल मालूम न था, वैद्यजी तब तक आए न थे। खूब सँभालकर बोलने को उठा, पर वहाँ हिन्दूपन की कुछ ऐसी बातें मुँह से निकल गईं, जिससे जोशीजी तिलमिला उठे। परन्तु दोनों सभाओं में मुझे भाषण देने से बीच में ही किसी ने नहीं रोका।

फिर वैद्यजी भी आ गए। दोनों भाइयों में सलाह हो गयी। घर में जोशीजी ने भी कहा—"आप हमारा काम बिगाड़ रहे हैं।" अब मुझसे रहा-रहा न गया। भारी क्रोध आया और उन दोनों भाइयों से फिर बोला नहीं। चल पड़ा। चलते समय "नमस्कार" भी नहीं, यद्यपि वे दोनों मोटर के सामने खड़े थे। रेल में बैठकर घर आ गया। अब लड़की के विवाह की फिर वही चिन्ता। चुनाव का फल निकला, सफलता मिली। मैंने बधाई भी नहीं भेजी! फिर भी वैद्यजी का लंबा पत्र आया और उलटे उन्होंने उस कांड पर खेद प्रकट किया और पूछा—"लड़का ढूँढ लिया ?" इसी तरह की घटनाओं की ओर इशारा करके जोशीजी ने लिखा है कि "वाजपेयीजी अनेक बार हमसे रूठे और हम नरम पड़े! यानी रु. लेने वाला भी ब्राह्मण और देने वाला भी। और कोई सठ—सेठ कैसे सहन करता ? बस, फिर सब ज्यों-का-त्यों। विवाह में फिर "हजारों खर्च हुए।"

कि. दा. वाजपेयी

कनखल
दिनांक २३-२-६२

प्रिय शर्माजी,

नमस्कार।

पत्र मिला। आप मेरे पत्र का और कार्डों का चाहे जैसा और चाहे जब उपयोग कर सकते हैं। जब आप को फुर्सत हो, तभी लिखें। लेख, देखने के लिए, यहाँ मेरे पास भेजने की जरूरत नहीं है। बच्चों को शुभाशीः।

कि. दा. वाजपेयी

कनखल
दिनांक १५-७-६२

प्रिय शर्माजी,

नमस्कार।

गरमी की छुट्टियों में आप काशी रहे, यह मालूम हुआ था। "निराला"जी के पत्र आचार्य द्विवेदी के कागज-पत्रों में मिले कि नहीं ? मिले होंगे, तो काम के निकलेंगे।

अब तक आप ने "भारतीय भाषा विज्ञान" पूरी तरह देख लिया होगा। जहाँ कहीं मत न मिला हो, उस का निर्देश कीजिएगा, जिससे सोचने-विचारने को अवसर मिले।

मैं अब फुरसत में हूँ और कुछ ठंढक होने पर काम शुरू करूँगा। काव्य-तत्त्व पर अब लिखना है। अच्छा ग्रन्थ बनेगा, ६०० पृ. का। यही मेरा अपना विषय है। इस विषय में मेरे अपने मनन-विचार हैं। घर में सब ठीक हैं? सब को शुभाशीः।

कि. दा. वाजपेयी

कनखल
दिनांक २०-७-६२

प्रिय शर्माजी,

नमस्कार।

पत्र ता. १८ का मिला। द्विवेदीजी के कागज-पत्रों में बहुत गोलमाल हुआ है। जो कुछ मिल गया, मिल जाए, वही बहुत है।

संस्मरण-साहित्य जरूर लिखूँगा; बहुत जरूरी काम है। अगली पीढ़ी को हमारे युग को समझने में उससे बड़ी मदद मिलेगी। तीन खंड (पाँच-पाँच सौ पृ. के) होंगे—सामाजिक, साहित्यिक और राजनैतिक। व्यक्ति प्रधान होंगे, घटनाएँ उन्ही

के साथ। पहले दिमागी काम से निपट लूँ। वह तो सरल काम है—देखी-समझी चीजों को ज्यों-का-त्यों कागज पर उतार देना।

जैसा कि आप ने लिखा है—काव्य-संबन्धी ग्रन्थ अच्छा ही निकलेगा, पर कुछ समय लेगा। दो घंटे से अधिक काम नहीं करता। निरालाजी वाली वह अबोहर वाली बात सच्ची है। कवयित्री का नाम मुझे मालूम नहीं, मालूम होता, तो भी न बतलाता। इस घटना से बड़ा भडकम्प मचा था। स्वागताध्यक्ष (स्वामी केशवानन्द) पर लोग बुरी तरह बिगड़ उठे थे और "सम्मेलन" की प्रतिष्ठा में भी बट्टा लगा था। बाबू सम्पूर्णानन्दजी ने तो स्वागत-समिति की सम्मति पुस्तक में यहाँ तक लिख दिया था कि "सम्मेलन के अधिवेशन पर कवि-सम्मेलन करना बन्द कर देना चाहिए।" टंडनजी को भी क्षोभ हुआ था। स्वामी केशवानन्द का पता वर्तमान में यह है—संगरिया (बीकानेर)। श्री तेगराम जी स्वागत मंत्री थे। उनका पता है—साहित्य-सदन, अबोहर (पंजाब)। परन्तु उस या वैसी अन्य घटना से निरालाजी के कवित्व पर धारणा क्या बदलेगी? अलग चीज है। प्रयाग में आपको और भी कुछ सुनने को मिलता, यदि लोग यह न जानते होते कि आप उनके काव्य-भक्त हैं।

श्री साहा ने जो कुछ लिखा है, उस पर मेरा निवेदन यह है कि अंग्रेज़ी न जानने के कारण ग्रियर्सन की मूल चीजें नहीं पढ़ सका और उनके अनुयायियों ने या आलोचकों ने हिन्दी में जो कुछ लिखा है, उसमें उनमें से किसी एक भी चीज का आभास मुझे नहीं मिला, जिनका प्रतिपादन मैंने किया है। अन्यत्र जो चीज है, उस के प्रतिपादन में मैं माथा-पच्ची क्यों करता? साहा ने कोई स्पष्ट बात कही? ग्रियर्सन की जूठन कहाँ-कहाँ मैंने खाई है, बतलाना चाहिए।

कि. दा. वाजपेयी

**कनखल**

**दिनांक २१-७-६२**

प्रिय शर्माजी,

नमस्कार।

आप का ग्रन्थ "भाषा और समाज" देख रहा था। "ने" विभक्ति की चर्चा करते हुए आपने मेरा समर्थन किया है; पर लिखा है—"यह अलग बात है कि वाजपेयीजी 'ने' को संस्कृत 'इन' का विकास मानते हैं।"

निवेदन है कि आप "पूर्वपीठिका" का पृ. २६ देखिए।

जब प्राकृत का वह रूप सामने है ही नहीं, तो समझाने के लिए पहले संस्कृत "इन" का ही नाम लिया गया; पर अनुपद ही स्पष्ट कर दिया गया है कि यह "ने" किसी प्राकृत से ही आई है, जिस का रूप सामने नहीं है।

कि.

हिमालय एजेंसी, कनखल (उ.प्र.)
ता. १-८-६२

प्रिय शर्माजी,

नमस्कार।

पत्र मिला। कलकत्ते जाने का समाचार मिला। ११-१२ को दिल्ली में "भारतीय भाषा-सम्मेलन" है। पहुँचेंगे न? मैंने डा. रघुवीर को लिख दिया है कि ऐसे तेजस्वी प्रतिनिधियों को जरूर बुलाएँ, चाहे जैसे।

कलकत्ते में साहाजी से भी भेंट होगी ही। "रामचरित मानस" का सम्पादन हाथ में लिया है—इसी "तुलसी-सप्तममी" [-सप्तमी] से श्री गणेश।

कि. दा. वाजपेयी

कनखल
८-१०-६२

प्रिय शर्माजी,

नमस्कार।

आप ने अभी कुछ ही दिन पहले लिखा था कि आगे स्मृति धोखा देने लगेगी। वह स्थिति बहुत जल्दी-जल्दी आ रही है। अभी कोई आया, नाम पूछा और दस मिनट में ही नाम गया। मित्रों को पहचान तो लेता हूँ, पर पूरा विवरण ध्यान में नहीं आता। कभी-कभी रूप-अभिज्ञान भी नहीं। स्टेशन पर कुली सामान उठाकर कोई लाया और कुछ देर बाद उसके जैसे किसी दूसरे को बुलाने की नौबत आ जाती है। कुछ पढ़ने-लिखने में दिमाग़ चकराने लगता है। इसलिए, आगे का कार्य-क्रम रद करना होगा। हो गया, सो हो गया। जान है, तो जहान है, नहीं तो सब सुनसान है।

बच्चों को असीस।

कि. दा. वाजपेयी

कनखल
९-११-६२

प्रिय बन्धु,

कार्ड मिला। ऐसे दुःख गार्हस्थ्य-जीवन में जिसे न मिले हों, वह ढूँढ़े नहीं मिलेगा। मुझे भी अनुभव है ऐसे दुःखों का। मेरा पहला लड़का तीन बरस का होकर चला गया था, तब मेरा दिमाग़ ही खराब हो गया था; बच गया, "गीता" के कारण। फिर तीसरा पुत्र गया। उसके बाद प्यारी एक पुत्री गई। एक दौहित्र गया, एक

दौहित्री गई। क्या किया जाए? "जा विधि राखै राम ताही विधि रहिए"। आप तो स्वयं ज्ञानी हैं! हम लोग क्या कर सकते हैं! "दुख बोझ नहीं कि बाँटे लीजै, ग़म राह नहीं कि साथ दीजै!"

कन्या की चिकित्सा आप करा ही रहे होंगे। नेत्र-विकार और फिर कन्या का! माथा सूजने का क्या कारण? अच्छे चिकित्सक से सलाह लें। मैं ठीक हूँ, जैसा कि लिखा था।

कि. दा. वाजपेयी

**कनखल**

१२-११-६२

प्रिय शर्माजी,

नमस्कार।

जब मन पर कोई बड़ा आघात हो, तो उसे किसी काम में उलझा देना चाहिए—कोई ऐसा काम करने लगना चाहिए, जिसमें मन उलझ जाए। कुछ काम लीजिए। जब कभी इच्छा होती है, आप का "भाषा और समाज" उठा लेता हूँ और जहाँ खुल जाए, वहीं रमने लगता हूँ। कल "भारतेन्दु" की चर्चा निकल आई। आपने उनके द्वारा स्थापित जिस गोष्ठी की चर्चा की है, उसका नाम "त्वदीय समाज" न था, "तदीय समाज" था। "तत्"—"वह"। "तदीय समाज"—जो उनके हैं, उनकी गोष्ठी। यह कोई व्यापक संगठन न था; राष्ट्रीय वृत्ति के (हिन्दी-रसिक) भगवद्भक्तों की एक गोष्ठी थी। सभी हिन्दी-प्रेमी इसके सदस्य नहीं हो सकते थे। सदस्यता के नियम, फार्म-रजिस्टर आदि कुछ न थे। इस "समाज" की सदस्यता शुष्क भगवद्भक्तों को न मिलती थी। मूर्ख और अराष्ट्रीय तत्त्व भी सम्मिलित न हो सकते थे। "तदीय समाज" के सरस अधिवेशन कभी काशी में होते थे, कभी कानपुर—"प्रेमघन" के यहाँ और कभी वृन्दावन में—श्री राधाचरण गोस्वामी के यहाँ। किसी तरह का कोई विज्ञापन न होता था। सवेरे के समय साथ-साथ भ्रमण और हास-परिहास, फिर स्नान-भजन और उसके बाद हिन्दी या हिन्द पर चर्चा। दुपहर को भोजन-विश्राम। तीसरे पहर भक्ति-रस में सराबोर अपनी-अपनी नई रचनाएँ एक-दूसरे को सुनाते थे। सन्ध्याकृत्य से निवृत्त होकर (भोजनोपरान्त) संगीत जमता था। मीरा, सूर, तुलसी और अन्य (रसिक) भक्तों के "पद" गाए जाते थे। संगीत की बारीकियों पर ध्यान न दिया जाता था—भाव में मस्ती रहती थी। बस, यही था "तदीय समाज"। उस समय का छोटा-सा सात्त्विक "रोटरी क्लब" समझिए।

आप "डाक्टर" को "डॉक्टर" लिखते हैं। ऊपर चिह्न देकर जो ध्वनि आप प्रकट करते हैं, वह हिन्दी की "अपनी" चीज नहीं है। सभी हिन्दीभाषी अंग्रेज़ी

नहीं पढ़े हैं कि वह ध्वनि समझ लें। एक समस्या बन जाती है! वैसे (अंग्रेजी न जाननेवाले) लोग "डॉक्टर" को भी डाक्टर ही पढ़ेंगे। अंग्रेजी पढ़े-लिखे लोग भी हिन्दी में "लालटेन" ही बोलते-लिखते हैं। हिन्दीभाषी लोग अंग्रेजी में "गेंजिज" ही बोलते-लिखते हैं—"गंगाजी" नहीं। तब फिर हम हिन्दी में अंग्रेजीभाषी जनता का उच्चारण क्यों धकेलें? हमारा काम "डाक्टर" से चल जाता है। जैसा "मास्टर", वैसा "डाक्टर"। हिन्दीभाषी जन दोनों का समान उच्चारण करते हैं। अंग्रेजी शब्दों का (अंग्रेजी में भी) सर्वत्र एक-सा उच्चारण नहीं है। कहीं "एजूकेशन", कहीं "एज्यूकेशन" और कहीं "एड्यूकेशन" चलता है। हम लोग "वी.पी. पारसल" बोलते हैं; महाराष्ट्र में "व्ही.पी. पारसल" बोलते हैं। "जायका" हिन्दी में है, पर नीचे बिन्दी लगाकर लिखने की झंझट हो, तो काम अटपटा हो जाएगा—कहाँ बिन्दी लगाओ, कहाँ नहीं। इसी तरह "डाक्टर"-"मास्टर" आदि हिन्दी में चलते हैं; परन्तु ऊपर उलटा टोप रख देने से अजनबी बन जाते हैं। हाँ, नागरी लिपि में अंग्रेजी लिखनी हो, तब जरूर वैसे चिह्नों का उपयोग किया जाएगा—"माई डॉक्टर इज़ कमिंग"। नागरी में फारसी लिखें, तब "ज़ फ़" की जरूरत पड़ेगी। आशा है, इस पर आप विचार करेंगे। अपना विचार मुझे भी सूचित कीजिएगा।

"अग्निमीडे" में "डे" जो है, वह "ड़े" जैसी ध्वनि के लिए है। किसी-किसी "शाखा" में "अग्निमीले" भी चलता था। बहुत सम्भव है, वेदों का 'शाखा'-भेद जनपदों के भेद से हुआ हो, और उनके उच्चारण-भेद का यही कारण हो। साला, सारो, साड़ा में एक ही शब्द है। "ड़" को "ल" भी होता है। पंजाब में "रेल खड़ती है" (खड़ी होती है) और पश्चिमी पंजाब (रावलपिंडी) में "खलोती है"। "ले" और "डे" से भिन्न ध्वनि है—"ड़े"-जैसी, जिसके लिए पृथक् ध्वनि-संकेत लिपि में है। महाराष्ट्र में वह ध्वनि विद्यमान है। परन्तु द्रविड़ों के संसर्ग से वह ध्वनि आई, ऐसा कहना चिन्त्य है। इधर कुरुजनपद में "काड़ा साँप" (काला साँप) "साड़ा निकड़ गया" (साला निकल गया) बोलते हैं; पर छत्तीसगढ़, बुंदेलखंड, व्रज आदि में वैसा उच्चारण नहीं है। धुर दक्खिन से धुर उत्तर में यह ध्वनि कैसे आ गई? प्रायः अन्त्य "ल" का ही वैसा उच्चारण होता है—ईले-ईडे, साला-साड़ा, निकल-निकड़ आदि।

कि. दा. वाजपेयी

कनखल

१३-१२-६२

प्रिय शर्माजी,

नमस्कार।

पत्र मिला। पहले तो मुन्नियों का तथा उनकी माँ का हाल पढ़कर चिन्ता हुई;

पर अनुपद ही वह प्रसन्नता में बदल गई। सभी कुटुम्बियों को यह सब सहना पड़ता है—घर में कोई-न-कोई झंझट रहती ही है। छोटा-सा राष्ट्र ही है घर। कुटुम्बी और कुटुम्बिनी का जीवन ही तो "योग" है।

"डाक्टर" से ही दोनों अर्थ निकल जाते हैं; जैसे कि अंग्रज़ी में "डॉक्टर" से। "डॉक्टर" वैसा ही है हिन्दी में, जैसे कि यहाँ (हिन्दी में ही) "मियादः", "तर्ज़ुमः", "बेहूदः" आदि बुजुर्ग लिख गए हैं। आचार्य शुक्ल ने भी "बेहूदः" लिखा है। "बेहूदा" बे-पढ़े लोगों में चलता है। इसी तरह "डॉक्टर" भी है।

कि. दा. वाजपेयी

हिमालय एजेंसी, कनखल (उ. प्र.)
१४-१२-६२

प्रिय शर्माजी,

नमस्कार।

कल के कार्ड में एक सूचना देना भूल गया था। "सरस्वती" आपके पास न आती हो, तो रेलवे स्टेशन के बुक-स्टाल से इस महीने का अंक मँगा लीजिएगा। दो-चार दिन में आने वाला है। इसमें और इसके अगले अङ्क में मेरे विचार "मानस" के "काशिराज संस्करण" पर निकलेंगे। पढ़कर अपनी राय भी लिखिएगा। हि. टा में आपके रा. विचार पढ़ लेता हूँ।

आपका
कि.दा. वाजपेयी।

**पुनश्च :**

चि. सेवा, शोभा और इनकी माँ अब ठीक होंगी। आरोग्यार्थ आशीर्वाद। यहाँ भी लस्टम-पस्टम है। कि.

इस मास के अन्त में, या अगले मास के आरंभ में झाँसी जाना है। बीच में उतरकर मिलूँगा।

कि

**कनखल**
६-२-६३

प्रिय शर्माजी,

नमस्कार।

आपका स्वास्थ्य कैसा है? बच्चों का स्वास्थ्य ठीक है? गृहिणी का स्वास्थ्य ठीक

है? हम दोनों लस्टम-पस्टम चल रहे हैं। दोनों लड़कियाँ अपने-अपने घर हैं और पुत्र इलाहाबाद। पुत्रवधू और पौत्र भी वहीं हैं। हम दोनों यहाँ हैं।

"सरस्वती" में "मानस" के काशिराज-संस्करण पर मेरे विचार पढ़ रहे हैं न? दो लेख और निकलेंगे। बालकाण्ड के प्रारंभिक पृष्ठों पर ही यह सब है। आगे इसी तरह सब समझना चाहिए। आपके इस पर क्या विचार हैं? बच्चों को शुभाशीः।

कि. दा. वाजपेयी

**कनखल**

१६-२-६३

प्रिय शर्माजी,

नमस्कार।

कार्ड मिला। स्वास्थ्य की वही दशा इधर भी है। लस्टम-पस्टम चला जा रहा है। हमारा देश आज कल रेगिस्तान बन रहा है; काहिलिस्तान, मतलबिस्तान, कृतघ्निस्तान आदि सब कुछ है! पर कभी तो पासा पलटेगा ही—"यहि आसा अटक्यो रहै, अलि गुलाब के मूल। ऐहैं कबहुँ बसन्त ऋतु, इन डारन वै फूल।"

आपने कहा—"लड़ते रहिए।" पर अब वह जोश नहीं। पहले आपने लिखा था— "बहुत कर लिया। अब अपने स्वास्थ्य का ध्यान रखिए।" पहली बात ही ठीक है। "मानस" वाला बड़ा लेख (जो "सरस्वती" में क्रमशः निकल रहा है) मेरी उस "साहित्यिक सूचना" से पहले का लिखा है। याददाश्त जा ही रही है; सिर भी दुखता रहता है—कभी दिन में, कभी रात में। संस्कृत का "शरीर" उर्दू का "शरीर" बन गया है। "मानस"-सम्पादन में एक वर्ष लग सकता है—दो घंटे काम प्रतिदिन करने का आदी रहा हूँ। सहायक और सामग्री भी चाहिए। कौन देगा? मन भी मर गया है। हिन्दी में सब कुछ चल रहा है। नींव के लिए "हिन्दी शब्दमीमांसा" और "सरल शब्दानु." लिखे थे। पड़े हैं। कोर्स में लगेंगे नहीं। तब कुछ करने से लाभ क्या ? इस संस्करण पर आप भी कुछ लिखिए।

कि.

कनखल

१४-३-६३

प्रिय शर्माजी,

नमस्कार।

आप एक्स-रे से चित्र उतरवा लें, तो अच्छा। कन्धे के पास दो हड्डियों का मिलान होता है—आँकड़े की तरह फँसाव रहता है। उसका अलगाव तो नहीं हो गया है ? बहुत तकलीफ मिलती है। मैं तीन-चार मास भुगतता रहा! वह हड्डी फिर धीरे-धीरे जहाँ-की-तहाँ जा मिलती है। परन्तु अधिक बोझ पड़े, तो फिर अलग हो जाती है, फिर वही कष्ट। फिर जा मिलती है और तब बहुत सँभालकर चलना जरूरी होता है। मैं बाएँ हाथ में दो सेर बोझ भी लटकाकर नहीं चलता, आज बीस वर्षों से। पता नहीं, आप की स्थिति क्या है? साइकिलें बहुत गड़बड़ करती हैं ! तीस-बत्तीस वर्ष पहले पं. हरिशंकर शर्मा को साइकिल ने सदा के लिए लँगड़ा कर दिया था; यद्यपि वे साइकिल पर कभी बैठे नहीं। दूसरे की (साइकिल नहीं) साइकिल की हवा छू गयी थी और वे सड़क पर धड़ाम ! छह मास वेदना में रहे ! बच्चों को शुभाशी :।

कि.

कनखल

१६-८-६३

प्रिय शर्माजी,

नमस्कार।

क्या हाल है ? सब ठीक है ? यहाँ तो लस्टम-पस्टम चल रहा है। हम दोनों (वृद्ध-दम्पति) उसी स्थिति में हैं, जो स्वाभाविक है। बड़ी लड़की के बच्चे अस्वस्थ से रहते हैं। लड़की के "कारबंकल" निकल आया है। पलवल में है। उसे देखने को मन करता है। उधर गया, तो फिर मथुरा भी शायद पहुँचूँ और आगरा तो फिर पास ही है। आप को कभी देखा नहीं है।

कमला का पत्र आया था। लिखा है कि "मैं ने महादेव साहा से कुछ नहीं कहा; उन्हों ने खुद ही सब लिखा है।"

इधर "साहित्यिक भिखारी" बढ़ रहे हैं। अपीलें निकालकर साहित्यिक बन जाते हैं; भले ही कुछ किसी को न मिले। यह सब पं. बनारसी दास चतुर्वेदी ने सिखाया है—क्रांतिकारियों के कुटुम्बों के लिए भीख माँगकर !

कि.

कनखल (उ.प्र.)
१०-३-६४

प्रिय शर्माजी,

नमस्कार।

कार्ड मिला। "यहु" में "उ" वही जान पड़ता है, जो खेतु, बागु आदि में; यानी "ओ" का हलका रूप। परन्तु यह भी देखना होगा कि बहुवचन में क्या रूप रहता है। बहुवचन में "उ" रह ही नहीं सकता। यह भी ध्यान में रखने की बात है कि व्रज आदि में "यहो", "वहो" जैसे रूप चलते नहीं; न कुरुजनपद तथा पंजाब में "यहा" "वहा" रूप (पुंप्रत्यय के साथ) चलते हैं।

वस्तुतः सर्वनामों में "अपनी" पुंविभक्ति जनभाषाएँ लगाती ही नहीं हैं। जो, को, सो आदि में दृष्ट "ओ" पुंप्रत्यय नहीं है—"कामन" प्रत्यय है—"जो गई, सोई आय गयी"। स्त्रीवर्गीय "गई" के साथ पुंप्रत्यय कभी भी न रहेगा। "जो" को "यो" का विकास भी न कहना चाहिए; प्रत्युत "ज" में अपना "साधारण" प्रत्यय "ओ" है—यानी निर्विभक्तिक "ज" "स" को ओकारान्त रूप मिल जाता है—"पद" बनाने के लिए।

अन्यत्र भी ऐसे प्रयोग होते हैं। राजस्थानी में "ओ" पुंप्रत्यय है—

छोरो गयो

बहु. छोरा गया

स्त्री. छोरी गई

यानी "ओ" पुं प्रयोग में ही ("गयो" आदि के साथ) रहता है; अन्यत्र "गया" "गई" के साथ नहीं।

परन्तु एक "ओ" राजस्थानी में "साधारण" "प्रत्यय" है, जो कृदन्त विशेषणों में लगता है—

१. मेरो पढ्योड़ो वेद छै

२. मेरा पढ्योड़ा चारौ वेद छै

३. मेरी पढ्योड़ी किताब छै

x x x

१. राम गयोड़ो छै

२. रानी जयपुर गयोड़ी छै

३. छोरा जयपुर गयोड़ा छै

"ओ" प्रत्यय सर्वत्र "कामन" है—पुंवर्ग में (एकवचन और बहुवचन में) तथा स्त्रीवर्ग में भी। यानी "ड़" प्रत्यय होने पर बीच में वह आ जाता है। फिर—"पढ्योड़" "गयोड़" आदि के आगे पुंप्रत्यय और स्त्रीप्रत्यय लगते हैं—गयोड़ो, गयोड़ा, गयोड़ी। बीच में आने वाली इस चीज को व्याकरण में "विकरण" या "अनुबंध" कहते हैं।

सो, "यहु" अभी विचारणीय हैं; यद्यपि स्पष्टतः पुंप्रत्यय नजर आ रहा है।

और सब ठीक है। बच्चों को और उनकी मा को शुभाशीर्वाद।

आपका

कि. दा. वाजपेयी

व्रजभाषा में भी "यह" "वह" ही चलते हैं।

कनखल

१८-३-६४

प्रिय शर्माजी,

नमस्कार।

"भारतीय भाषा विज्ञान" में द्रविड़-परिवार की भाषाओं का जहाँ जिक्र आया है, वहां मैं ने लिखा है कि "आर्य-द्रविड़ संघर्ष यहाँ कभी भी वैसा नहीं हुआ, जैसा कि पाश्चात्य विद्वानों ने लिखा है।" मैं ने यह भी लिखा है कि आर्यजन जब यहाँ खूब फल-फूल रहे थे, पूरी तरह फैलकर, तब द्रविड़ लोग बाहर कहीं से, समुद्री मार्ग से, यहाँ आए और कुछ लंका के उत्तरी छोर पर और अधिकांश भारत के दक्षिणी छोर पर (समुद्र-तट पर) बस गए।

आपका इस पर अब तक क्या मत बना ? लंका के द्रविड़ वहॉ की राष्ट्रभाषा (सिंहली) का वैसा विरोध नहीं कर रहे हैं, जैसा कि भारत के द्रविड़ यहाँ की राष्ट्रभाषा (हिन्दी) का; यद्यपि इनकी संख्या अधिक नहीं है। जैसे अंग्रेज शासक मुसलमानों का बहाना लेकर काम बनाते थे, उसी तरह उनके मानस-पुत्र द्रविड़ों का बहाना लेकर राष्ट्र-भाषा को टालते-टरकाते हैं।

मेरा विश्वास है, द्रविड़ों की विकृत भावना का कारण वही कल्पित आर्य-द्रविड़ संघर्ष की याद है।

यदि आप को मेरी स्थापना में कुछ बल दिखाई दे, तो इस विषय पर तुरंत कोई लेख अंग्रेजी में लिखकर किसी अच्छे पत्र में छपाइए; जरूरत है।

१. देवासुर-संग्राम आर्यों के ही दो देशों का संग्राम था। द्रविड़ों का उससे ग्रहण नहीं हो सकता और द्रविड़ नाम ही वेद में नहीं आया है।

तमिल-साहित्य में भी कहीं यह उल्लेख नहीं कि आर्यों ने हमारे पुरखों को मारते-खदेड़ते यहाँ तक खदेड़ दिया!

२. यदि आर्य उन्हें मारते-भगाते, तो फिर वहाँ छोड़ न देते; एक धक्का और देकर निष्कण्टक हो जाते। काँटा आधा निकालकर आधा भीतर बनाए रखना क्या समझ में आता है ?

३. द्रविड़ समुद्री व्यापारी थे और इस लिए आर्य इन्हें "निषाद" कहते थे।

देवासुर-संग्राम में मिलकर लड़ने के लिए "निषादों" का आह्वान ऋषि ने किया है। ऋग्वेद में "पञ्चजना:" संग्रामार्थ—असुरों को अभिभूत करने के लिए आहूत हुए हैं। "पञ्चजना:" का अर्थ "निरुक्त" में यास्क ने दिया है—"चत्वारो वर्णाः पंचमो निषादः"। यहाँ "निषाद" से साधारण निषाद (मल्लाह) गृहीत नहीं है। ये तो आर्यों के "चत्वारो वर्णाः" में ही हैं। यदि द्रविड़ों से वैसा संघर्ष हुआ होता, तो आर्य उनका आह्वान कैसे करते ?

४. "बेकनाट" द्रविड़ नहीं थे। यास्क ने लिखा है—"बेकनाटाः कुसीदजीविनः"। "पणि" भी वणिक् थे। इनके जाल से बचने-बचाने का जिक्र है। परन्तु पाश्चात्यों ने इन शब्दों को द्रविड़-परक लगा दिया है।

५. "शिश्नदेवाः" यज्ञ का नाश न करने पाएँ, इस प्रार्थना को भी उधर घसीटा है; यह कहकर कि द्रविड़ लिङ्ग (शिवलिङ्ग) की उपासना करते थे। परन्तु शिवलिङ्ग को "शिश्न" कभी किसी ने नहीं कहा। यास्क ने लिखा है—"शिश्नदेवाः अब्रह्मचर्याः।" यानी "शिश्न-परायणा देवाः"। आशा है, आप इस पर विचार करेंगे।

कि.

कनखल

३-४-६४

प्रिय शर्माजी,

नमस्कार।

पत्र ता. १ का मिला। मेरी स्थापना केवल इतनी है कि "आर्यों का द्रविड़ों के साथ संग्राम-संघर्ष एक कल्पित बात है"। बस, और कुछ नहीं। इससे हिन्दी का क्या बनता-बिगड़ता है, वह गौण बात है।

आर्यों का द्रविड़ों से सम्पक या रक्त-सम्पर्क अलग चीज है। इस पर मैंने कुछ नहीं कहा है।

लंका की सिंहली भाषा आर्य-भाषा-परिवार की है और वहाँ की द्रविड़ भाषा (तमिल) उससे भिन्न है, जैसे कि यहाँ मराठी, हिन्दी आदि से द्रविड़ भाषाएँ भिन्न हैं। लंका में द्रविड़ों की बस्ती भी उतनी ही प्राचीन है, जितनी यहाँ के द्रविड़ों की। लंका के सिंहली भाषी द्रविड़ नहीं हैं और द्रविड़ सिंहली नहीं हैं; भले ही द्रविड़ सिंहली बोल लें।

खैर, विचार-भेद है। मैं ने चाटुर्ज्या साहब को भी लिखा था। उन का भी रुख आप का सा ही है। परन्तु एक आनन्द की बात है। इस बार उन्होंने अपने हाथ से पूरा पत्र हिन्दी में लिखकर भेजा है और अपनी दो पुस्तकें भी।

—कि. दा. वाजपेयी

कनखल
१६-४-६४

प्रिय शर्माजी,

नमस्कार।

"साहित्य-सन्देश" में जोशी ने ऐसा जोश दिखाया है कि होश में ही नहीं रहा, जान पड़ता है! इस मूर्ख अहम्मन्य को उचित उत्तर दीजिए; जिस तरह के उत्तर का वह हकदार है। पुस्तक-विषय की देखभाल न कर के वह यही लिखता चला गया है कि वे यह नहीं जानते, वह नहीं जानते, इत्यादि। यह व्यक्ति नाम वेदों का लेता है, पर संस्कृत मामूली भी नहीं जानता। अंग्रेजी में लिखे ग्रन्थों का ही पिष्ट-पेषण करता रहता है! संस्कृत "स्था" (ष्ठा) धातु से यह हिन्दी की "था" क्रिया बतलाता है; "पुरारि" विष्णु का नाम बतलाकर तुलसीदास को मूर्ख बतलाता है कि उन्होंने शिव को "पुरारि" कहा। इसी लेख में "मिश्र" का रूपान्तर "मिष्ट" बतलाकर उससे फिर "मीठा" बतलाता है। "द्विशती" (दो सौ) से "विंशति" बतलाता है! "श्वन्" से पृथक् "शुनः" संस्कृत शब्द बतलाता है, यानी "शुन"। "शुनि" को पृथक् संज्ञा समझकर "शुनिश्चैव" बोलता है! जरा डाँट बतलाइए।

कि. दा. वाजपेयी

कनखल
१८-४-६४

प्रिय उपाध्यायजी,

नमस्कार।

"साहित्य-संदेश" में डा. रामविलास शर्मा के "समाज और भाषा विज्ञान" पर डा. जोशी का जोश दिखाई दिया और आपके भी सन्तुलित विचार पढ़े। डा. जोशी ने बार-बार कहा है—डा. शर्मा ने यह नहीं पढ़ा, वह नहीं जानते हैं, इत्यादि। यह पढ़कर आप को मैं सूचना देना चाहता हूँ कि—डा. हेमचन्द्र जोशी बातें वेदों की करते हैं; परन्तु संस्कृत के एक पद्य को समझना भी उनके बस की बात नहीं! संस्कृत का एक वाक्य भी वे लिख नहीं सकते। ना. प्र. सभा (काशी) में साथ-साथ काम करते मैंने यह सब जाना। आठ-दस विद्वान् साथ काम करते थे। सबके सामने उन्होंने बार-बार कहा—"भई, यह तो संस्कृत में है; मैं अच्छी तरह न समझ सकूँगा।" यही कारण है कि इस लेख में उन्होंने "श्वन्" से भिन्न "शुनः" शब्द समझ लिया है और "शुनि" को "शुनिः" कर दिया है।

वे "प्राकृत" में कैसे निष्णात हैं, इसका भी निदर्शन है। "सभा" में मैं "नैहर" की व्युत्पत्ति कर रहा था, तो संस्कृत "ज्ञाति" (बन्धु-बान्धव का अर्थ देने वाला) शब्द ध्यान में आया। "ज्" का लोप होकर "नाति" > नाइ"। घर > हर। ना+इ=नै। नै+ हर = 'नैहर'। अपनी व्युत्पत्ति की पुष्टि के लिए मैंने पूछा—जोशी जी, प्राकृत में कोई "नाइ" या "नाई" शब्द भी है क्या ? बोले—"नहीं"। मैंने कहा—जरूर होगा; नहीं तो "नैहर" कैसे बना ? उन्होंने फिर निषेध किया और अपने सहयोगी पं. शालग्राम उपाध्याय से कहा—"पाइय सद्धमहण्णव" देखो। उपाध्याय ने देखकर कहा कि "नाइ" या "नाई" नहीं है। तब मैं ने कहा कि इस कोश में "नाइ" या "नाई" नहीं है, तो यह कोश ही गलत है! लोग हँसने लगे। तब मैंने वह कोश उठा लिया। उसमें धकारादि शब्दों के अन्त में टिप्पणी देखी—"न" से प्रारम्भ होने वाले शब्दों के लिए णकारादि—शब्द देखिए।" मैं ने देखा, लिखा मिला—णाइ (< सं. ज्ञाति) बन्धु-बान्धव आदि।

मैंने कहा—यह "नाइ" मिल गया। बोले-"नाइ" कहाँ? यह तो "णाइ" है। इस पर मैंने कहा कि "नाइ" असली प्राकृत है; "णाइ" बनावटी प्राकृत है। अन्यथा—"नैहर" की जगह लोग "णैहर" बोलते। इस पर फिर वे हँसे। यहीं मेरा निश्चय हुआ कि शब्दों के आदि में "ण" करने वाली प्राकृत कृत्रिम है। संसार की कोई भी भाषा किसी शब्द के आदि में "ण" नहीं रखती!

डा. जोशी की जर्मन भाषा में कितनी गति है, सो भी वहीं देखा। एक जर्मन पर्यटक आया। हम सब काम कर रहे थे। वह आकर हिन्दी में बोला—"हम जर्मन है। घूमने आया। पूरा हिन्दी बोलता नहीं।" हमने डा. जोशी की ओर अँगुली करके उसे बताया—"वे जर्मन भाषा अच्छी जानते हैं। जर्मन-नगरों में खूब रहे हैं। उनसे बात करो।"

वह जर्मन डा. जोशी के पास गया, और डा. जोशी ने उससे बातें करके अपने एक सहयोगी से कहा—काशी विद्यापीठ में इन्हें ठहरा दो जाकर। वह सहयोगी काशी विद्यापीठ का छात्र था। वह उस जर्मन को लेकर चला गया। तब मैंने पूछा कि वह क्या कह रहा था ? डा. जोशी बोले—"कहता था कि मैं कुछ दिन ठहरूँगा और ठहरकर कुछ धन इकट्ठा करूँगा। आप मदद करें।" यह कहकर जोशी ने कहा कि आप लोग जो चन्दा कर सकें, कर दें। सब चुप रहे। इसके घंटे भर बाद काशी विद्यापीठ से वे सज्जन लौटे, तो मैंने पूछा—ठहरा आए ? बोले "हाँ"। फिर मैंने पूछा कि कुछ कहा था क्या ? बोले—हाँ, हिन्दी में कहा—"हम तब (तक) ठहरेगा। रुपया खर्च के (लिए) अपना देश से मँगाया है। आता होगा।" सब लोग ठहाका मारकर हँस पड़े। डा. जोशी ने जर्मन भाषा में समझा था—"हमें खर्च चाहिए, मदद कर दीजिए।"

यह है उनकी जर्मन-भाषा! न वे संस्कृत जानते हैं; न पूरी तरह जर्मन। न

उर्दू-फारसी, अरबी की तो बात ही क्या! केवल अंग्रेज़ी की पुस्तकें रटी हैं। यह सब सूचनार्थ, प्रामाणिक रिपोर्ट। उन्होंने संस्कृत शब्दों की व्युत्पत्ति जो गलत-सलत दी है, सब अंग्रेजी ग्रंथों में पढ़ी हुई। डा. जोशी ने लिखा है कि संस्कृत शब्द के आदि का "स" "ह" नहीं होता। संस्कृत शब्द है—अस्। वर्ण-व्यत्पय से (स् अ) "स"। लोकभाषा की धातु "स", जिसके "सै" "छै" तथा "है" रूप हैं। सिन्ध में "साठ" को "हाठ" कहते हैं। इस अहंम्मन्य मूर्ख को शिक्षा देनी चाहिए। संस्कृत यह इतनी जानता है कि "पुरारि" का अर्थ "विष्णु" समझकर तुलसी को डाँट बतलाई है कि उन्होंने शिव के लिए "पुरारि" का प्रयोग किया है !

शुभाशीः

कि. दा. वाजपेयी

ओक कॉटेज
मल्लीताल
नैनीताल
२४-४-६४

आदरणीय डा. सा.

साहित्य संदेश में आपकी पुस्तक पर डा. जोशी हेमचन्द और मेरे लेख साथ-साथ ही छापे गये हैं, दिलचस्प विवाद उठ खड़ा हुआ है, यहाँ भी। प्रथम प्रतिक्रिया भी किशोरी दास वाजपेयी की मिली है जिसे "फूटनोटों" के सर्वथा व्यक्तिगत वाक्यों को छोड़कर यथावत् प्रकाशित किया जा सकता है। मैं इसे आपके अवलोकनार्थ भेज रहा हूँ, इसके बाद मैं माखनलाल शर्मा को लिखूँगा, वे आपसे इसे ले जाएँगे और संदेश में प्रकाशित करने का प्रयत्न करेंगे। यदि यह संभव न हो तो अन्यत्र इसके उपयोग की बात सोचिए।

मैं अलग से पंडित वाजपेयी को पत्र लिख रहा हूँ।

शेष कुशल है।

भवदीय
वि. ना. उपाध्याय

कनखल
२७-४-६४

प्रिय शर्माजी,

नमस्कार।

कार्ड मिला। उस मूर्ख को नसीहत जल्दी ही मिलनी चाहिए, (देर में नहीं), जो संस्कृत में "कुः" जैसे शब्दों का आविष्कार कर रहा है। "एक ही चोट लुहार की" ठीक।

भवदीय
कि. दा. वाजपेयी

पुनश्च--बच्चों को आशीर्वाद

कि.

हिमालय एजेंसी
कनखल
तारीख २६-१-६५

प्रिय शर्माजी,

नमस्कार।

अनुजवधू को और भतीजे-भतीजियों को आशीर्वाद।

बहुत दिनों से कोई कुशल-समाचार नहीं मिला। नागरजी की "ऐक्टिवटीज़" तो पढ़ा करता हूँ। "उग्र" जी के संबन्ध में--उन की कलम के बारे में--आप के विचार नहीं मालूम पड़े। "निरालाजी" पर कुछ लिखने की तैयारी कर रहे थे, सो क्या हुआ ?

मैं तिलक, जिन्ना, गांधी, नेहरू और सुभाष पर कुछ संस्मरणात्मक लिखना चाहता हूँ। जेठ-असाढ़ में शायद यह काम हो जाए। मेरे युग के राजनीतिक इतिहास पर प्रकाश पड़ेगा। घटनाएँ ही प्रायः रहेंगी।

वैशाख शु. चतुर्थी बैसवाड़े के सिंह की जन्म-शताब्दी पूर्ण होगी। ठीक उसी समय, शताब्दी-पूर्णता पर, मैं अपने उन साहित्यिक बन्धुओं का सम्मान करना चाहता हूँ, जिन्होंने हिन्दीशब्दशास्त्र में ही अपनी उम्र लगाई या गलाई है और जो इस समय सत्तर-अस्सी को छू रहे हैं--डा. धीरेन्द्र वर्मा, डा. बाबूराम सक्सेना और बाबू रामचन्द्र वर्मा। इनके मन्तव्यों का ही मैं ने जोर से खण्डन किया है। पं. कामता प्रसाद "गुरु" होते, तो सबसे पहले मैं उनके ही आगे सिर झुका कर इस लिए माफी माँगता कि एक कर्तव्य का पालन करने के लिए मेरी कलम आगे बढ़ी और उन्हें कष्ट पहुँचा।

जन्म-शताब्दी की पूर्णता पर मेरी सप्ततिपूर्ति भी सन्निहित है। एक कर्तव्य-पूर्ति से वह भी सफल हो जाएगी।

संक्षेप यह कि तीनो साथियों के सम्मान में, शताब्दी-पूर्णता के रूप में एक बहुत अच्छा "पाणिनि महोत्सव" करना है। दो दिन का कार्य-क्रम रहेगा। बाहर से आने वाले विद्वानों का समुचित आतिथ्य होगा। इस समारोह की अध्यक्षता के लिए कोई नाम सुझाइए। कुछ परामर्श भी दीजिए।

कि. दा. वाजपेयी

**कनखल**
१०-२-६५

भाई शर्माजी,

नमस्कार।

कार्ड मिला। भतीजे-भतीजियों को और उनकी मा को आशीर्वाद।

आपने धीरेन्द्र वर्मा और बाबूराम सक्सेना के लिए जो लिखा है, ठीक है। परन्तु मैं ने इन लोगों का बहुत खंडन किया है। इसीलिए वैसे आयोजन की कल्पना की है। अध्यक्षता के लिए चाटुर्ज्या को आमंत्रित करूँगा। वे न माने, तो फिर पं. द्वारकाप्रसाद मिश्र को इसलिए पसन्द करूँगा कि वे वर्मा-सक्सेना के सहपाठी हैं। आप कोई नाम सुझाएँगे, तो उस पर विचार करूँगा। दो दिन का कार्यक्रम रहेगा। दोनों दिन रात में कवि-सम्मेलन चलेगा।

कि.

**कनखल**
६-३-६५

प्रिय शर्माजी,

नमस्कार।

पत्र मिला। संस्मरण तो बहुत हैं, पर लिखने का सुयोग खिसकता जा रहा है। और भी काम करने को हैं, जिनका निर्देश आप ने एक बार किया था।

आप द्विवेदीजी के प्रत्यक्ष साहचर्य में नहीं रहे, तो इससे क्या ? उनका पूरा रूप आप की आँखों में है। "वैसवाड़े की विभूतियाँ" लिखिए—द्विवेदी, निराला और कुछ नये-पुराने अन्य। वैसे दो ही ठीक हैं। "हिन्दी के दो नयन-तारे" भी ठीक।

और सब ठीक है, पर "शरीर" की शरारत बढ़ती जा रही है। किसी तरह कसे रहता हूँ। बच्चों को और भ्रातृजाया को आशीर्वाद।

कि. दा. वाजपेयी

कनखल
४-५-६५

भाई शर्माजी,

नमस्कार।

"धर्म-युग" में अपना रंगीन चित्र देखा और आप का उतारा हुआ चित्र भी देखा, जिसमें कोई रँगारेजी नहीं—कोई अतिरंजना नहीं; रञ्जन जरूर है। मानहानि के नोटिस की चर्चा आपने मौके से कर दी; यह अच्छा हुआ।

भ्रातृजाया को और बच्चों को असीस।

कि. दा. वाजपेयी

कनखल (उ.प्र.)
२६-८-६५

प्रिय शर्माजी,

नमस्कार।

"सम्मेलन" हिन्दी की वर्तनी और शब्दों की एकरूपता पर विचार करने-कराने की ओर अग्रसर हो रहा है। इसकी सूचना आपके पास पहुँची होगी। जरूरी काम है। गंभीरता से विचार करके तयारी कर लीजिएगा। बच्चों को आशीर्वाद।

आपका
कि. दा. वाजपेयी

कनखल
२-६-६५

प्रिय शर्माजी,

नमस्कार।

कार्ड २८ का मिला। वर्तनी-समिति की बैठक आपकी सुविधा को ध्यान में रखकर—आपकी सलाह लेकर—बुलाई जाएगी। आपकी ही तरह डा. धीरेन्द्र वर्मा और डा. बाबू राम सक्सेना, डा. उदय नारायण तिवारी, डा. भोलानाथ तिवारी

भी अवकाश देखेंगे। डा. चाटुर्ज्या भी इस समिति में हैं। राजभाषा-सम्बन्धी उनके विचार सर्वविदित हैं, पर वे भाषा-विज्ञानी भी हैं। समिति को पूर्णता चाहिए थी। पत्र-पत्रिकाओं का प्रतिनिधित्व "सरस्वती"-सम्पादक पं. श्री नारायण चतुर्वेदी करेंगे। विदेशों का प्रतिनिधित्व श्रीलंका से आकर भदन्त आनन्द कौसल्यायन करेंगे और सर्वोपाधि-विनिर्मुक्त जन पर सबके प्रतिनिधित्व का भार है। तयारी जारी रखिए। वर्तनी के बारे में एक लेख लिखिए। बाबू रामचन्द्र वर्मा भी समिति में हैं।

—कि. दा. वाजपेयी

**कनखल (उ.प्र.)**
२६-१०-६५

प्रिय शर्माजी,
नमस्कार।

"धर्मयुग" में बाबू बालमुकुन्द गुप्त का जीवन-परिचय पढ़ा। आपने गागर में सागर भर दिया है और आज की समस्याएँ भी रखते गये हैं। इस क्षेत्र में श्री मन्मथनाथ गुप्त और आप, ये दो ही हैं। पं. बनारसीदास चतुर्वेदी तो बस, टीकमगढ़ के राजा साहब और बस !

एक बात काम की—उस शब्द-समिति का क्या हुआ ? "सम्मेलन" ने बड़े जोर से एक समिति बनाई थी—हिन्दी के शब्दों और लिखावट में एकरूपता लाने के लिए। इस समिति के सदस्यों में आप भी हैं। आपके पास भी सूचना पहुँची होगी 'सम्मेलन' से। परन्तु उस सूचना के बाद खामोशी है। आपको कुछ पता हो कि क्या बात है, तो लिखिएगा। लिखकर पूछ भी सकते हैं। दिवाली की बधाई। बच्चों को प्यार-असीस।

कि.

**कनखल**
१८-३-६६

प्रिय शर्माजी,
नमस्कार।

इस सप्ताह के साप्ताहिक "हिन्दुस्तान" में राहुल-परिवार पर एक अच्छा प्रामाणिक लेख छपा है—पं. गंगा प्रसाद पाठक का। आपने न देखा हो, तो अब अवश्य देख लें। बहुत-सी बातें मालूम होंगी। "नवीन" जी और राहुलजी के अंतिम दिन बहुत कष्ट में बीते। निःसन्देह उनकी ही गलतियों के ये परिणाम थे। इसमें

कोई कर ही क्या सकता था ! दिल में दर्द उठता है, पर किया क्या जाए !

बच्चों को और उनकी माता को आशीर्वाद।

कि. दा. वाजपेयी

कनखल

७-४-६६

प्रिय शर्माजी,

नमस्कार।

कार्ड मिला। "राष्ट्रभाषा का इतिहास" आपको भेजा है कि नहीं, याद नहीं पड़ता। एक प्रति भेज रहा हूँ।

भाई साहब (कविरत्न हरिशंकर शर्मा) "डाक्टर" होकर कविरत्नत्व से वंचित हो गये थे और "पद्मश्री" बनकर क्या हो गए ? वे बचपन में "पद्मश्री" अवश्य होंगे, जवानी में मैंने उन्हें "सूरजमुखी-श्री" देखा और अब बुढ़ापे में तो निश्चय ही "खपरा-श्री" होंगे—बहुत दिनों से देखा नहीं है। "पद्मश्री" बनने पर उनका अभिनन्दन किया गया वृन्दावन में, यह आज पढ़ा। इस तरह उन्हें "बनाया" गया है। हाँ, "काव्य-श्री" कहलाते, तब तो कोई बात थी। पद्मश्री, पद्मभूषण आदि की व्युत्पत्ति मालूम है ? पद्म से "कमल" का आभास और "कमल" से "कमला" का। रहे जवाहर सो वे "भारतरत्न" के "रत्न" हैं। आचार्य नरेन्द्र देव से कहा गया—दौहित्र का नाम रख दें, जिसमें नाना-नानी दोनों का आभास हो। नाम रखा गया—"राजीव रत्न"। राजीव > कमल > कमला। रत्न > जवाहर। वही बात यहाँ है।

कि.

कनखल,

१८-४-६६

प्रिय शर्माजी,

नमस्कार।

आप का कार्ड मिला। अलीगढ़ डा. हरवंश लाल शर्मा का प्रेम खींच ले गया था।

आप की नई पुस्तक प्रकाशित हुई है—"राष्ट्रभाषा की समस्याएँ"। देखने की इच्छा है।

आजकल स्वास्थ्य मेरा भी ढीला हो रहा है। जड़ पेट ही है। समझ तो वैसी

नहीं गड़बड़ाई है, पर स्मृति गड़बड़ा रही है। परन्तु मुझे विश्वास है, महापण्डित या महामानव न बनूंगा। आगे हरि-इच्छा।

कि.

कनखल

५-५-६६

प्रिय शर्माजी,

नमस्कार।

"राष्ट्रभाषा की समस्या" पुस्तक मिली। जैसी कि आपकी कलम से आशा की जाती है, चीज वैसी ही है। समस्या ही नहीं, समस्याएँ हैं; खड़ी कर दी गई हैं। सब समस्याओं के समाधान आपने दिए हैं।

पुस्तक बहुत अच्छी लगी है। राहुल, दिनकर तथा आप मेरी इतनी प्रशंसा कर चुके हैं कि मेरा कंठ ही गद्‌गद नहीं; वाणी ही अवरुद्ध हो गई है ! यानी राहुलजी पर कुछ लिख न सका; आपकी "भाषा और समाज" पुस्तक पढ़कर चुप रह गया; दिनकर की "परशुराम-प्रतीक्षा" पर भी कुछ न लिख सका कि लोग कहेंगे—"एक दूसरे की प्रशंसा कर रहें हैं।" इसी संकोच ने रोक-सी लगा दी थी। अब उस रोक को तोड़ देने की प्रेरणा मिल रही है। कहाँ तक चुप रहा जाए!

आपने द्विवेदी-युग के साहित्य को अत्यधिक संस्कृत से बोझिल कहा है। परन्तु उस युग का सम्पूर्ण साहित्य वैसा नहीं है। स्वयं आचार्य द्विवेदी की भाषा यदि आप की भाषा के साथ रख दी जाए तो कोई भी विवेचक दोनों में कोई भेद न कर सकेगा। यही नहीं, सन् १९०१ से १९२० तक की "सरस्वती" का कोई भी अंक देख लीजिए, किसी भी लेख की या सम्पादकीय टिप्पणियों की भाषा ऐसी न मिलेगी, जिसे आप कठिन और दुरूह कह सकें। यानी जैसी भाषा आप लिखते हैं और मैं लिखता हूँ, वैसी ही भाषा द्विवेदीजी और उनके संगी-साथी लिखते थे। परन्तु उसी समय "छायावादी" भाषा भी सामने आई। प्रसाद, निराला, पन्त, महादेवी आदि की भाषा आप का लक्ष्य हो सकती है; क्योंकि ये सब भी "द्विवेदी युग" में आ जाते हैं। परन्तु इस तरह का कोई खुलासा आपने नहीं किया और "द्विवेदी युग" का अविशेष रूप से उल्लेख किया है। इससे भ्रम फैलेगा। क्या आचार्य द्विवेदी की भाषा आपको तत्सम शब्दों से भरी लगती है? यदि ऐसा है, तो एकाध पैराग्राफ का निदर्शन चाहिए। आपने श्री मैथिली शरण गुप्त का नाम लिया है। उनकी "भारत-भारती" से "साकेत" की भाषा एकदम भिन्न है। भारतेन्दु-मंडल के "प्रेमधन" की भाषा देखी है ? सरल है ? रुचि-भेद से भाषा भेद हो जाता है।

द्विवेदी-युग के (छायावादेतर) साहित्य को आज के ही साहित्यिकों की भाषा

के साथ भी रखकर देखिए। प्रयाग के "माध्यम" का कोई भी अंक और किसी भी अंक का कोई भी लेख ले लीजिए। इसकी भाषा से द्विवेदी-युग की "सरस्वती" की भाषा का मिलान कीजिए। कुछ कहने की जरूरत नहीं, चीजें दोनों स्वतः अलग दिखाई देंगी। सभी युगों में सब तरह के लोग मिलेंगे। इसी युग में मैं भी हूँ और "काशी नागरीप्रचारिणी सभा" के पदाधिकारी भी हैं। मेरे "हिन्दी शब्दानुशासन" की भाषा "सभा" वालों को पसन्द नहीं आई और उनकी आज्ञा मुझे मिली—"हिन्दी शब्दानुशासन" की भाषा शास्त्रोचित गंभीर होनी चाहिए। आपकी हँसती-खेलती भाषा शास्त्र के लिए उपयुक्त नहीं है।"

मैंने "सभा" का कागज फाड़कर फेंक दिया और कह दिया कि भाषा मेरी जैसी है, वैसी ही रहेगी। "सभा" वालों को झुकना पड़ा; क्योंकि छत्तीस सौ रु. पेशगी मैं ले चुका था और "सभा" से शर्तनामा लिखा लिया था, जिसमें एक शर्त यह भी थी—"लेखक जो कुछ भी, जिस रूप में भी लिखेगा, 'सभा' उसे ज्यों-का-त्यों रखकर प्रकाशित करेगी, उसमें कुछ भी परिवर्तन न किया जाएगा।" शर्त तो यह विषय-विवेचन को लेकर थी; पर मैंने भाषा पर भी मढ़ दी और यों मेरे "शब्दानुशासन" की भाषा बच गयी।

सो, द्विवेदी-युग में भी सब तरह के लोग थे, अब भी हैं, आगे भी रहेंगे। संस्कृत में "नव्य न्याय" वाले लोगों ने ऐसी संस्कृत गढ़ डाली, जिसे न पाणिनि समझ सकते हैं; न शंकर-रामानुज आदि; न कालिदास ही। इसी तरह लोग नई हिन्दी बनाते हैं; पर यह सब चन्दरोजा खेल होता है।

इस पर आप अपने विचार देंगे, तो ठीक रहेगा। शेष सर्वत्र सहमति है। हिन्दी (राष्ट्रभाषा, राजभाषा, साहित्य-भाषा, जनभाषा) की समस्याओं पर एक ही जगह इतने सुलझे हुए स्पष्ट विचार अन्यत्र न मिलेंगे; पर "नृप-सद्मनि नाम के वयम्!"

कि. दा. वाजपेयी

कनखल

६-५-६६

प्रिय शर्माजी,

नमस्कार।

आज तीन पुस्तकें भेजी हैं। मित्रों ने भेंट की थीं। परन्तु मैं रूसी और अंग्रेजी भाषा से एकदम अनभिज्ञ हूँ। इसलिए आप को भेंट।

अबतक "राष्ट्रभाषा की समस्या" के अधिकांश पढ़ गया हूँ। भाषा-विज्ञान से संबंध रखने वाले अंशों में मत-भेद है। यदि गुजराती हिन्दी से भिन्न भाषा है, तो राजस्थानी, व्रजभाषा, अवधी और भोजपुरी-मैथिली भी हैं। भाषा-भेद के नियामक

तत्त्व उभयत्र समान हैं। परन्तु "हिन्दी संघ" की स्वतंत्र भाषाओं का (राजस्थानी अवधी आदि का) कोई संबंध-सूत्र है, जिसने "कामनवेल्थ" बना दिया है। अंग्रेजी भाषा जिनकी मातृभाषा है, वे संख्या में कितने हैं ? हिन्दी (मूल रूप में) कुरु-जनपद (मेरठ क्षेत्र) की भाषा है।

कि.

**कनखल**

**१७-५-६६**

प्रिय शर्माजी,

नमस्कार।

आपका पत्र पढ़कर सुख मिला। मत-भेद प्रज्ञा का लक्षण है और उसे प्रकट कर देना साहित्यिक ईमानदारी है; "वादे वादे जायते तत्त्वबोधः"। "वाद" का आधार मत-भेद ही है। परन्तु आपसे बहुत साधारण मत-भेद है, हलका-सा। इस पर कोई वाद खड़ा करना बे-लुत्फ़ है।

भवदीय

कि. दा. वाजपेयी

**कनखल (उ.प्र.)**

**३१-१०-६६**

भाई शर्माजी,

नमस्कार।

जैसा कि सभी बन्धु जानते हैं, मैं बहुत कुछ पोंगापंथी भी हूँ। सो, ता. ७ को दिल्ली में होनेवाले गो-रक्षार्थ प्रदर्शन में भाग लेने का इरादा है—सत्याग्रह या प्रायोपवेश (अनशन) का विचार आ ही नहीं सकता। हो सका तो ८ को ताज एक्सप्रेस से आकर आपसे मुलाकात करूंगा। रात फिर दिल्ली में निकलेगी और वहाँ से वापस हरिद्वार। बच्चों को और भ्रातृजाया को आशीर्वाद।

आपका

कि. दा. वाजपेयी

कनखल
२-२-६७

प्रिय शर्माजी,

नमस्कार।

आपका कार्ड मिला। इस संस्करण के "निवेदन" में जो शब्दशास्त्रीय नवीन तत्त्व संक्षेप से दिये हैं, उनपर आगरे के विशिष्ट संस्कृत-विद्वानों की प्रतिक्रिया मालूम करके कभी लिखेंगे, तो अच्छा होगा। कुछ तो मालूम हो!

बच्चों को और उनकी मा को आशीर्वाद।

कि. दा. वाजपेयी

"निवेदन" के नवीन तत्त्वों पर आपकी क्या राय है ?

कि.

कनखल (उ.प्र.)
१८-३-६७

प्रिय शर्माजी,

नमस्कार।

हाल यह है कि गरमी की छुट्टियों में मैं बाबू रामचन्द्र वर्मा का अभिनन्दन करने की योजना बना रहा हूँ। वर्माजी अब बहुत जर्जर हो गये हैं। उन्हें जीवन में कोई सार्वजनिक सम्मान देने की बात नहीं सोची गई; यह खलनेवाली बात है। "सम्मेलन" के या उसकी किसी परिषद् के अध्यक्ष भी वे कभी नहीं चुने गये। पंजाबी होते हुए भी उन्होंने जन्म हिन्दी की सेवा में लगाया (या गलाया) है। मत-भेद तो रहते ही हैं।

मैं अपने साहित्यिक जीवन की स्वर्ण-जयन्ती मनाने की सोच रहा था। मेरा प्रथम हिन्दी-लेख १९१६ में निकला था। किस रूप में यह स्वर्ण-जयन्ती मनाई जाए, यह सोचते-सोचते वर्माजी याद आए। वर्माजी का मन मेरी कलम ने बहुत दुखाया है। उसका मुझे दुख है; पर उस समय वह जरूरी था। हिन्दी सर्वोपरि है। काम हो गया। अब मुझे उनका अभिनन्दन करना चाहिए, जिससे हम दोनों को सुख मिलेगा; दोनों को मान मिलेगा। तीन दिन का साहित्यिक समारोह करना है। प्रथम दिन वर्माजी का अभिनन्दन, दूसरे दिन भाषा पर भाषण, तीसरे दिन साहित्य पर विचार-विमर्श। धीरेन्द्र वर्मा से उद्घाटन और डा. सक्सेना से अध्यक्षता करानी है। अपनी सम्मति दीजिए। सबको असीस।

—कि. दा. वाजपेयी

कनखल
२५-३-६७

प्रिय शर्माजी,

नमस्कार।

कार्ड मिला, जिससे उत्साह नहीं बढ़ा, घटा भी नहीं; क्योंकि अन्य विद्वानों ने बहुत पसंद किया है। वर्माजी ने भी अनुकूल उत्तर दिया है। वे मेरा स्वभाव जान गए हैं, अन्यथा यह समझकर चुप हो जाते कि "मजाक तो नहीं है" !

उन दोनों उपकुलपतियों के जवाब वैसे ही आए हैं, जैसे कि आपने सोच रखे हैं। हिचकिचाहट जान पड़ती है। परन्तु मैंने कुछ नाराजी प्रकट की है कि "आओगे नहीं, तो ठीक न होगा।" सो, आने की सम्भावना समाप्त नहीं है। भाषाविचार, भाषापरिष्कार, व्याकरण, वर्तनी आदि का जिक्र होने ही न पाएगा कि कहीं कोई विरसता आए। वर्माजी का व्यक्तित्व, सेवा (विशेषतः कोश-निर्माण) की चर्चा होगी। नागरी लिपि, शोध-साहित्य आदि की सामान्य चर्चा होगी। आप के दर्शन होंगे, तो अच्छा रहेगा।

कि.

संयोजंक,
किशोरी दास वाजपेयी

सरस्वती-पूजन साहित्यिंक समारोह
(आचार्य श्री रामचन्द्र वर्मा का अभिनन्दन)
कनखल (उ.प्र.) ता. १३-५-६७

प्रिय शर्माजी,

नमस्कार।

आपकी वह बात सच होती नजर आ रही है कि "वे दोनों उपकुलपति समारोह में न आएँगे।" परन्तु उनके बिना भी समारोह बहुत अच्छा होगा। आप देखकर प्रसन्न होंगे। आप जैसे मित्रों से (घर बैठे) मुलाकात होगी। जो हृदय में हैं, पर आमने-सामने कभी नहीं हुए, वे दो-तीन दिन साथ रहेंगे। गरमी की छुट्टियाँ, हरिद्वार की जगह, समीप ही मसूरी और "बद्रीनारायण" और मेजवान वह वाजपेयी, जो अपने "अहं" के लिए कुख्यात हैं ! इन्हीं आकर्षणों से समारोह अच्छा हो जाएगा।

आवास तथा खाने-पीने का उत्तम प्रबन्ध होगा। बढ़िया देशी तथा ताजा घी और देहरादून के वासमती चावल। पं. बलभद्र प्रसाद मिश्र जैसे "खुदपकाऊ" लोगों के लिए एक पृथक् स्थान रहेगा, बहुत अच्छा। बाबू रामचन्द्र वर्मा (साफ न कहकर) व्यंजना से कह रहे हैं कि बाबू श्री प्रकाश को सभाध्यक्ष बनाया जाए। कैसे रहेंगे ?

आपने मेरे बारे में खूब लिखा—राहुलजी जो चीज नीचे से ऊपर ले आए, उसे आपने चमकाकर और कीमती बना दिया। प्रसन्नता कैसे न होती ? परन्तु उससे भी अधिक प्रसन्नता मुझे होगी, यदि वर्माजी कुछ वैसा ही लिखकर कहीं तुरंत छपने भेजेंगे।

कि. दा. वाजपेयी

**पुनश्च—**

सपरिवार आएँगे, तो अच्छा होगा।

कि.

संयोजक,
किशोरी दास वाजपेयी

**सरस्वती-पूजन साहित्यिक समारोह,**
**(आचार्य श्री रामचन्द्र वर्मा का अभिनन्दन)**
**कनखल (उ.प्र.) ता. ३०–५–६७**

प्रिय शर्माजी,

नमस्कार।

आज (जोधपुर से) घर आने पर आप का कार्ड मिला। साहित्य-समारोह जून की २६-२७ तारीखों में है। दूसरे दिन, साहित्यिक विचार-गोष्ठी की अध्यक्षता डा. क्षेत्रेशचन्द्र चट्टोपाध्याय करेंगे; या फिर पं. श्रीनारायण चतुर्वेदी।

अपनी गति-विधि की जानकारी देने के लिए एक विज्ञप्ति भेज रहा हूँ। उत्सव दिव्य होगा; सुंदर, सात्त्विक, सरस तथा स्वारस्यपूर्ण। आपका आना जरूरी है। मित्रों से भेंट हो जाती है, ऐसे प्रसंगों पर; यह आनुषंगिक लाभ भी बहुत बड़ा है।

बच्चों को और उनकी माता को आशीर्वाद।

आपका
कि. दा. वाजपेयी

**कनखल**
**८–६–६७**

प्रिय शर्माजी,

नमस्कार।

कार्ड मिला। मुझे पता न था कि आपकी गृहिणी इस तरह अस्वस्थ हैं। पहला काम उनकी साल-सँभाल है, बाद में और कुछ। ऐसी स्थिति में एक क्या, सौ ऐसे समारोह भी छोड़ देने चाहिए। मैं आशीर्वाद भर दे सकने की स्थिति में हूँ। उन्हें

उस स्थिति में छोड़कर हर्गिज यहाँ (या कहीं भी) आने-जाने की न सोचना। हाँ, यदि तृतीय पुत्र को एक सप्ताह का अवकाश और मिल जाए और पत्नी की सहर्ष अनुमति इधर आने को मिल जाए, तब और बात है। साहित्य तो कर्तव्य सिखाता है न ? कर्तव्य-विमुख का साहित्य किस काम का ?

समारोह अच्छा हो जाएगा।

कि. दा. वाजपेयी

**हिमालय एजेंसी,**
**कनखल उ. प्र.**
**तारीख २-८-६७**

प्रिय शर्माजी,

नमस्कार।

गृहिणी का स्वास्थ्य कैसा है ? क्या बीमारी है; या चल रही थी ? अब क्या स्थिति है ?

जन्माष्टमी पर मथुरा-यात्रा कदाचित् करनी होगी। यदि ऐसा हुआ तो आऊँगा; मिलूँगा।

अभिनन्दन अच्छा हो गया था; गंभीर, सरस और हम लोगों के अनुरूप।

सरकारी मशीनों ने "नागरी" को "देवनागरी" बना दिया है! हम लोगों की नागरी रही "राक्षस नागरी"। "ऋ" नहीं रखी, पर "लृ" रखी है, जिसका प्रयोग संस्कृत में भी नहीं; वेदों में भी नहीं।

आपका
कि.

किशोरी दास वाजपेयी **कनखल (उ.प्र.) ता. ११-६-६७**

प्रिय शर्माजी,

नमस्कार।

आज रूसी मित्र श्री बरखूदारोव का लंबा पत्र आया है, जो इस पत्र के साथ नत्थी है। श्री बरखूदारोव मेरे पुराने मित्र हैं। हिन्दी का अच्छा विवेचन किया है। उनके कई ग्रन्थ मेरे पास आए हैं। उनका एक निबन्ध आपके पास (पृथक् पैकेट से) भेज रहा हूँ, जिसे वापस भेजने की जरूरत नहीं है।

श्री दिमित्स ने हिन्दी पर जो कुछ लिखा है, एक विदेशी हिन्दी-विद्वान् का लिखा हुआ है, यह समझकर मैंने उसकी कोई आलोचना नहीं की; परन्तु बरखूदारोव

के पत्र से मालूम होता है कि दिमित्स की यह कृति रूस में हिन्दी के शिक्षण-विश्लेषण में गड़बड़ी पैदा करेगी। उन्होंने बहुत जोर दिया है कि दिमित्स की पुस्तक पर कुछ लिखा जाए। परन्तु मेरा कुछ लिखना ठीक न होगा। आप यह काम करें। बरखूदारोव के पत्र से आपको मदद मिलेगी; अधिक रूपरेखा न देखनी पड़ेगी। नाम प्रकट करने को मना तो नहीं किया है; पर मेरा मन्तव्य है कि बरखूदारोव का नाम न लेकर "एक बहुत बड़े रूस के हिन्दी-विद्वान्" जैसा कुछ लिख दें और इस पत्र के अंशों पर अपनी टिप्पणियाँ भी देते जाएँ। यानी रूसी विद्वान् की दृष्टि में दिमित्स का हिन्दी-व्याकरण।

यदि रूस में साहित्यिक आलोचना-प्रत्यालोचना की प्रथा न हो, तो फिर "एक विदेशी विद्वान् की दृष्टि में दिमित्स का हिन्दी-व्याकरण" रहे।

बरखूदारोव को यही चिन्ता है कि रूस में दिमित्स के व्याकरण को वैसी मान्यता मिलने से हिन्दी का विचार-विश्लेषण गड़बड़ा जाएगा। मैं दिमित्स की उस पुस्तक को बहुत परिश्रम से तयार किया गया एक गोरखधन्धा ही समझता हूँ। वस्तुतः उसमें कोई विश्लेषण जैसी चीज है नहीं—बहुत बड़ा संग्रह है।

जिस पत्र के जिस अंक में यह छपे, उसकी एक प्रति बरखूदारोव को जरूर भिजवा दीजिएगा।

दिमित्स रूस के एक विद्वान् हैं और हिन्दी पढ़कर उसपर इतना लिखा है; इसी का मेरे हृदय में आदर है; बस।

आपका
कि. दा. वाजपेयी

**पुनश्च**— लेख में मेरा जिक्र करें, तो यही कि एक विदेशी विद्वान् ने इतना काम किया है; इसका आदर मन में है।

कि.

**५वाँ अक्तूबर, १९६७**

प्रिय एवं सर्वमान्य आचार्य जी,

सादर नमस्कार।

आप कैसे हैं। स्वास्थ्य तो अच्छा हो गया ? बहुत समय से न मैंने आपको कोई पत्र लिखा, न आपसे कोई संवाद आया।

यहाँ मास्को में प्रोफ़. हरदेव बाहरी आये हुए थे। आपका ज़िक्र छेड़ा तो उन्होंने बताया कि आपका स्वास्थ्य अच्छा नहीं है। इससे हम बहुत परेशान हो गये। आशा बनी रहती है कि आपका स्वास्थ्य कुछ सुधर गया होगा तथा आप सकुशल हैं।

आप जैसे हिन्दी भाषा के विज्ञाता एवं सर्वोच्च कोटि के हिन्दी व्याकरणकार

से व्यक्तिगत रूप से परिचित होने का सौभाग्य प्राप्त हुआ। आपके स्वस्थ होने की परमाभिलाषा और कुशलता की चिंता-सी भी है।

यहाँ लिखने को यह बात अनुचित न होगी कि आपका लिखा हुआ "हिन्दी शब्दानुशासन" नामक शोध-ग्रंथ अभी तक हिन्दी व्याकरणों एवं अनुसंधानों में सर्वश्रेष्ठ कृति है। दूसरे व्याकरणों की भूरि-भूरि प्रशंसा तो होती रहती है पर विद्वत्ता, विश्लेषणात्मकता तो कुछ और ही चीज़ है। ख़ासकर एक व्याकरण की प्रशंसा होने लगी, जो इस पक्षपातमूलक स्तुति के किसी अंश तक योग्य नहीं। और वह है राजकमल, दिल्ली से १९६५ में प्रकाशित दिमशित्स साहब कृत "हिन्दी-व्याकरण की रूप-रेखा"। इसका प्रधान गुणगायक यहाँ का "सूत्रधार" प्रोफ़ चेलिशेव है। आत्मश्लाघी भी है। इन्हीं ने इस व्याकरण का प्रचार भारत में भी खूब चलाया। अद्‌भुत घटनाएँ घटित हो रही हैं! आपसे परम अनुरोध है इस पुस्तक को मंगवाकर ज़रा देखिए। इस में क्या-क्या लिखा गया है। पृष्ठ-पृष्ठ में भयानक ग़लतियाँ नज़र में आयेंगी। छोटी तो क्या बड़ी खटकनेवाली। प्राक्कथन और लेखक की प्रस्तावना भी पढ़िए। संकोच का नामोनिशान नहीं! सारी पुस्तक हिन्दी पढ़नेवालों के लिए कितना हानिकारक प्रतीत होगी। "अभिनेता+त्रीः=अभिनेत्री", "रच+इता=रचयिता", "सोना+र=सोनार" (पृ. २३१-२३२) जैसे निराले व्याकरणगत "आविष्कार" स्थान-स्थान पर मिलेंगे। अजीबोगरीब घटना है इस पुस्तक का व्याकरण-रूप में प्रकाशन! यदि हास्योत्पादक साहित्य के रूप में प्रकाशित होती तो बात ठीक ही होती। गंभीरतापूर्ण विषय और हास्यजनक आशय बड़ी विषमता की बात है।

"पूजा+री = पूजारी, लोहा+र = लोहार" का क्या कहना ! "गँवार" शब्द हाथ न लगा नहीं तो निधड़क "गँवा+र" लिख देते!

अरबी "दरज" (दर्ज) अंग्रेज़ी शब्द बताया गया, "मेट्रो" रूसी शब्दों में है (पृ. ५) इत्यादि। ब्रश तो फ्रांसीसी भाषा का ऋण-ग्राह्न! अस्तु इन "छोटी-सी" ग़लतियाँ छोड़ दें। ज़रा "संज्ञा" अथवा "क्रिया विशेषण" के प्रकरणों में देखिएगा। "व्यक्तिवाचक संज्ञाओं" का निरूपण या "लिंग-भेद" निरूपण। वहाँ जगह-जगह पर क्या-क्या "आविष्कार" उपस्थित हैं। "मई-दिवस" स्वतंत्रता-दिवस, ऐतिहासिक घटना परन्तु त्यौहार केवल होली-दीवाली हैं। "ब्रह्मपुत्र" इसलिए पुल्लिंग है कि इसके साथ नद लगाया जाता है। अर्थविभाजन भी "लासानी" है! "अर्थ" निकलवाने से पूर्व कुछ शब्दों और वाक्यों के अर्थ तो समझ में लाना ही चाहिए। ऐसा प्रतीत होता है कि महानुभवी लेखक की समझ में यह सीधी-सी बात तक न आती कि व्याकरण का तत्त्व क्या है। शब्दों के अर्थ लेकर व्याकरण के नियम बनाये जा रहे हैं। "तीन कारक वाला सिद्धांत" अपनाया जा रहा है और फिर "का", "को", "में", "से" विभक्ति चिह्न कर्म, करण इत्यादि कारक प्रस्तुत किये जा रहे हैं। यहाँ तक नहीं। कारकों के विश्लेषण को देखिए। "में" विभक्ति चिह्न वस्त्र-परिधान को (?) बताने

के लिए प्रयुक्त है।" (पृ. २०४) "हिन्दी में बोलना" भी स्थानवाचक बताया गया (२०५)। अपादन "से" एवं करण "से" का भेद नहीं है। दोनों ही कारकों से अर्थों की "खिचड़ी" बनाई जा रही है। "आलू" कृत प्रत्यय बताना "झगड़ा > झगड़ + आलू = झगड़ालू" (!) तो छोटी-सी बात।

**"मुझे यह कॉपी भर दे दो"** उदाहरण के लिए दिये जानेवाले वाक्य में "भर" का प्रयोग "सिर्फ" का समानार्थी घोषित किया गया तो क्यों नहीं हिन्दी विदेशी भाषा जो है इसके माने कौन जाने! यह भी बात क्षपणीय हो गई! "छोटी-सी" त्रुटियाँ हैं। आप जैसे हिन्दी भाषा के विद्वानों को कितनी छोटी-मोटी इस प्रकार की भ्रम-भ्रांतियाँ सौगुना देखने को मिलेंगी। मैं क्या लिखूँ! प्राक्कथन में "हिन्दी व्याकरण के क्षेत्र में एक नई परम्परा का सूत्रपात" लेखक के बारे में लिखा गया तो है। "उपनिवेशवादी" व्याकरणकारों (!?) की बात छेड़ी गई किंचित हास्योत्पादन के लिए। पढ़कर भी आँखों को विश्वास नहीं होता।

व्याकरण पढ़ते समय हास्य-विलासिता तो क्या शोचनीयता भी आती है। दुःख और क्षोभ के साथ संकोच। दुःख और चिंता इस बात की है कि "रूप-रेखा" हिन्दी भाषा का एक "सर्वोत्कृष्ट" "प्रामाणिक व्याकरण" बताया गया, "भारतीय व्याकरणकारों के लिए ज्वलन्त उदाहरण।" सुख की बात तो यह है कि बताने वाले स्वयं वैयाकरणिक हैं नहीं अपितु भारत-विद्या का संचालक एवं सूत्रधार। उन्होंने इस व्याकरण का खूब प्रचार किया—एक तरह का आन्दोलन चलाया। अपने एक लेख में यहाँ तक लिखा कि यह व्याकरण भारतीय हिन्दी विद्वानों को सिखाने के लिए हिन्दी ही में प्रकाशित किया गया क्योंकि वहाँ भाषा अध्यापन का स्तर बहुत नीचा है। उस संचालक स्तुतिकर्ता की राय में व्याकरण में उपस्थित क्रिया का काल-विभाजन बिलकुल ही नया है। पर इसी प्रकार का विभाजन शैगाल और स्कॉलबेर्ग के छोटे-मोटे व्याकरणों में उपस्थित है। हिन्दी व्याकरणों में भी लेखक महोदय के कितने ही "आविष्कार" बाक़ायदा मिलते हैं! "नई परम्परा" तो किस बात की ? "अभिनेता + त्री = अभिनेत्री" वाली ? यही होगी और क्या!

मान्य आचार्यजी आपसे अनुरोध है कि **आप इस व्याकरण की अपनी निष्पक्ष आलोचना लिखें।** और कहीं भी प्रकाशित करें। कम-से-कम मुझे इस व्याकरण के संबंध में आपकी राय लिखिएगा। यहाँ तो हम लोगों पर इस व्याकरण का रोब जमा हुआ है। गुणगान करनेवाले इस व्याकरण को आदर्श रूप देते हैं। हिन्दी सीखने-सिखानेवालों पर बहुत प्रभाव डाला जा रहा है। 'रूप-रेखा' "हिन्दी भाषा का सर्वोत्कृष्ट प्रामाणिक व्याकरण", "भारतीय व्याकरणकारों के लिए ज्वलन्त उदाहरण" इस प्रकार के वचनों-कथनों से सूत्रधार के भाषण-व्याख्यान परिपूर्ण हो गये हैं। हमें कुछ संतोष की बात केवल यह है कि "भारतविद्या का सूत्रधार" स्वयं वैयाकरणिक और विद्वान है ही नहीं। इन्होंने इस व्याकरण के पक्ष में खूब आन्दोलन

चलाया। अपने अंतिम लेख में, जिसका शीर्षक है "एक सोवियत प्राच्य-तत्त्ववेत्ता भारत के लिए" (रूसी में लिखा और प्रकाशित हुआ) यहाँ तक लिख डाला कि यह व्याकरण भारतीय हिन्दी विद्वानों के लिए एक नमूना है—हिन्दी व्याकरण जानने-समझने के लिए हिन्दी ही में लिखा गया और प्रकाशित किया गया क्योंकि वहाँ भाषा-शास्त्र का स्तर बहुत नीचा है! इस संचालक-स्तुतिगायक की राय में रूप-रेखा का वैयाकरणिक ढाँचा बिलकुल नया है। उदाहरण देता है—क्रिया का काल-विभाजन! परन्तु देखकर पता चलता है कि ठीक इसी प्रकार का "विभाजन" शैगाल और स्कॉल्बेर्ग वाले अंग्रेज़ी में लिखित जैसी पाठ्य पुस्तकों और व्याकरणों में वही काल-विभाजन मौजूद है! "नई परम्परा" तो किन अर्थों में चलाया? "अभिनेता + त्री = अभिनेत्री" वाले विश्लेषणों में सचमुच एक नई परम्परा उत्पन्न हुई है। हमारे यहाँ होनेवाले इस व्याकरण के गुणगान सुनकर लोगों के कान पक गये। परन्तु संकोच और दुःख की बात यह भी है—इस व्याकरण की श्लाघा-प्रशंसा का स्वार्थी अभिप्राय! और वह है रचनाकार—लेखक को डि. लिट. उपाधि से (जो हमारे यहाँ सर्वोच्च वैज्ञानिक डिग्री होती है) विभूषित करना! इसी महान्दोलन को स्वयं कृतिकार चला रहा है। प्रोफ. रामविलास शर्मा, नगेन्द्र आदि-आदि भारतीय विद्वानों से प्रशंसा-पत्र जुटा रहा हैं। वे विद्वान शायद व्याकरण न देखकर ही लिख देते। आपको जानने को दिलचस्प होगा कि हमारे यहाँ अभी तक भारतीय भाषाओं में किसी भी अनुसंधान को इस सर्वोच्च डिग्री के योग्य नहीं माना गया, केवल "रूप-रेखा" को। यह पहली घटना दुर्घटना के रूप में घटित होनेवाली है। इसका क्या दुष्परिणाम होगा, पता तक नहीं। आप पुस्तक को ज़रा भी देखकर अनुमान लगाइए। कष्ट के लिए क्षमा करें। इस पत्र को कुछ भावावेश में होकर आप को लिख रहा हूँ। वही क्षोभ की हालत न केवल मेरी परन्तु अधिकांश दूसरे हिन्दी-भाषा-संबंधी यहाँ के लोगों की है। इसीलिए आप ही को इस व्याकरण-सम्बन्धी समस्या से सूचित करना मैं अपना कर्तव्य समझता हूँ। अपनी राय लिख भेजिए तो अत्यन्त कृतज्ञ होंगें सभी हिन्दी के अध्यापन करने वाले। मेरे इस पत्र के बुरे हस्ताक्षर और शैली के लिए "ढीले-ढालेपन" के लिए पत्र पढ़ने के कष्ट के लिए—आपकी क्षमा माँग रहा हूँ। आपके स्वास्थ्य की कामना और आशा करनेवाला पत्रोत्तर की प्रतीक्षा में सादर सदैव आपका अलेक्सेई बर्खूदारोव। मेरा पता है :

USSR, Mosscow
1, Armyanskiy Pereulok Dom 2,
Institute of Oriental Studies (Narodov ASII)
Language *Department*

Alexei Barkhurdarov

हिमालय एजेंसी
कनखल उ. प्र.
तारीख २६-१०-६७

प्रिय शर्माजी,

नमस्कार।

पत्र ता. २४ का मिला। ठीक है। आप यथावसर (किसी प्रसंग पर) रूस के किसी हिन्दी-विद्वान् को सलाह दीजिएगा कि "हिन्दी शब्दानुशासन" का अनुवाद या सार-संक्षेप रूसी-भाषा में प्रकाशित होना चाहिए।

मेरी इच्छा दक्षिण भारत में कुछ दिन घूमने की है। हो सका, तो इसी जाड़े में उधर का आनन्द लूंगा; यदि व्यवस्था कर पाया—पैसे की नहीं, सुविधा की। कारण, प्रवास में मेरा स्वास्थ्य बिगड़ जाता है। बच्चों को आशीर्वाद और आपकी गृहिणी को विशेष। स्वास्थ्य में कुछ सुधार हुआ ?

आपका
कि. दा. वाजपेयी

कनखल
११-१-६८

प्रिय शर्माजी

नमस्कार

बहुत दिनों से कोई पत्र नहीं मिला। मेरा हाल यह है कि शरीर की शरारत तो नहीं बढ़ी; पर दिमाग परेशानी पैदा कर रहा है। कभी सिर दुखता है और कभी चक्कर आते हैं, तो चलते-चलते गिर पड़ने की नौबत आ जाती है; पर सँभल जाता हू। ऐसी स्थिति में चिकित्सा शास्त्र के "आदौ निदानं परिवर्जयेत्" सिद्धान्त के अनुसार दिमागी काम बन्द कर रहा हूँ। "प्रकृतिस्त्वां नियोक्ष्यति" "निग्रहः किं करिष्यति" का जोर साधारण लेख (पत्र-पत्रिकाओं के लिए) लिखवा लें, यह अलग बात है। मेरी इच्छा थी कि हिन्दी को एक "काव्यशास्त्र" भेंट करूँ और संसार की प्रथम संसदीय शासन-पद्धति, यानी आर्यों की वर्ण-व्यवस्था पर एक ग्रन्थ लिखूं : जिसमें पाश्चात्य विद्वानों के आर्य-द्रविड़ संघर्ष जैसे भ्रमों का भी उच्छेद हो। परन्तु अब ये काम न कर सकूँगा। दिमाग को परेशान करके मुसीबत कौन ले !

कि.

कनखल
२०-६-६८

प्रिय शर्माजी,

नमस्कार।

पत्र मिला। आपने लिखा है कि "अंग्रेजी में इंग्लिश यूसेज" पर कोश हैं; हिन्दी में **सम्भवतः** नहीं है।" आपका यह "सम्भवत:" लिखना ठीक नहीं। निश्चय ही नहीं है। आप कुछ करना चाहें, तो मेरी ओर से सहर्ष अनुमति है। परिश्रम तो करना होगा; पर दिमागी नहीं। चीज दोनों की रहे, दोनों की रायल्टी बराबर-बराबर रहे। विचारक—किशोरी दास वाजपेयी और सम्पादक—डा. राम विलास शर्मा। काम करना हो, तो यही अवसर है। नीवँ लग रही है—जैसी भी लग जाएगी, लग जाएगी। गलत नीवँ लग गयी, तो यह "सनातनी" देश उसी पर चल पड़ेगा। यहाँ तो "यह वाली बात" भी सुनी जाती है। मथुरावाली बात समझी। ठीक है। मेरी परिधि में वह भी है।

कि.

कनखल
३०-६-६८

प्रिय शर्माजी,

नमस्कार।

आपका पत्र मिला। आपके विचार ठीक हैं और उत्साहवान् तो आप हैं ही। जैसा ठीक समझें, जो कुछ कर सकें, करें।

वर्माजी ने वैसा कोई "कोश" नहीं लिखा। एक छोटी सी पुस्तक "हिन्दी प्रयोग" नाम की छपी थी, बस ! वह काम करने के लिए आपको मिहनत करनी पड़ेगी। विचार-विमर्श पर शंका-समाधान पत्राचार से हो जाएगा। बच्चों को और गृहस्वामिनी को असीस।

किं.

कनखल
१३-१०-६८

प्रिय शर्माजी,

नमस्कार।

ता. ९ का कार्ड मिला। हाथ में लिया काम पूरा करके ही दूसरा काम देखना ठीक है। उतने बड़े अध्यवसाय में ढील ठीक नहीं।

वैसा (व्युत्पत्ति-मूलक) कोश राहुलजी भी देखना चाहते थे। मेरी भी इच्छा थी। परन्तु अब अपनी शक्ति ऐसी नहीं कि उस काम में हाथ डालूं। मेरी वैसी उत्कट इच्छा भी नहीं। आपने इच्छा प्रकट की थी, इसलिए मैंने लिख दिया था। मैंने जो लिख दिया, वह सदा-सर्वदा के लिए है। जब फुर्सत मिले और इच्छा हो, वैसा श्रम करने का उत्साह हो, तभी उधर ध्यान दीजिएगा। "अच्छी हिन्दी का नमूना" अपने ही पास रखिए। मनोविनोद की चीज है। मुझे तो इस विषय पर अब कुछ करना ही नहीं है। "सुरक्षित" तो आप के पास भी है।

कि

कनखल (उ.प्र.)
२७-२-७०

प्रिय शर्माजी,

नमस्कार।

कार्ड मिला। मेरे उस भाषण की कई बातें आपको मननीय लगीं, यह जानकर प्रसन्नता हुई। वाल्मीकि के दृश्य-काव्य को भी विचार कोटि में रखिए। "कुशीलवौ" "को न्वेतत् प्रयुंजीत !" "चिरनिर्वृत्तमप्येतत् प्रत्यक्षमिव दर्शितम्" आदि से संकेत मिलता है।

बच्चों को तथा उनकी माता को असीस।

कि. दा. वाजपेयी

कनखल
१२-१-७१

प्रिय शर्माजी,

नमस्कार !

मेरी "कानूनी मा" का देहान्त जबलपुर में हो गया, पिछले दिसंबर में। ता. २१ को उनका त्रयोदशाह था। उसी में भाग लेने जबलपुर गया था। वहाँ वि. वि. में वन्धुवर डा. पाण्डेय से मिलने गया, तो मालूम हुआ कि ता. २८, २९, ३० को इंडियन हिस्ट्री कांग्रेस का ३२वाँ अधिवेशन होने जा रहा है। प्रसंगवश मैंने द्रविड़-चर्चा छेड़ दी। पाण्डेयजी बहुत प्रभावित हुए और कहा कि इतिहास के ५०० विद्वान् देश भर से आ रहे हैं। उनके सामने आप अपने विचार प्रकट करें। मैं मान गया और २९ को मेरा भाषण मुख्य सभा-भवन में रखा गया। पूरा जमघट था। जो भाषण हुआ, उसकी एक कापी इस पत्र के साथ भेज रहा हूँ। बीच-बीच में मौखिक स्पष्टीकरण—चर्चा करता जाता था। भाषण की समाप्ति पर विद्वानों को संबोधित करते हुए **तीन बार** मैंने कहा कि "२०० वर्षों में जो कुछ प्रकृत विषय में लिखा-पढ़ा गया, वह सब इस भाषण से उलट गया है। इस पर किसी विद्वान् को कहीं कुछ विप्रतिपत्ति-जिज्ञासा हो, तो प्रकट कर दे, जिससे कि समाधान हो जाए।" पर सब-के-सब चुप रहे। बच्चों को और उनकी मा को असीस।

कि

कनखल
५-४-७१

प्रियवर,

नमस्कार।

आज मेरठ से डा. कामता प्रसाद पाण्डेय आए थे। उनसे मालूम हुआ कि आप (डिप्टी) डाइरेक्टर हो गये हैं। योग्य सेवा है। परन्तु आप (विद्या में उत्तम होने पर भी) "विद्योत्तमा" नहीं हैं—अपने "कालिदास" को धक्का नहीं दे सकते। मिलकर ही रहना-**सहना** श्रेयस्कर है। वैसे वे प्रत्यक्ष कड़वे नहीं हैं—निभाना भी जानते हैं। "वीर सिंह राजपूत" का रूप न प्रकट कीजिएगा। जिज्ञासु रूप से सब जान-समझ सकते हैं। काम-से-काम, ठीक। बैसवारी और सरजूपारी मिलकर रहेंगे, तो बड़ा काम होगा। बच्चों को और गृहस्वामिनी को असीस।

कि

कनखल
१३ मई ७१

प्रिय शर्माजी,

नमस्कार।

"रक्तदबाव" में आयुर्वेदीय "मुक्ता-पिष्टी" (आँवले के मुरब्बे के साथ) अच्छी रहती है। मैं अब रोग से छुटकारा पा चुका हूँ, पर उसका कुछ प्रभाव (कमज़ोरी) शेष है—जैसे अंग्रेजी राज चले जाने पर भी अंग्रेजी भाषा। नमक खाना कम कर देना चाहिए। उतनी ही मात्रा चाहिए, जितनी कि लीडर में सचाई और ईमानदारी होती है; बस।

डा. कामता प्रसाद मुझे आपके ही "लघु संस्करण" जान पड़े। मैंने गरमी की छुट्टियों में उनके छात्रों की निःशुल्क सेवा करने का वचन दे दिया है। उधर शरीर को कष्ट बिलकुल नहीं देता; पर यह तो "शरीर" ही ठहरा—शरारत कर ही बैठता है !

घर में सबको असीस।

कि

कनखल
१६ अप्रेल ७२

प्रिय शर्माजी,

नमस्कार।

अच्छी तरह हैं ? गृहलक्ष्मी और बच्चे अच्छी तरह हैं ? हजारी बाबू का कोई समाचार बहुत दिनों से नहीं मिला है! शब्दशास्त्रीय उलझनें सुलझा रहे होंगे। भगवान् सफलता दें।

आप का बन्धु,
कि. दा. वाजपेयी

कनखल
२१ अगस्त ७२

प्रिय शर्माजी,

नमस्कार।

२-३ सितंबर को मथुरा में प्रादेशिक सम्मेलन का अधिवेशन हो रहा है। यह सम्मेलन उस नकली सम्मेलन से भिन्न है, जिसके अधिवेशन साल में दो फसलें देते हैं। इसकी अध्यक्षता डा. बालकृष्ण राव करेंगे। अभी तक इसके अध्यक्ष

पं. श्रीनारायण चतुर्वेदी हैं। वातावरण अच्छा जान पड़ता है। आपका आने का विचार हो, तो मैं भी हिम्मत करूँ। हिम्मत (आजकल) खर्च की नहीं, वह तो ठीक है; पर ब्लड-प्रेशर के मरीज को यात्रा वर्जित है, इस दृष्टि से।

नई खबर यह है कि आँखों में मोतियाबिन्द की कृपा शुरू हो गयी है। घर में सबको असीस।

कि. दा. वाजपेयी

कनखल

२३ अगस्त ७२

प्रिय शर्माजी,

नमस्कार।

आशा है, सकुटुम्ब आप स्वस्थ-प्रसन्न होंगे।

बीस वर्ष बीत गये, जब मौलाना आजाद के सहयोग-संकेत से "सम्मेलन" को लोगों ने मूर्च्छित कर दिया था—एक तरह से वह समाप्त ही हो गया था। अब पुनर्जन्म उसका हुआ है, पर उसमें वह बात आने की नहीं! हिन्दी का कोई मंच ही नहीं रहा।

उ. प्र. हिन्दी-साहित्य-सम्मेलन एक चीज बन सकता है; पर वह दो बड़े वृक्षों के बीच में पड़ गया है। एक ओर काशी नागरी प्रचारिणी सभा और दूसरी ओर, (केन्द्रीय पुनर्जन्मा) हिन्दी साहित्य सम्मेलन। इन दोनों के समीप उसकी कोई स्थिति नहीं। जैसे कानपुर और लखनऊ के बीच पड़कर उन्नाव दब गया और कानपुर-इलाहाबाद के बीच फतेपुर दब गया, वही स्थिति इस (उ.प्र. सम्मेलन) की समझिए।

यदि इस प्रादेशिक सम्मेलन का स्थायी कार्यालय आगरा बनाया जाए, तो काम बन सकता है। विश्वविद्यालय तथा विद्यापीठ के कारण आगरा गढ़ बन गया है। मध्य प्रदेश, राजस्थान तथा हरियाना जैसे हिन्दी-प्रदेश उसके समीप हैं।

जहाँ तक हिन्दी के सम्बन्ध हैं, उत्तर प्रदेश का अर्थ सम्पूर्ण भारत है। यदि यह सम्मेलन सबल हो जाए, तो बड़ा काम हो।

यदि आप मेरे विचार से सहमत हों, तो मथुरा में सब कुछ हो सकता है।

आपका

कि. दा. वाजपेयी

**पुनश्च**—यदि आपकी मुलाकात डा. बालकृष्ण राव से हो जाए, तो मेरा यह विचार उन्हें बतला दीजिएगा।

कि

कनखल
२३ जनवरी ७३

प्रिय शर्माजी,

नमस्कार।

"हिन्दी शब्दानुशासन" के **दूसरे संस्करण** की प्रति आपके पास न होगी। एक प्रति भेज रहा हूँ—इसलिए कि इस संस्करण का "लेखकीय निवेदन" आप जरूर देखें। इसमें ऐसे मौलिक तत्त्वों का उन्मेष है, जो पहले समझ में न आए थे। देखकर आपका चित्त प्रसन्न हो जाएगा। बच्चों को और भ्रातृजाया को असीस।

कि. दा वाजपेयी

कनखल
१८ सितंबर ७३

प्रिय बन्धु,

सप्रेम नमस्कार।

स्वास्थ्य ठीक है ? बच्चों का और उनकी माताजी का स्वास्थ्य ठीक है ?

मेरी मालकिन तो एक वर्ष से शय्या-सेवन कर रही हैं। अधिकांश समय उन्हीं की सेवा में जाता है। ठीक होने के समय का पता नहीं। करम भोग सभी को भोगने पड़ते हैं।

आगामी चैत्र में यहाँ "मानस"-महोत्सव करना है। आप अभी से निमंत्रित हैं।

शुभैषी—
कि. दा. वाजपेयी

कनखल,
१० अक्टूबर ७३

प्रिय शर्माजी,

नमस्कार।

कार्ड आज मिला। १० अक्टूबर (१९१०) को ही "सम्मेलन" को ना. प्र. सभा ने जन्म दिया था।

आशा है आपकी गृहलक्ष्मी दीपावली तक पूर्ण स्वस्थ हो जाएँगी। यहाँ भी स्वास्थ्य की ओर कदम बढ़ रहे हैं, धीरे-धीरे; परन्तु अच्छी तरह। २०० इन्जेक्शन लग चुके हैं; २५ और लगेंगे। एक महीना लगेगा। चैत्र अभी दूर है। परिस्थिति तो देखनी ही होती है। बच्चों को और उनकी मा को असीस।

कि.

कनखल
११ दिसंबर ७३

प्रियवर,

नमस्कार।

आपकी गृहिणी का स्वास्थ्य कैसा है ? यहाँ तो सुधार हो रहा है।

मानस-समारोह के अंतिम (तीसरे) दिन भाषा-सम्मेलन करने का विचार था। परन्तु अब मन में है कि उस दिन पं. श्रीनारायण चतुर्वेदी का अभिनन्दन किया जाए। भाषा तो आ ही जाएगी। क्या राय है ?

आपका
कि. दा. वाजपेयी

पुनश्च—

बच्चों को और उनकी मा को असीस।

कि.

कनखल
११ जुलाई ७४

प्रिय बन्धु,

नमस्कार।

आपकी गृहिणी का स्वास्थ्य कैसा है? आपका स्वास्थ्य कैसा है ? बच्चे ठीक हैं ?

कि. दा. वाजपेयी

कनखल
१८ जुलाई ७४

प्रिय बन्धु,

नमस्कार।

कार्ड मिला। आपकी गृहिणी का स्वास्थ्य-समाचार पढ़कर सुख मिला।

मौखिक विद्या-दान से छुट्टी मिली, सो ठीक; परन्तु अब हिन्दी जगत् पूरा आप का छात्र है। उसे कलमी रस दीजिए।

मैं तो लुंज-पुंज हो गया हूं। कुछ भी अच्छा नहीं लग रहा है। सहधर्मिणी पिछली जुलाई की ६ तारीख को कानपुर में मुझे छोड़कर चली गईं। ७२ वर्ष की थीं। मैं ७८ पार कर चुका हूं। तो भी बहुत अखर रहा है। ज्ञान सब बेकार हो गया है। १८ महीने तक कष्ट उन्हें मिले थे।

कि. दा. वाजपेयी

कनखल
१ अक्टूबर ७४

प्रिय बन्धु,

नमस्कार।

कार्ड मिला। मैंने "काव्य तथा काव्य-शास्त्र" निबन्ध आपको भेजा था कि नहीं? जबलपुर वि.वि. में दिया मुद्रित भाषण वह है। अभी "पुस्तक-परिचय" में एक शीर्षक आपके नाम से देखा। बड़े शीर्षक कठिनाई से देख लेता हूँ। किसी से पढ़वाकर सुनूँगा। मेरा मन धीरे धीरे ठीक होता जा रहा है। सब को असीस।

आपका
कि.

कनखल
२६ सितंबर ७५

प्रिय बन्धु

नमस्कार।

"मौलिक विचार" की एक प्रति भेजी थी। मिली कि नहीं? उसपर आपके क्या विचार हैं? कहीं छपने चाहिए।

कि. दा. वाजपेयी

कनखल
३ अक्टूबर ७५

प्रिय शर्माजी,

नमस्कार

कार्ड मिला। आपका तथा आपकी सहधर्मिणी का स्वास्थ्य ध्यान देने योग्य है। सबसे पहले वह काम, बाद में और कुछ। कौटुम्बिक परेशानियाँ हैं इधर भी कम नहीं। नित्य नई-नई सामने आती हैं। हमारा प्रथम कर्तव्य कुटुम्ब को देखना है और अपने-आपको देखना है। मेरा स्वास्थ्य भी वैसा ही है।

आपका
कि

कनखल
२० अक्टूबर ७५

प्रियवर

नमस्कार।

कार्ड मिला। लिखा था कि आपकी राय छपनी चाहिए (पुस्तक में नहीं, किसी पत्र-पत्रिका के एक-दो पृष्ठों में)। जब आपका तथा मेरी अनुजजाया का स्वास्थ्य संतोषजनक हो, तो दो घंटे इस काम को दीजिएगा। आपसे इसलिए कह रहा हूं कि आप (मेरी ही तरह) मन की बात स्पष्ट कहते हैं। दूसरे लोग या तो ईर्ष्या-द्वेष से बकवास करते हैं ओर या फिर भटैती करते हैं।

कुटुम्ब को असीस

कि. दा. वाजपेयी

कनखल
३०-१०-७५

समानधर्मा बन्धु,

नमस्कार

कार्ड मिला शारीरिक तथॢमानसिक व्यथाओं का हाल पढ़कर मन दुखी हुआ। परन्तु आपके जैसे हिम्मती जन साहस के [साथ] कष्टों का सामना करते हैं। मेरी भी हालत वैसी ही है।

लड़के के पास कानपुर रहूँगा। काशी चले जाइए। क्या करूँ! कुछ भी मदद तो हम एक-दूसरे की ऐसी हालत में नहीं कर सकते। आपका तो विश्वास नहीं है; पर मैं अनुभव करता हूं कि कुछ अध्यात्म-चिन्तन मदद करता है। किसी काम में लग जाना भी मदद करेगा। वह ग्रन्थ लिखें।

कि

कनखल
१२ जुलाई, ७६

प्यारे भाई शर्माजी,

नमस्कार।

बहुत दिनों से आपके स्वास्थ्य का समाचार नहीं मिला। क्या हाल है? आपने आगरे से बाहर जाने को लिखा था। परन्तु वहाँ का पता मुझे मालूम नहीं; इसलिए कार्ड आगरे भेज रहा हूं।

मेरी तो अवस्था ऐसी है कि कुछ न कुछ लगा ही रहता है। शरीर यह उर्दूवाला "शरीर" होकर अपना काम करने लगता है। चक्कर आते रहते हैं। शेष सब ठीक है।

आपका
कि. दा. वाजपेयी

कनखल
२० जुलाई ७६

प्यारे भाई,

नमस्कार।

कार्ड मिला। कुशल-समाचार मिला। आप ठीक हैं और मेरी भ्रातृजाया भी ठीक हो रही हैं, यह जानकर सुख मिला। उनकी इच्छा का अनुगमन करने में ही सुख है। जहाँ मन लगे, वहीं रहने से स्वास्थ्य में लाभ होता है।

मैं भी ठीक हूं। कभी-कभी झटका लगता है। साधारणतः काम चलाऊ स्वास्थ्य है। लड़के को यहीं बुला रहा हूं। यहीं कोई काम करा दूँगा। कानपुर के दैनिक जागरण में अभी है। अगले महीने सपरिवार आ जाएगा।

आपका
कि. दा. वाजपेयी

कनखल
१८ मई ७७

प्रियवर शर्माजी

नमस्कार।

बहुत दिनों से कुशल-समाचार नहीं मिला। आपकी तबियत कैसी है? ठीक है न ? दिमागी काम करना अब बन्द कर दीजिए। गृहिणी का क्या हाल है? आशा है, अब तक वे नीरोग हो चुकी होंगी।

शुभैषी
कि. दा. वाजपेयी

कनखल

२२ सितंबर ७७

प्यारे भाई शर्माजी,

नमस्कार।

कार्ड मिला। मेरे सम्मान पर आपकी प्रसन्नता स्वाभाविक है। मैंने सरस्वती का सम्मान सदा सर्वोपरि समझा है और इस भावना के कारण ही सदा योग-क्षेम की चिन्ता रही है। प्रधान मंत्री के हृदय में आप जैसे बन्धुओं की भावनाओं ने वह बात पैदा कर दी।

भ्रातृजाया को तथा बच्चों को असीस। मैं पिछले दो वर्षों से अस्वस्थ नहीं हूं।

कि. दा. वाजपेयी

कनखल

१८ सितम्बर १९७८

प्रिय शर्माजी,

नमस्कार।

बहुत दिनों से कुशल-समाचार नहीं मिले। सब ठीक है न ? आप की गृहलक्ष्मी प्रसन्न-स्वस्थ हैं ?

मैं तो बदस्तूर वैसा ही हूँ—'सावन हरा न, न जेठै झूर।' विशेष समाचार यह है कि दीपावली के दो-तीन दिन पहले यहाँ लोग मेरे साहित्यिक जीवन की 'स्वर्ण-जयन्ती' के उपलक्ष में एक साहित्यिक समारोह कर रहे हैं—अच्छा होगा। दूसरे दिन उत्तम-उदात्त सूरदास के साहित्य पर चिन्तन गोष्ठी होगी और अपराह्न में हिमालय की उपत्यका तथा अधित्यका के दर्शनीय स्थलों का भ्रमण-पर्यटन होगा। इस समारोह में आने के लिए स्वागत-समिति का निमंत्रण पहुँचने में देर है; इसलिए मैं ही आप को इतने पहले निमंत्रित कर रहा हूँ कि आप तयार रहें।

अभिनन्दन ग्रंथ का नाम रखा गया है—"बाजपेयी और हिंदी शब्दशास्त्र"। इसमें आप का वही पुराना लेख दे दिया गया है। वही बहुत है । ग्रन्थ की रूप-रेखा समझने के लिए एक सूची (छपी हुई) इस पत्र के साथ है। ग्रन्थ में मेरे चिन्तन का मूल्याङ्कन है और जो भी जैसा भी जिसने लिख भेजा, वह वैसे का वैसा ही छप रहा है—काशी नागरी प्रचारिणी सभा में। बड़े-बड़े चार-साढ़े चार सौ पृष्ठों की सामग्री है। सब तरह की चीजें हैं। प्रचार अच्छा हो जाएगा और मेरी आर्थिक स्थिति इससे सुधारेगी; यह सुसमाचार ।

शुभैषी

कि. दा. बाजपेयी

कनखल

२६ सितम्बर ७८

प्रिय बन्धु,

नमस्कार।

कार्ड मिला ! वैसी स्थिति में तो कोई भी हृदय रखने वाला आपको कहीं जाने-आने को न कहेगा। जो आप कर रहे हैं, वही तो मनुष्यत्व का सार है, जिस पर सम्पूर्ण साहित्य बल देता है ! मैं भुक्तभोगी हूँ, इसलिए सब अनुभव है।

समारोह नवंबर की ११-१२ तारीखों में है। यदि तब तक स्थिति अनुकूल हो जाए, तो देखा जाएगा। डा. उदयनारायण तिवारी भी इसी स्थिति में हैं।

आपका

कि. दा. बाजपेयी

अभिनन्दन-ग्रन्थ छप रहा है, बड़े आकार में, बढ़िया कागज पर। वह सूची तो विज्ञापनार्थ छपाई है, जो आप के पास भेजी है।

कि

**पुनश्च**—आप को यह जानकर आश्चर्य होगा और सुख मिलेगा कि अभिनन्दन-ग्रंथ तथा समारोह पूरे सात्त्विक ढंग पर होंगे। किसी भी सेठ-साहूकार का इस में एक भी पैसा न लगेगा।

कि

लखनऊ के उस सम्मान से इस प्रकरण को बल मिला है।

कि.

कनखल

४ अप्रैल ७६

भाईजी,

नमस्कार।

गृहिणी के स्वास्थ्य का क्या हाल है? आप ठीक हैं न?

एक ग्रन्थ भेजा गया था। मिल गया? मैं ठीक हूं।

आपका

कि. दा. वाजपेयी

कनखल (उ. प्र.)
दिनांक ११ जून ७६

प्यारे भाई,

नमस्कार।

कल पं. जयगोपाल मिश्र "फतेपुरी" आये थे। आपकी चर्चा बड़े आनन्द से करते रहे। निरालाजी को बहुत याद किया। बहुत कम ऐसे मित्र मिलने आते हैं।

आपकी वह पुस्तक, जो छप रही थी, तैयार हो जाए, तो तुरन्त भिजवाइएगा। बड़ी इच्छा है देखने की।

आशा है, सपरिवार आप स्वस्थ होंगे। हम लोगों के लिए अब यही सबसे बढ़कर काम्य है कि हम सबका स्वास्थ्य ठीक चलता रहे। हम सब ठीक हैं।

आपका
कि. दा. वाजपेयी।

पाणिनि प्रकाशन, कनखल (उ. प्र.)
दिनांक २६ अगस्त ७६

प्यारे सम्मानप्रद भाई,

ग्रन्थ (भारत के प्राचीन भाषा-परिवार और हिन्दी) मिला, अनिर्वचनीय आनन्द मिला। बहुत-बहुत आशीर्वाद।

किशोरी दास वाजपेयी

पाणिनि प्रकाशन, कनखल (उ. प्र.)
दिनांक ३० अगस्त ७६

प्रियवर,

आपकी नई चीज देखकर मेरा आनन्दातिरेक स्वाभाविक है; परन्तु काम देखकर आपके स्वास्थ्य की चिन्ता भी हुई है। बहुत सँभल कर चलना है—"ते ते पाँव पसारिए जेती लाँबी सौर"। ढलती उम्र है।

आशा है आपकी संगिनी अब पूर्ण स्वस्थ होंगी।

किशोरी दास वाजपेयी

पाणिनि प्रकाशन, कनखल (उ. प्र.)
दिनांक २४ अक्टूबर ७६

प्रिय शर्माजी,

नमस्कार।

अनेक गणों की भाषाओं में शब्दों का आदान-प्रदान हुआ है, इस स्थापना में एक यह भी तर्क है कि यदि ऐसा न होता, तो वैदिक-भाषा में और संस्कृत में भी एक ही अर्थ में अनेक शब्दों का संकेत न होता। एक ही अर्थ के लिए जल, वारि, वन, नीर आदि बहुत से शब्दों का प्रयोग हेल-मेल सिद्ध करता है। और एक ही शब्द के अनेक अर्थ भी यही सिद्ध करते हैं। फारसी में भी "दस्त" जैसे शब्द हैं, जिनके अनेक अर्थ हैं। काव्य-शास्त्र में किसी भी शब्द का संकेत अनेक अर्थों में नहीं माना गया है। कहा गया है कि जितने शब्द, उतने ही अर्थ—यानी एक शब्द के अनेक (वाच्य) अर्थ हो नहीं सकते। कोई भी बुद्धिमान् श्रोता से न कहेगा कि इस शब्द से यह अर्थ समझना और यह भी। "कनक" शब्द एक और उसके अर्थ दो—सोना और धतूरा, यह काव्यशास्त्र नहीं मानता। जहाँ एक शब्द से दो अर्थ निकलते हैं, वहाँ शब्द भी दो ही हैं; परन्तु उनका रूप (बोलने और लिखने में) एक-सा है और वे दोनों शब्द श्लिष्ट हैं—एक दूसरे से चिपके हुए हैं। "यावन्तः शब्दास्तावन्तोऽर्थाः" सिद्ध शास्त्र है! इस पर भी विचार करें।

कि. दा. वाजपेयी

अंग्रेजी आदि में भी क्या एक अर्थ में अनेक शब्द तथा एक शब्द अनेक अर्थों में है ? यदि ऐसा होगा तो वहाँ भी वही हेल-मेल समझा जाएगा।

## दूसरा कार्ड

कनखल
२४ अक्टूबर ७६

अंग्रेजी के "सन" आदि शब्दों पर भी विचार किया जाए, तो शब्द संकेत की वही स्थिति सामने आती है। "सन" का संकेत कहीं "सूर्य" के लिए और अन्यत्र इसी शब्द का "पुत्र" के लिए हुआ होगा। दोनों मिल गये, तब इस (सन) शब्द के दो अर्थ हो गए। काम चलता रहा, प्रसंग-भेद से-अर्थ भेद समझा जाता रहा होगा; जैसे "कनक" से प्रसंग-भेद से अर्थ समझ लिया जाता है। कालान्तर में जब लिपि का प्राकट्य हुआ, तब अर्थ-भेद प्रकट करने के लिए लिखावट (वर्तनी) में अन्तर कर लिया गया। वर्तनी का अन्तर शब्द में अन्तर नहीं है। "शब्द" कान का विषय

है, आँख का नहीं। शब्द का संकेत अर्थ में होता है और लिपि संकेत शब्द ("क" आदि) में होता है। हमारे यहाँ उच्चारण के अनुसार ही लिखावट है; इसलिए दोनों "कनक" शब्द एक ही तरह से लिखे जाते हैं। ऐसा न होता, तो हमारे यहाँ भी "स्पेलिंग" रटने पड़ते ! यहाँ तो सहस्रशः वैसे शब्द हैं। कहाँ तक वर्तनी बदली जाती ! किसी शब्द का कहीं "क" अर्थ लुप्त भी हो गया है। वनों का "अरण्य" अर्थ लुप्त हो गया।

प्रयोग में "जलज के

प्रयोग जरूर कर दिया। [डाकखाने की मुहर से कुछ शब्द अस्पष्ट]

पाणिनि प्रकाशन, कनखल (उ. प्र.)
दिनांक ३ नवंबर ७६

प्रिय शर्माजी,

नमस्कार।

कार्ड ता. ३१ का मिला। मैं अंग्रेजी आदि नहीं जानता। "सन" जैसी बात यों ही लिख दी थी।

मुख्य बात तो वेद भाषा की और समकालीन गणभाषाओं की थी। यास्क ने अपने निरुक्त में एकार्थक अनेकों शब्दों की सूचियाँ दी हैं। संस्कृत भाषा में भी यही स्थिति है। उसी पर ध्यान दें। संस्कृत के "कनक" आदि अनेकार्थक शब्द नहीं हैं। दो अर्थ निकलते हैं, तो दो शब्द हैं, और दो में से एक शब्द अन्यत्र से आया हुआ है; क्योंकि कोई ऐसा संकेत नहीं कर सकता कि इस शब्द से यह अर्थ समझना और यह भी। एक गण में एक शब्द का प्रयोग एक ही अर्थ में हो सकता है।

शुभैषी
कि. दा. वाजपेयी

पाणिनि प्रकाशन, कनखल (उ. प्र.)
दिनांक ४ नवंबर ७६

प्रिय शर्माजी,

नमस्कार।

आप जिस अर्थ में "गण" शब्द का प्रयोग करते हैं, उसी अर्थ में (वैदिक काल में) "ग्राम" शब्द का भी प्रयोग होता था। यास्क ने ये दोनों शब्द "निरुक्त" में दिए हैं। जब घुमन्तू ग्राम कहीं एक जगह बसकर स्थायी रूप से रहने लगे, तब उस "ग्राम" को "नगर ग्राम" कहने लगे। न-गर–न गलने-उजड़ने वाला

ग्राम "नगर ग्राम"। जब झुग्गी-झोपड़ी या कच्चे मकानों की जगह पक्के मकान बनाना आ गया और किसी ग्राम ने कुछ वैसे मकान एक जगह बनाकर रहना आरंभ किया, तब "नगर" विशेषण संज्ञा बन गया; जैसे "संस्कृत भाषा" का विशेषण संज्ञा बन गया—संस्कृतम्, "नीलः मणिः" का विशेषण संज्ञा बन गया—"नीलम्"। और "जालः आनायः" का विशेषण बन गया—जालान्। उसी तरह "नगरः ग्रामः" का विशेषण नपुंसक लिंग संज्ञा—"नगरम्"। यह मेरा अनुमान है। इस पर भी विचार कीजिएगा।

दूसरे कार्ड की जरूरत नहीं पड़ी।

किशोरी दास वाजपेयी

यहाँ गढ़वाली पहाड़ों पर जो मुसलमान-गूजर समूहबद्ध होकर घुमन्तू जीवन बिताते हैं उन्हें "गण" वाचक कोई शब्द नहीं कहता। जहाँ कुछ दिन टिक जाते है, उसे "डेरा" कहते हैं।

कि.

जब "नगर" विशेषण संज्ञा बन गया, तब ग्राम (बसा हुआ) अपने निर्विशेष रूप को लेकर उसी झुग्गी-झोपड़ी वाली बस्ती का वाचक रह गया।

कि.

**2**

देखने में एक; पर वस्तुतः अनेक शब्द होते हैं। "कु" के साथ "भाव" संस्कृत मिला कर "भाव-कुभाव" की तरह "सु" के साथ "सुभाव" (सद्भावना) एक शब्द है और "सहज सुभाव पर्यो कछु मेरो" आदि का "सुभाव" "स्वभाव" का रूपान्तर है। स्वभाव-आदत। इस तरह के एक ही भाषा में भी बहुत से शब्द मिलेंगे, जो एक लगते हैं; पर हैं अनेक। सो, अन्यत्र से आए हुए भी वैसे शब्द हैं और अपने भी व्युत्पत्ति भेद से समझे जाने वाले बहुत हैं। संस्कृत में भी ऐसे शब्द हैं, जो स्वरूपतः एक लगते हैं, पर हैं वे अनेक। "अनेक" से मतलब है; फिर छांटना होगा कि कौन-से बाहर से आए हैं और कौन अपनी ही बिरादरी के हैं।

कि.दा. वाजपेयी।

वेद कालीन भाषाओं में और वेद भाषा में "स्वभाव-सुभाव" जैसे तदभ्व रूपों की संभावना नहीं है। आद्य अवस्था की।

कनखल

११ नवंबर ७६

प्रिय शर्माजी,

नमस्कार।

एक कार्ड भेजा था, उसमें लिखा था कि वैदिक युग में नागरिक जीवन चल रहा था। उससे बहुत पहले किसी समय यायावरी जीवन ही चलता होगा। उस समय भी क्वचित् होगा। आज भी है।

इस स्थापना की पुष्टि इससे होती है कि वैदिक युग में "गृह" शब्द प्रचलित था, उसी तरह जैसे आज "घर" हिन्दी में है। वह "गृह" शब्द संस्कृत में भी है और बीच की भाषाओं में भी, भले ही रूपान्तरित होकर।

घुमन्तू जनों का कोई "घर" नहीं होता। "गृह" की व्युत्पत्ति निरुक्त में दी गयी है—"सर्वाणि वस्तूनिगृह्वाति" सब कुछ ग्रहण करता रहता है।

"गृहनामान्युत्तराणि द्वाविंशतिः" लिखकर आगे यास्क ने "गृह" के बाईस पर्य्याय दिये हैं। गय, कृदर, गर्त, हर्म्य, अस्त, आदि। इन वैदिक नामों में से गृह, हर्म्य, शरण, ये तीन नाम संस्कृत में भी हैं, यद्यपि "हर्म्य" प्रासादों के लिए रूढ़ हो गया है।

विशेष बात यह है कि सामान्य शब्द "गृह" उस समय भी था और आज भी भारतीय आर्य भाषाओं में सामान्य है। प्रयोग-भेद संस्कृत में इतना हो गया है कि इसका प्रयोग नपुंसक लिंग में होता है; जब कि वैदिक युग में पुल्लिंग बहुवचन में सदा होता था—एकत्व-विवक्षा में भी बहुवचन, जैसे संस्कृत में "दार" शब्द "भार्या" का पर्य्याय है; पर पुल्लिंग बहुबचन में ही चलता है एकात्मविवक्षा में भी—

"मैथिली तस्य दाराः"

एक मैथिली ही उस की पत्नी थी। इस पर भी विचार करें, "गृह" पर। बस, अब आगे और पत्र न भेजूंगा। जब आप कुछ सोचने-विचारने लायक लिख भेजेंगे, तभी कुछ कहूँगा।

भाषा विज्ञान की चर्चा में यह सब "गंगा की गैल में मदार के गीत" हैं, परन्तु कुछ संबद्ध चर्चा है।

किशोरी दास वाजपेयी

**पुनश्च** — उचित समझें, तो इस विषय की चर्चा कहीं करें।

कि

कनखल
१३ नवंबर ७६

प्रियवर,

नमस्कार।

कार्ड मिला। किसी के गले कोई बात उतरे, चाहे न उतरे; मुझे तो आप एक "समानधर्मा" इसी जन्म में मिल गये, यही मेरा सौभाग्य है। उत्साह की हिलोरें उठने लगीं और उसी प्रवाह में वे उतने कार्ड लिख भेजे। कुछ-न-कुछ सार मिला ही होगा। विचारणीय सामग्री तो है ही।

"ग्राम" शब्द

"ग्राम" शब्द पर जो कुछ मैंने लिख भेजा है, मेरा अपना है, यास्क का नहीं।

यास्क ने "गण" शब्द तो पृथक् देकर उसकी व्युत्पत्ति दी है—"गण्" धातु से—"गण्यते हि सः" संख्याधिक्यात्।

परन्तु "ग्राम" शब्द पृथक् नहीं दिया है, न कोई व्युत्पत्ति दी है। "संग्राम" शब्द से "ग्राम" अलग निकाला है। "सम्" उपसर्ग के साथ "ग्राम" जोड़कर "संग्राम" बताया है। "सम्" का अर्थ आमने-सामने समवेत होना बताया है भिड़न्त के लिए। "संगतौ ग्रामौ"। टीकाकार दुर्गाचार्य ने लिखा है—"ग्राम इति संघात उच्यते। परस्परं जिगीषया समागतौ तत्र भवतः।"

यों "गण" तथा "ग्राम" एकार्थक ठहरते हैं। आगे चलकर "ग्राम" छोटी-सी बस्ती का वाचक हो गया और न गलने-बिखरने वाला "ग्राम" "नगर" हो गया।

पढ़ लेते हैं, इसी से सन्तोष है। उत्तर दें, चाहे न दें। यह पत्र इसलिए कि "ग्राम" पर जो कुछ लिखा है, मेरा है, आधार यास्क का।

कि. दा. वाजपेयी

पाणिनि प्रकाशन
संचालक
मधुसूदन वाजपेयी
कनखल (उ.प्र.)
५ दि. ७६

प्रिय शर्माजी,

नमस्कार।

ऋग्वेद में एक शब्द "बेकनाट" आया है। इसका अर्थ है—सूदखोर "कुशीद जीवी"। इसमें "बे" संख्यावाचक शब्द है "दो" के अर्थ में। वेद भाषा में तथा संस्कृत में अन्यत्र "दो" के अर्थ में "बे" शब्द नहीं आया है। सर्वत्र "द्वि" प्रातिपादिक के रूप

में है। सिन्धी भाषा में "दो" के लिए "बे" शब्द चलता है। "दो अमरूद" को "बे अमरूद" कहते हैं। जिस भाषा में बेद रचना है, उससे भिन्न किसी भाषा का यह "बेकनाट" शब्द ले लिया गया जान पड़ता है; क्योंकि ऋग्वेद में भी अन्यत्र कहीं "बे" का प्रयोग नहीं है। हां, आधुनिक आर्य भाषाओं में "द्वि" का ही वंश है—दो, द्वै, दुइ आदि। परन्तु यौगिक शब्दों में "बे" का वंश है—बारह, बाइस, बत्तीस आदि। ऐसा अन्यत्र भाषाओं में भी देखा जाता है। अंग्रेज़ी में दाँतों के लिए "टूथ" है; परन्तु यौगिक ("डेंटिस्ट" जैसे) शब्दों में "टूथ" नहीं, "डेंट" का प्रयोग है। ढूंढने से "बेकनाट" जैसे और शब्द भी मिल सकते हैं।

वेद भाषा तथा संस्कृत में अन्तररहित दो स्वर एक साथ नहीं रह सकते; यदि हों तो संधि होकर "एक" हो जाते हैं। परन्तु ऋग्वेद में एक शब्द "तितउ" आया है, आटा छानने की चालनी के लिए। यहां दो स्वर (अ उ) अन्तररहित एक साथ हैं। हिन्दी आदि में इस "तितउ" की पद्धति है—"कई", "आई" "ताई" "भाई" आदि में नैरन्तर्य से दो स्वर एक साथ हैं। "भाई" से "इया" प्रत्यय कर के "भइया" भी ऐसा ही है; यद्यपि "ऐ" का उच्चारण संस्कृत "ऐश्वर्य" आदि के "ऐ" जैसा होने से "भैया" स्वर संधि भी प्रचलित है।

सो, विचारणीय "बेकनाट"-"तितउ" आदि भी हैं। इससे भी वैदिक युग में अनेक आर्य भाषाओं की स्थिति समझ में आती है।

कि. दा. वाजपेयी

**कनखल**
**बुधवार**
**[दिनांक २१-१२-७६**
**को उत्तर दिया रा.वि.]**

प्रिय शर्माजी,

नमस्कार।

कार्ड ता. ६ का मिला। "बारह" आदि यौगिक शब्दों में तो "ब" है ही, साथ ही अवधी तथा व्रजभाषा के पुराने काव्यों में "दो" के अर्थ में "बिबि" शब्द आया है, स्वतंत्र संख्यावाचक—"बिबिलोचन"।

द्रविड़ लोग भारत में किधर से आए ? इसमें आप का क्या मत है ?

कि. दा. वाजपेयी

वैदिक भाषा का "बे" शब्द "द्वि" से संबद्ध नहीं है—स्वतंत्र उद्भूत है। "द्वि" तथा "बे" समकालिक शब्द हैं। [illegible] भाषा में तथा संस्कृत में अन्यत्र कहीं "बे" का

या उसके वंश का पता नहीं। केवल एक जगह निन्दित अर्थ में आया है—"बेकनाट:"। "मूँड़ मुड़ाय" में भी निन्दात्मक "मूड़" है।

कि.

कनखल
२७ दिसम्बर ७६

प्रिय शर्माजी,

नमस्कार।

२१ दिसं. का कार्ड मिल गया था। द्रविड़ भाषा बोलने वालों की स्थिति ज्ञात हुई।

"बे" के बारे में यह ध्यान देने की बात है कि दिल्ली से सिन्ध तक की उन सभी भाषाओं में "दो" की जगह "बे" शब्द चलता है। इन भाषाओं में एक समानता है कि पुंविभक्ति "ओ" है; यद्यपि (कृदन्त) सम्बन्ध-प्रत्यय भिन्न-भिन्न हैं। एक वचन और बहुवचन इन भाषाओं में प्राकृत का अनुगमन करते हैं—हिन्दी—लड़का गया—लड़के गये, प्राकृत—पुत्तो **गदो**-पुत्ता **गदा**; राज. लड़को गयो-लड़का गया, गुज. छोकरो गयो-छोकरा गया, सिन्धी—छोकरो गयो-छोकरा गया, संबन्ध प्रत्यय भिन्न हैं। राम रो लड़को-रामरा लड़का रामनो छोकरो-रामना छो. राम जो छोकरो-रामजा छो. यानी आर्य भाषाओं की इस पश्चिमी धारा में "बे" के साथ अन्य बातें भी समान हैं।

कि. दा. वाजपेयी

कनखल
२८ दिसं. ७६

प्रिय शर्माजी,

नमस्कार।

कल एक कार्ड भेजा था। उसमें क. र, न, ज, जैसे संबन्ध-प्रत्ययों को शायद "कृदन्त" लिख दिया था। "तद्धितीय" प्रत्ययों को कृदन्त लिख देना बुढ़ापे की विकृति है। ठीक कर लें।

कि. दा. वाजपेयी

कनखल,
दिनांक २१ फरवरी ८०

प्रिय शर्माजी,

नमस्कार।

आपने अपने इस (सद्यः प्रकाशित) ग्रन्थ में व्रजभाषा के पुराने साहित्य में "ने" विभक्ति की चर्चा की है। यह "ने" विभक्ति हिन्दी की "ने" विभक्ति से भिन्न है। हिन्दी की "ने" विभक्ति कर्ता से भिन्न है। हिंदी की ने विभक्ति केवल कर्ता कारक में लगती है और यह दूसरी ने विभक्ति कर्म तथा सम्प्रदान में लगती है, कर्ता कारक में नहीं। यह "ने" विभक्ति प्राचीन व्रज भाषा साहित्य में ही नहीं, आज भी व्रज प्रदेश के उस भाग में चलती है, जो जयपुर की (राजस्थानी) सीमा से मिलता है। वस्तुतः यह (कर्म-सम्प्रदान में लगने वाली) "ने" विभक्ति राजस्थानी भाषा की चीज है, जो गुजराती तक चली गयी है। "वैष्णवजन तो तेने रे कहिए"। "तेने" व्रज में "ताको"। यहाँ व्रज ने "तेने" स्वीकार नहीं किया। राजस्थानी की इस "ने" की जगह पंजाबी में "नू" या "नूँ" विभक्ति है। यह भी कर्म तथा सम्प्रदान में लगती है। संस्कृत की कर्म कारक में लगने वाली "नि" विभक्ति सम्प्रदान में नहीं लगती है। प्रयोग विस्तार "ने" तथा "नू" का है।

मतलब यह कि हिन्दी की "ने" से वह "ने" भिन्न है, जो राजस्थानी तथा गुजराती में है और जिस साहित्य में कर्म-सम्प्रदान में "ने" है, उसका निर्माण व्रज के उसी अंचल में हुआ होगा जो राजस्थानी के मेल-जोल में है।

कि. दा. वाजपेयी

कनखल
११ मार्च ८०

बन्धुवर,

नमस्कार।

कार्ड मिला। कर्ता कारक में—कर्ता कारक में ही—लगने वाली "ने" विभक्ति का विकास संस्कृत की "इन" से है। वर्ण व्यत्यत्य तथा न + इ = ने। वर्ण व्यत्यत्य से ही "से" विभक्ति है। "भिस्" का "ऐस्" रूप संस्कृत में हो जाता है—अतो भिस् 'ऐस्" (पाणिनि)। दण्ड-ऐस्=दण्डैः। बालकेन कृतम्—बालक ने किया। इस का चलन हिन्दी (खड़ी बोली) में तथा (समीप की) व्रज भाषा तथा पंजाबी में भी (क्वचित्-क्वचित्) है; जहाँ स्थान-संधि होती है।

कर्ता कारक से अन्यत्र किसी भी कारक में यह विभक्ति नहीं लगती है। ग्रियर्सन ने तथा डा. बाबूराम सक्सेना आदि ने इसे "करण कारक" का चिह्न बताया है;

परन्तु करण कारक में प्रयोग आज तक किसी ने भी नहीं किया है। "राम ने कुल्हाड़ी ने लकड़ी फाड़ी" या "सब लोग नाक ने ही सूंघते हैं" जैसा कोई नहीं बोलता। "कुल्हाड़ी"—"नाक" करण हैं।

लिखते हैं—कर्ता में करण कारक की विभक्ति लगती है। बेतुकी बात। विभक्ति "करण" की और लगती है "कर्ता" में!

x x x

कर्म तथा सम्प्रदान में जो "ने" विभक्ति राजस्थानी तथा गुजराती में लगती है, वह भिन्न चीज है। उसका विकास संस्कृत "नि" विभक्ति से है। मया तानि गृहणि क्रीतानि "फलानि क्रीतानि" तथा "अहम् गृहाणि पश्यामि" "फलानि पश्यामि" में "नि" कर्म कारक में है। यही "नि" राजस्थानी में—गुजराती में "ने" है और पंजाबी में "नू" है। इसका प्रयोग कर्म तथा सम्प्रदान में होता है—कर्ता कारक में नहीं। "मैया मोहि दाऊ बहुत खिझायो" में न कर्ता के साथ "ने" है, न कर्म के साथ।

दिल्ली के सम्पर्क से व्रज भाषा में "कर्ता" कारक की "ने" आई है और राजस्थानी के सम्पर्क से कर्म-सम्प्रदान की "ने" विभक्ति। यह कर्ताकारक में नहीं लगती। एक ही "ने" विभक्ति कर्ता तथा कर्म में नहीं लगती। रूप दोनों का एक ही है। पिसे हुए नमक और बूरे का एक रंग रूप देखकर कोई कहे—बूरा दाल साग में भी पड़ता है, और खीर में भी; या नमक दाल साग में भी पड़ता है और खीर में भी तो कैसा रहेगा ? रूप एक होने पर भी स्वाद-भेद वस्तु-भेद बताता है। प्रयोग-भेद है। कपूर की सुगन्ध उसे सोडे से भिन्न बतलाती है।

सो, "ने" विभक्ति हिन्दी में केवल कर्ता कारक में लगती है; करण-सरण में नहीं। करण-उपकरण के अतिरिक्त "हेतु" में भी "से" लगती है—"हवा से पत्ता गिर गया", "धूप से घास सूख गई।" "हवा" तथा "धूप" किसी कर्ता के द्वारा (कुल्हाड़ी आदि की तरह) नहीं है। कर्ता में "मुझसे बैठा नहीं जाता" एक ही है।

"करण" में "से" लगती है और "उपकरण" में भी—"राम कुल्हाड़ी से लकड़ी फाड़ता है।" "कुल्हाड़ी" उपकरण है। करण की जरूरत नहीं; क्योंकि "उपकरण" का प्रयोग "करण" ही करता है। उपकरण "कुल्हाड़ी" से करण (हाथ) स्वयं गृहीत हो जाता है। करण में हिन्दी ने कभी भी "ने" का प्रयोग नहीं किया।

आपका
किशोरी दास वाजपेयी

'एस्' का वर्ण व्यत्यत्य—"से"। 'न' का वर्णव्यत्यत्य "अन्" अनीश्वर। ऐस् न करके "एस्" करना-बतलाना था "एस्" से भी "दण्डैः" सिद्ध है।

कि.

कनखल
११ मार्च, ८०

भाई शर्माजी,

नमस्कार

एक पत्र अभी छोड़ कर आया हूँ। उसी का यह परिशिष्ट है।

डा. ग्रियर्सन ने जो काम किया है, उसके लिए हम लोग नतमस्तक हैं। परन्तु उन्होंने तथा अन्य भाषाविदों ने जो कुछ लिख दिया है, उसे हम बिना सोचे-समझे न मानेंगे। "ने" विभक्ति को "करण" कारक की विभक्ति बतलाना और उसकी व्युत्पति में इधर-उधर भटकना चिन्त्य है। मैंने जो "ने" की व्युत्पति बतलाई है, उसका "मजाक" डी. वर्मा ने उड़ाया था। परन्तु मेरी व्युत्पत्ति तथा अन्य लोगों की व्युत्पति का मिलान कीजिए। संस्कृत का नाम इसलिए लिया जाता है कि जिस प्राकृत से हिन्दी का निकास-विकास है, वह उपलब्ध नहीं है। उसमें "ने" का पूर्व रूप कदाचित "नइ" हो। "इन" का "नइ" इसलिए कि स्वर-सन्धि का झमेला न आए। हिन्दी की कोई भी विभक्ति स्वरादि नहीं है, सब व्यंजनादि हैं। इसी लिए "इन" का "नइ" और "ने"। संभव है जिस प्राकृत का संस्कृत रूप "संस्कृत" है, उसकी "नइ" को ही संस्कृत में वर्ण-व्यत्य [य] से "इन" कर लिया गया हो।

हिन्दी में वर्ण-व्यत्यय से सर्वनाम भी बने हैं। वह, ओह, उसमें, वहि माँ, आदि पद किस प्रातिपादक के हैं ? कुछ पता किसी ने नहीं लगाया ! निश्चय ही ये "सा" के वर्ण-व्यत्यत्य "ओस्" प्रातिपदिक के रूप हैं। हिन्दी व्यंजनान्त प्रातिपदिक, धातु उपसर्ग, अव्यय, सर्वनाम या उपसर्ग रखती ही नहीं। प्राकृतों ने ही व्यंजनान्त प्रवृत्ति पसन्द नहीं की थी। अपभ्रंशों में भी कोई शब्द व्यंजनान्त नहीं है। सो, इस "ओस्" को भी स्वरान्त कर लिया गया। "स" को "ह" और "ओ" को "व" करके "वह" है। "उसको" आदि में "ओ" का हृस्वरूप उ है। पूर्वी भाषाओं में "ओहिका ओहिमां" आदि में "ओस" स्पष्ट ही है। पंजाबी में "ओस दा मुंडा" आदि में 'ओस्' स्पष्ट ही है।

"सो" को "ओस" करने की प्रेरणा हिन्दी को "एस" से मिली, जिसके पद रूप "यह" "इसका" "एहिका" "एस दा मुंडा" आदि विभिन्न भाषाओं में हैं। यह "एस" संस्कृत दृष्ट "एष सिद्धान्तः" आदि के "एष" पद से मिली, जिसका प्रातिपदिक "एत" (एतत्) है। यहाँ वर्ण-व्यत्यय की जरूरत इस लिए नहीं पड़ी; क्योंकि यह कोई विभक्ति नहीं है कि संधियों की झंझट पड़े। "राम ने कहा" की जगह "रामइन कहा" गड़बड़ी पैदा करता, बढ़िया चीज है "राम ने"।

वर्ण व्यत्यय के भाषा में उदाहरण भरे पड़े हैं। "सिंहो वर्ण विपर्य्ययात्" तो

है ही, "नख" भी वर्ण विपर्य्यय से ही है। "खन" का वर्ण व्यत्यय से रूप "नख" है। पशुओं के "खनन" का काम करते हैं "नख"। हम लोग खनते नहीं तो खरोंचते जरूर हैं। "खुरचते" भी हैं। सो "खन" का ही रूप "नख" है।

"से" विभक्ति करण हेतु तथा (शक्ति निषेधक क्रिया के साथ) कर्ता में भी लगती है। यह "भिस्" से है। अपादान में लगने वाली "से" का विकास "भ्यस्" से है। "यं" को" "इ" करके "भिस्" और शेष सब एक सा। आशा है, इस पर भी आप सोचेंगे।

किशोरी दास वाजपेयी

पुनश्च—संस्कृत में "इन" का प्रयोग करण में तथा क्वचित् कर्ता में होता है। "कृपाणेन हन्ति" करण और "रामेण रावणो हतः" कर्ता में। इसी से हिन्दी की "ने" को भी करण कारक की विभक्ति का भ्रम।

कनखल

२६ मार्च ८०

प्रिय बन्धु,

नमस्कार।

ता. १९ का कार्ड मिला, संतोष हुआ। आपने कार्ड के अन्त में लिखा है—"पता लगाने को अभी बहुत कुछ शेष है।" व्याकरण के जिस अंग के, जिस शब्द का पता लगाना शेष हो उसकी सूचना दीजिएगा, ताकि उस पर विचार चले। अपने जाने तो सभी अङ्गों-उपाङ्गों का पता लग गया है। "क", "र", "न" संबन्ध-प्रत्ययों" तथा के, रे, ने, संबन्ध विभक्तियों का निरूपण भी हो चुका। व्रज भाषा-प्रयुक्त "मूरखताई" को पहले मैं भी गलत समझता था। "ता" के बाद फिर "आई" कैसा! परन्तु उसका भी पता लग गया। वेदभाषा के भाववाचक "ताति" का "ताई" प्रत्यय—"मूरखताई"। "ताई" का "त्" हटाकर आई—ढिठाई, "महँगाई"। "आई" का आ हटा कर "ई" प्रत्यय—सावधानी, होशियारी आदि। अपने अज्ञान से शब्द गलत समझे जाते हैं। आप लिखें, क्या-क्या सोचना है।

कि. दा. वाजपेयी

कनखल

३ अप्रैल ८०

प्रियवर

१ अप्रेल का कार्ड मिला। क्या यह संभावना नहीं है कि इंडो यूरोपियन परिवार की भाषाओं के तथा तुर्क-मंगोल-सामी-द्रविड़ भाषाओं के सर्वनामों पर भारतीय (आर्य-) भाषाओं के सर्वनामों का प्रभाव पड़ा हो ? सोचने की बात तो यह भी है।

आपका

किशोरीदास वाजपेयी

कनखल (उ.प्र.)

दिनांक १४ अप्रेल ८०

प्रिय बन्धु

नमस्कार।

कार्ड ता. ११ का मिला। सर्वनाम के बारे में आप का मत जानकर संतोष हुआ। राहुलजी के बाद मुझे ऊँचा उठाने में केवल आप ही इस देश में हैं; वैसे मानते मुझे डा. चाटुर्ज्या भी थे; पर मौन वृत्ति से।

आपका

कि. दा. वाजपेयी

कनखल

३ सितंबर ८०

प्रियवर,

नमस्कार।

आशा है, सपरिवार आप स्वस्थ-प्रसन्न होंगे। मैं भी ठीक हूँ।

आप भारत में द्रविड़ों की बस्ती अनादिकाल से दक्षिण समुद्र तट पर मानते हैं। परन्तु मुझे यह आश्चर्य लगता है कि चारों ओर आर्य बस्तियाँ, आर्य भाषाएँ और बीच में समुद्र तट पर, दोनों ओर द्रविड़ (तमिल) बस्ती ! क्या ऊपर से आ गये ? कोई और उदाहरण है क्या ? यह मेरी जिज्ञासा है।

कि. दा. वाजपेयी

वैद्यनाथ बँगला, सिविल लाइन्स
झाँसी,
१४ जनवरी ८१

भाई शर्माजी,

नमस्कार।

शीत प्रकोप के समाचार मिल रहे हैं। सब ठीक-ठाक है न ? मैं तो बहुत मजे में हूँ, क्योंकि यहाँ (झाँसी में) जाड़ा बहुत कम पड़ता है। पिछली दीपावली को बीमार पड़ गया था। मेरे बन्धु यहाँ ले आए। तब से यहीं हूँ। ठीक हो गया हूँ। जान पड़ता है कि कुछ दिन और मिल गये हैं। जाड़े भर यहीं रहना है। फरवरी के अन्त में या मार्च के आरम्भ में कनखल जाने का विचार है।

ग्रंथ का दूसरा खण्ड तयार हो जाए फरवरी तक, तो यहीं (झाँसी) भेजिएगा।

आपने इस पर ध्यान दिया है कि नहीं कि पांचाली भाषा में मध्यम पुरुष तथा उत्तम पुरुष सर्वनामों के एक वचन प्रयोग नहीं होते, जब कि उसके समानान्तर चलने वाली अवधी में चलते हैं, व्रज भाषा में भी चलते हैं। पांचाली में "हम का करन" "तुम का करत हौ" जैसे प्रयोग होते हैं। कोई बना कर कृत्रिम प्रयोग करे तो अलग बात है।

सबको आशीर्वाद।

कि. दा. वाजपेयी

वैद्यनाथ बगला,
सिविल लाइन्स,
झाँसी
२० जनवरी ८१

प्रिय शर्माजी,

नमस्कार।

कार्ड मिला। "शीत के प्रकोप से तो बचे हुए हैं, परन्तु" इतना पढ़कर 'परन्तु' से दिल हिलने लगा, और "प्राण बच गए" पढ़कर शान्त हुआ। भारी दुर्घटना थी। ऐसे ही अवसर पर "प्रभु की कृपा" कहना पड़ता है।

झाँसी का पानी आपने बचपन में पिया, आचार्य द्विवेदी ने तारुण्य में पिया और मैं वार्द्धक्य में पी रहा हूँ। मार्च में ग्रन्थ कनखल ही भेजिएगा। मार्च के आरंभ में ही चला जाऊँगा।

शुभैषी कि. दा. वाजपेयी

कनखल,
६ जून ८१

प्रिय शर्माजी,

नमस्कार।

"दिल्ली दूरदर्शन" मेरे संबंध में (एक घंटे की) फिल्म बना रहा है। प्रोड्यूसर के साथ फिल्म कैमरामैनों की एक टीम इसी १३ तारीख को यहाँ पहुँच रही है। पाँच दिन यहाँ रहेगी। आप को इसमें अवश्य सम्मिलित होना चाहिए। १४ से १८ तक के बीच किसी दिन आने का कष्ट करें, या आगरे की लूलपट से कम से कम दो दिन बचने का सुख लें। दूरदर्शन वालों का निमंत्रण-पत्र पहुँचेगा ही। परन्तु मैं भी इसके लिए प्रार्थना कर रहा हूँ।

आशा है, आप के सुंदर स्वास्थ्य को नियंत्रित काम में कोई हानि न पहुँचा सका होगा।

कि. दा. वाजपेयी

कनखल (उ.प्र.)
१६ जून ८१

प्रिय शर्माजी,

नमस्कार।

सब हाल मालूम हुआ। ऐसी स्थिति में एक क्षण के लिए भी आपका उनसे अलग होना घातक सिद्ध होगा। दूरदर्शन वाले दिल्ली से आगरे पहुँचकर वहीं आप से भेंट करेंगे।

किशोरी दास वाजपेयी

●●●

## पत्र-साहित्य श्रृंखला की आगामी पुस्तकें

- वरिष्ठ साहित्यकारों के पत्र
- समकालीन साहित्यकारों के पत्र
- कवियों के पत्र
- प्रगतिशील और मार्क्सवादी लेखकों के पत्र
- पारिवारिक पत्र